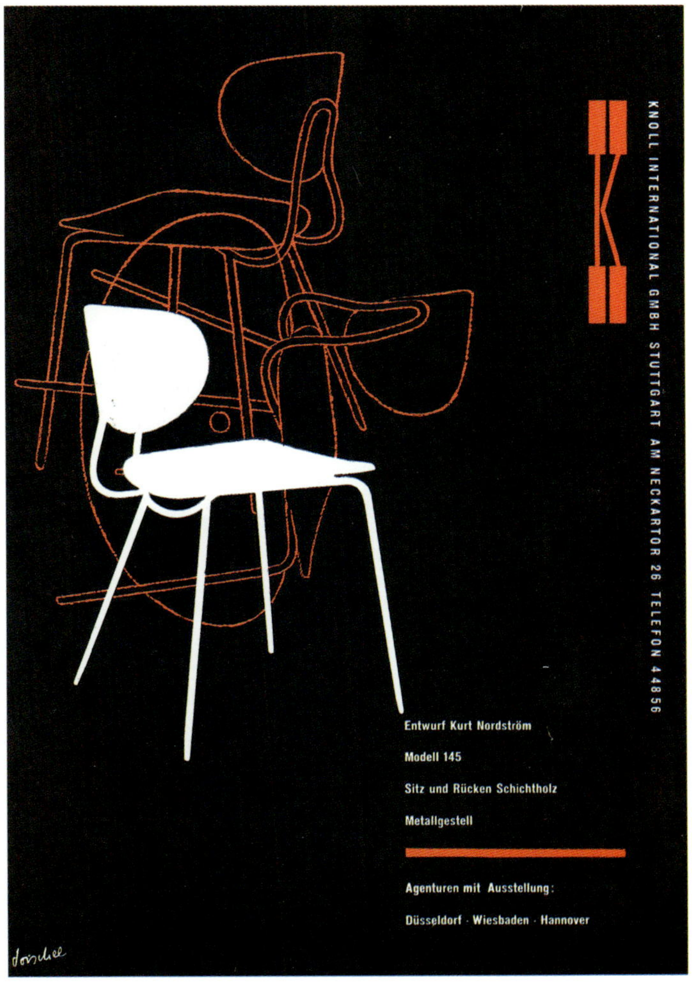
KNOLL INTERNATIONAL GMBH STUTTGART AM NECKARTOR 26 TELEFON 44856
Entwurf Kurt Nordström
Modell 145
Sitz und Rücken Schichtholz
Metallgestell
Agenturen mit Ausstellung:
Düsseldorf · Wiesbaden · Hannover

Abb. 3

Abb. 4

WERBUNG

100 JAHRE

IM WANDEL

Eine Reise
durch die deutsche
Vergangenheit

Michael
Kriegeskorte

DUMONT

Die Deutsche Bibliothek – CIP-Einheitsaufnahme

100 Jahre Werbung im Wandel : eine Reise durch die deutsche Vergangenheit / Michael Kriegeskorte. – Köln : DuMont, 1995
ISBN 3-7701-3607-1
NE: Kriegeskorte, Michael; Hundert Jahre Werbung im Wandel

Satz: Fotosatz Harten, Köln
Druck und buchbinderische Verarbeitung: Druckerei Uhl, Radolfzell

Printed in Germany ISBN 3-7701-3607-1

Inhalt

Vorwort

In den letzten Jahren ist ein stark gestiegenes öffentliches Interesse an Werbung festzustellen; zahlreiche Bücher, Ausstellungen, Podiumsgespräche und Fernsehbeiträge zeugen davon. In vielen Diskussionen offenbart sich jedoch ein vorwiegend emotionales Verhältnis zum Untersuchungsobjekt, einerseits weil die Werbung meist erfolgreich auf die Gefühlsebene zielt, andererseits weil empirische Untersuchungen über die Wirkung von Anzeigen ebenso aufwendig wie umstritten sind. Auch die wenigen diesbezüglichen Beiträge aus der Werbewirtschaft selbst erweisen sich zumeist als unkritische Nabelschauen, symptomatisch ist dabei die häufig auftretende unübersichtliche Vermischung mit aktuellen Anzeigenschaltungen in diesen Publikationen.

In Rückblicken überwiegen nostalgisch-verklärte Darstellungen, die eher zu einer Verharmlosung der Einflußnahme von Werbung beitragen, während aktuelle Auseinandersetzungen oft zu ideologischen Gefechten geraten. Daß es schwierig ist, mitten im Anzeigengewitter eine distanzierte Haltung zu jüngsten Entwicklungen zu bewahren, spielt indirekt auch für dieses Buch eine Rolle. Wer manches aktuelle Beispiel, vor allem in den Produkt- und Firmengeschichten, vermißt, mag eine Zeitschrift neueren Datums zur Hand nehmen und die Werbegeschichte im begonnenen Sinne bis dato selbst vervollständigen.

Dieses Buch versucht, mit Hilfe eines Rückblicks auf die letzten hundert Jahre die Grundlage für eine Diskussion über die Wirkung von Werbung zu schaffen. Dabei geht es weniger um die vorsätzliche Beeinflussung potentieller Kundenkreise zwecks Umsatzsteigerung, sondern um die den Anzeigen mehr oder weniger unbewußt ›mitgegebenen‹ Botschaften, die, wie zu sehen sein wird, die verschiedensten Ziele verfolgen.

Es kann belegt werden, daß sich Werbung sehr viel konkreter als vielfach angenommen aktuellen Zuständen optisch und inhaltlich annähert, sie ›benutzt‹, damit einerseits dokumentiert und andererseits verstärkt. Ob es sich dabei nun um ästhetische Rahmenbedingungen wie Kunststile handelte – Jugendstil, Expressionismus, Konstruktivismus und andere –, oder gesellschaftliche Phänomene wie die sogenannte ›sexuelle Befreiung‹ in den sechziger und siebziger Jahren: Immer gleicht sich die Anzeigengestaltung dem ›herrschenden‹ Stil an.

Sie tut dies, um auf möglichst breiter Basis Akzeptanz zu erreichen, aber eben auch dann, wenn politische Veränderungen furchtbare Umstände schaffen, und erreicht dabei eine diesen besonderen Verhältnissen durchaus vergleichbare Radikalität. Im ersten Weltkrieg war es die deutsch-nationale Stimmung, die den deutschen Herstellern zu Vorteilen gegenüber ausländischen Mitanbietern verhalf und daher vehement mitgetragen wurde. Von 1933 bis 1945 war es das formale Pathos der Nationalsozialisten, das bereitwilligst genutzt wurde, um die eigene Sache ähnlich großspurig im öffentlichen Bewußtsein zu verankern. Daß dabei mehr oder weniger bewußt das Naziregime unterstützt wurde – was nachgewiesen werden kann –, ist einmal mehr ein Beleg für die Verantwortung, von der sich die Werbegestalter so gerne lossagen.

Auch was das Verhältnis der Geschlechter und der Generationen betrifft, tritt die Werbung seit Jahrzehnten offiziell überkommene Vorstellungen fest. Während die Frauen täglich im Arbeitsleben und anderswo gleiches leisten wie ihre männlichen Kollegen, erscheinen sie in der Werbung meist als auf Kurven reduzierte dekorative Elemente, die neben den beworbenen Artikeln auch sich selbst anbieten.

Ähnlich verhält es sich mit der ständig wachsenden Gruppe älterer Menschen. Obwohl sich hier in den letzten Jahrzehnten eine zigmilliardenschwere aktive Käuferschicht gebildet hat, werden die Protagonisten in der Werbung ständig jünger. Wenn »Oma« und »Opa« mal in Anzeigen erscheinen dürfen, dann höchstens, um zu belegen, daß sie durchaus in die Lage versetzt werden können, ihren Lebensabend »vorzeigbar« zu verbringen – mit Hilfe irgendeines käuflichen Produkts.

Statt dessen arbeitet die Werbung daran, bereits bei den Kindern, die – als Kunden von morgen – noch keinerlei Distanz zu den Offerten haben, Begierden zu wecken, die mit deren tatsächlichen Bedürfnissen nicht das geringste zu tun haben. In diesem Zusammenhang darf wohl daran erinnert werden, wie gern in der Werbebranche selbst von der Aufgabe gesprochen wird, als »Wirtschaftsinformationsdienst« sachlich über das unübersichtliche Angebot der Industrie aufzuklären; aber was ist informativ an der Vorführung des neuesten Parfums für Fünfjährige (Abb. 347)?

Wenn Kinder auf derartige Angebote mit »Das will ich auch« reagieren, so läßt sich darüber sicher urteilen, das würde zu ihrer »Markttransparenz nur in dem Maße beitragen, wie es [ihre] Einstellungs- und Wertestruktur«[0.1] zuließe, aber wie weit geht eine solche Einschätzung an den Konsequenzen in der Realität vorbei. Es wäre verfehlt, hier von einer »Nutzung« der Werbung durch die Menschen zu sprechen; das Sortiment der angebotenen Leitbilder entspricht wahrlich anderen, als denen individueller Glücksfindung.

Häufig wird in Fachkreisen ein Großteil der Verantwortung für den Erfolg von Werbung auf die ›angesprochenen‹ Kunden übertragen; aber welche Art von ›Kommunikation‹ findet statt, wenn Fotos von kopulierenden Paaren irgendwelchen Produkten promiskuitätssteigernde Wirkung nachsagen? Kann man bei 830 000 jährlich gesendeten TV-Werbespots noch von Gleichberechtigung unter Gesprächspartnern sprechen? Wievielen Werbeeindrükken pro Tag kann sich ein Erwachsener rationalisierend entgegenstellen; wann beginnt er, nur noch unbewußt aufzunehmen? Was bleibt, selbst wenn man sich den vordergründigen Warenanpreisungen kritisch entgegenstellt, von den ›begleitenden‹ Eindrücken im Unterbewußtsein haften? Sind dann nicht gerade diese kostenlos mittransportierten Botschaften besonders erfolgreich? Ihnen ist dieses Buch gewidmet, ihnen sollte unser besonderes Augenmerk gelten.

Wohlgemerkt, es geht hier nicht um die Abschaffung von Werbung. Sie ist ein unverzichtbarer Katalysator in einem System, in dem wir vergleichsweise gut leben. Sie tut aber viel häufiger, als man annehmen möchte, deutlich mehr als nur Waren anzubieten. Und auf dieses ›Mehr‹ lohnt es sich achtzugeben.

Nicht zuletzt möchte dieses Buch mit seinen chronologisch angeordneten Anzeigenbeispielen einen ungewöhnlich illustrierten Spaziergang durch die letzten hundert Jahre deutscher Geschichte bieten. Im Vor- und Zurückblättern lassen sich nicht nur zahlreiche Werbekonstanten, sondern auch manche ebenso überraschende wie amüsante Parallele zu unserer ›modernen‹ Zeit entdecken.

1 Rückblick

Bis in die Antike, zu den Anfängen des freien Handels in den großen Städten, reichen die Wurzeln der Werbung. Bereits der römische *Praeco* machte als öffentlicher Ausrufer professionelle ›Reklame‹. Er verbreitete in staatlichem Auftrag Informationen zu Gesetzen, Gladiatorenkämpfen und Ähnlichem, gab daneben jedoch auch, durchaus anpreisend, geschäftliche Termine bekannt, wie die Ankunft von Weinlieferanten oder Auktionen. So wurden auch die, die die *Alba,* die öffentlichen Anschlagflächen, nicht lesen konnten, unterrichtet.

Diese teilweise privatwirtschaftliche Ausrichtung war bei den *Herolden* des Mittelalters weitgehend verschwunden. Lediglich reisende Händler, die sich nur für kurze Zeit an einem Ort aufhielten, ließen ihre Angebote durch Ausrufer öffentlich proklamieren.

Abb. 5
Jung
Produkteinführung mit Firmenname, Logo und Verkaufsstelle: der Markenartikel ist geboren.
Aus: *Kölnische Zeitung* 12.3.1852

Erst Johannes Gutenberg schuf 1445 mit der Erfindung der beweglichen Lettern im Buchdruck die technische Voraussetzung für die massenhafte Verbreitung von Bekanntmachungen – in gedruckter Form. Zunächst waren es vornehmlich die Buchdrucker selbst, die mit aufwendig gestalteten Handzetteln für sich und ihre Kunst warben. Doch schon bald kamen andere Berufszweige hinzu, die, wie die wandernden Menagerien auf Schaubudenzetteln, für ihre Veranstaltungen warben (Abb. 6).

Bereits damals wurde von der Möglichkeit, in Text und Bild über die Realität hinauszugehen, weidlich Gebrauch gemacht (Abb. 6). Aus einer dressierten Robbe wurde ein lebendiger »See-Löwe aus dem Phocas-Geschlechte.« Dieser verfüge über »zwey Schnauzen am Maule, zwey Händchen« mit »fünf Fingern« und sein Leib »theilt sich am Ende in drey Schwänze«. Auf die Frage, »ob er einen Vater habe, erwiedert er mit vernehmlicher Stimme, Papa«. Natürlich durfte der Hinweis darauf, daß dafür von »Ihro Majestät dem König und der Königin von Baiern« aller »Beifall zu erhalten« war, nicht fehlen.

Diese Handzettel wurden zahlreich verteilt, weitergegeben und den Analphabeten vorgelesen. Darüber hinaus wurden sie auch an Hauswände geklebt und stellen so eine frühe Form des Plakatanschlags dar.

Print-Werbung im Sinne der in diesem Buch vorgestellten Anzeigen entstand jedoch erst in der zweiten Hälfte des siebzehnten Jahrhunderts, zunächst als Ankündigung neuer Bücher in den ersten Zeitungen. Grund dafür war die Professionalisierung der Buchdruckerkunst; das heißt, Bücher waren zum in hohen Auflagen verkauften, bezahlbaren Massenprodukt geworden. Außerdem waren die Buchdrucker und Buchhändler häufig gleichzeitig Zeitungsverleger, die ihre verschiedenen Interessen in diesen Werbungen unter einen Hut brachten.

Es gab jedoch schon damals privatwirtschaftliche Reklame aus ganz anderen Gewerben, wie die *Rheinischen Blätter* aus Mainz im Januar 1867 berichteten: »Eine Nürnberger Anzeige von 1640 lautet also: Jsak Makerl, Barbier, Perrückenmacher, Georgus Farrschreiber, Schulmeister, Huefschmidt und Geburtshelfer, Rasirt vor

Lebendiger See-Löwe aus dem Phocas-Geschlechte.

Mit allerhöchster Bewilligung
habe ich die Ehre dem hohen Adel und verehrungswürdigen Publikum anzuzeigen,
daß ich mit einem

lebendigen See-Löwen

aus dem

Phocas-Geschlechte

von Livorno hier angekommen, und die hohe Gnade hatte von Ihro Majestät dem König und der Königin von Baiern, und der gesammten Königlichen Familie sowohl im Schloße zu Nymphenburg, als auch zu München allen Beyfall zu erhalten.

Das Thier ist 6 Schuh lang und wiegt 250 Pfund; es hat zwey Schnauzen am Maule, zwey Händchen am Vorderleibe, mit fünf Fingern, die mit Nägeln so wie mit Gliedern, deren Zusammenfügungen wie beim Menschen gebildet versehen sind. Sein Leib ist mit einem feinen Haare, wie Sammet anzufühlen, bedeckt, und theilt sich am Ende in drey Schwänze.

Besonders merkwürdig ist die Folgsamkeit und der Verstand dieses seltenen Thieres: Es kömmt zu seinem Herrn auf dessen Ruf, biethet ihm nach Befehl das linke oder rechte Händchen, küßt ihm die Hand, und kehrt sich auf verschiedene Seiten; seine Augen sind ausnehmend schön; er läßt auch, obschon seiner Freyheit beraubt, noch vielen Stolz blicken. Sein Herr thut mehrere Fragen an ihn, von denen er die einen beantwortet, andere nicht, besonders wenn er ihn frägt, ob er einen Vater habe, erwiedert er mit vernehmlicher Stimme, Papa. Dieses lehrte ihn sein Herr in sieben Monaten.

Seine Nahrung besteht täglich in 30 Pfund lebendiger Fische.

Zum Beschluß umarmt er seinen Herrn, macht einen Purzelbaum, und grüßt die Zuschauer.

Der Schauplatz ist

Er ist alle Tage, Morgens von 9½ bis 12 Uhr, und Abends von 2½ bis 7 Uhr zu sehen.

Der Eintritt ist für erwachsene Personen

Kinder bezahlen

Abb. 6
Eine dressierte Robbe hat als »See-Löwe [...] zwey Schnauzen am Maule, zwey Händchen am Vorderleibe, mit fünf Fingern [...] und [...] drey Schwänze«.
Schaubudenzettel vom Anfang des 19. Jahrhunderts

ein Krüzer, schneidt die Haar für zwei Krüzer und Putter und Pomade obendrein die jungen artigen Fräuleins, stigt die Laternen an Jahr oder Vierteljahrweise, die Jungen Edelleute lernt ihre Muttersprache grahmadickolisch und ganz leicht, sorgt ihren Sitten und lernts buchstabyirn.

Beschlägt die Ferste meisterhaft, magd und flickt Schuh und Stiffel, lernts Hobo Flaut, läßt Aater, setzt Schropfkopf ganz gering, gibt zu Borchirn for ein Kreuzer es Stück, lernt in die Häuser die Kodiljons und andere Tanz, verkauft Parfimery aller Art, Pabier, Stiffelwichs, gesalzene Härink, Honigkung, Pürschten, Meusefallen und andere Konfeks, Herz sterkend Wurzel, Kartoffeln, Brahdwürst und anderes Gemüß. NB. lernt auch die Chografie und fremde Waren alle Mitwog und Sonnabend. Jsaak Makerl.«

Bald wuchsen die Anzeigenvolumen der Zeitungen stark an: Berufszweige wie Lebens- und Heilmittelhändler, Immobilienmakler und andere schalteten gewerbliche Anzeigen, amtliche Stellen ließen offizielle Verlautbarungen veröffentlichen. Arbeitsangebote, Stellen- und Mietgesuche, Klein-, Standes- und Familienanzeigen, die bis dahin in der Kirche von der Kanzel herab verlesen worden waren, drängten auf den neuen Markt.

Daß diese Insertionsangebote bereits im achtzehnten Jahrhundert eine beachtliche Einnahmequelle gewesen sein müssen, zeigt die Tatsache, daß der preußische Staat privaten Zeitungen, wie zum Beispiel der *Rüdigerschen Zeitung* 1727 den Abdrucks von Anzeigen untersagte; er wollte diese Möglichkeit seinen staatlichen »Intelligenzblättern« vorbehalten.[1.1] Das waren regelmäßig erscheinende Zeitungen, die ursprünglich nur Anzeigen, später auch Lokalnachrichten und amtliche Verlautbarungen enthielten. Einerseits versuchte der Staat auf diese Weise, den Anzeigenmarkt zu kontrollieren und zu lenken, andererseits wollte er diese Einkünfte nicht verlieren.

Mitte des neunzehnten Jahrhunderts führte die Aufhebung des »Intelligenzzwanges« zu einer Liberalisierung des Pressewesens und zu einer spürbaren Ausweitung des Anzeigengeschäftes. Gleichzeitig sorgte die wirtschaftliche Entwicklung – innerhalb der 1834 eingerichteten Zollunion – für einen Überschuß an produzierten Waren, der sich nur noch mit Hilfe von Werbung absetzen ließ.

Nach den Gründerjahren zwischen 1871 und 1873 kam es dann zu einem ersten Anzeigenboom, in dem sich die meisten Hersteller zunächst mit ihren Firmennamen zu profilieren versuchten: Der *Markenartikel* war geboren.

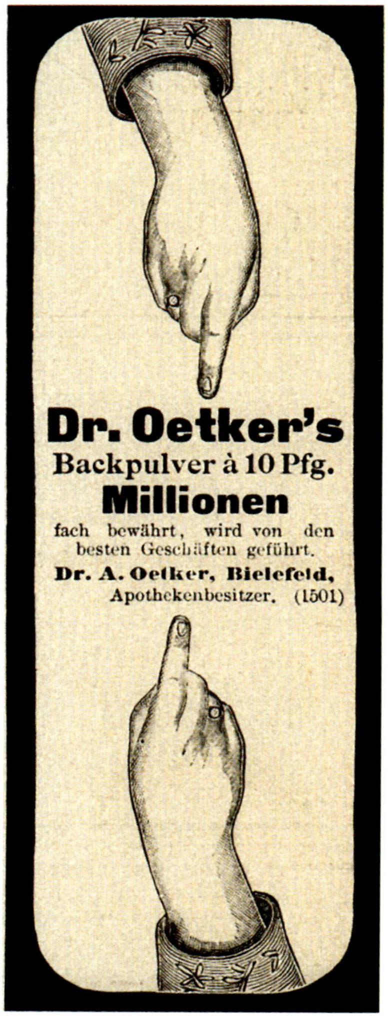

2 Die illustrierte Kleinanzeige

Als einer der ersten erkannte und nutzte der siebenundzwanzigjährige Buchhändler Ferdinand Haasenstein die mangelhafte Verbindung zwischen den Werbemedien und der stetig steigenden Zahl von Anzeigenkunden. Er gründete 1855 in Altona die erste sogenannte »Insertions-Agentur«, die er 1858 mit Adolf Vogler zu *Haasenstein & Vogler* erweiterte.[2.1] »Neun Jahre später folgte ein junger Grätzer ihrem Beispiel, der sie schon bald überholen sollte, Rudolf Mosse (Abb. 10).

Beide Agenturen waren bestrebt, die Anzeigenteile von Zeitungen und Zeitschriften gegen eine feste Summe exklusiv zu pachten. Vor allem Rudolf Mosse gelang es, auch Zeitschriften wie das Familienblatt *Gartenlaube,* das bis dahin keine Anzeigen abgedruckt hatte, zu Werbeseiten zu überreden. Bereits 1875 verfügte er über Verträge mit mehr als zwanzig Zeitungen und Zeitschriften, deren Anzeigenteile allein von ihm bestückt wurden.

Sowohl *Mosse* als auch *Haasenstein & Vogler* boten den werbetreibenden Firmen an, ihnen »bei der täglich steigenden zugehenden Offerten ohne jede Provisions-Anrechnung an die resp. Auftraggeber pünktlichst [zu] übermitteln.«

Nicht zuletzt wurde das Angebot, »Reklamen in Begleitung von Inserat-Aufträgen« (so Mosse in einer frühen Selbstdarstellung) »gratis zu bewerkstelligen«, gerne angenommen, wie die Firmen *Triumph* und *Kästner* in ihren Anzeigen deutlich machten: »Siehe auch Besprechung in Nr. 2006 dieser Zeitung«, »s. Illustr. Zeitung Nr. 1984« (Abb. 11).

Zu nahezu unschlagbaren Machtmitteln wurden jedoch vor allem Argumente wie »Auskunft und Nachweis der für jede Insertion speziell wirksamsten Blätter bereitwilligst« (Abb. 10), die häufig die eigenen Presseorgane bevorzugt behandelten. Hier entstanden die Grundlagen für Pressekonzerne Hugenbergscher Prägung, die später in der *ALA* (Abb. 146) von den Nationalsozialisten übernommen und massiv zur Beeinflussung der öffentlichen Meinung eingesetzt wurden.

Doch damit hatten die Firmen, die diese frühen Anzeigen lancierten, noch keine Probleme. Zunächst galt es, den Markennamen in Verbindung mit einem Produkt

Ausdehnung des Annoncenwesens [...] eine größtmögliche Erleichterung zu verschaffen«, so Rudolf Mosse in seiner Gründungsmitteilung im Januar 1867.[2.2] Von großer Bedeutung für die Inserenten war sicher auch seine Bereitschaft, »die mir

möglichst bekannt zu machen. *»Dr. Oetker's«* war folgerichtig am größten gedruckt in der Anzeige Abbildung 7. Zwei hinweisende Fingerzeige und ein breiter Rahmen waren die formalen Eyecatcher der konsequent durchgestylten Werbung.

OBEN:
Abb. 7
Dr. Oetker
Alle zeigen mit den Fingern auf die »Millionen«.
Aus: *Illustrirte Zeitung* 4.11.1897

RECHTS:
Abb. 8
Weber
Neugierde weckendes, formales Understatement – perfekt kombiniert mit inhaltlichen Superlativen.
Aus: *Illustrirte Zeitung* 1.2.1896

Wer reagierte, las als erstes das Wort »Millionen« und, um zu einem einigermaßen befriedigenden Ergebnis zu gelangen, auch die nachfolgende Ergänzung »-fach bewährt«. Was angesichts des grafischen Durcheinanders, das die Anzeigenseiten damals beherrschte (z. B. Abb. 11), schon viel bedeutete.

Fast schon modernes Understatement demonstrierte 1896 die Firma *Weber* in einer reinen Textanzeige (Abb. 8). Umgeben von einem zwar kräftigen, aber durchaus noblen Rahmen begann der Text in großen Lettern mit der Eröffnung »Ich mache Sie darauf aufmerksam,«. Worauf, ließ sich erst bei ganz genauem Hinsehen entziffern: Ein bestimmtes Gewürz sei schlicht »das edelste Kaffee-Verbesserungsmittel der Welt«.

Neben der Notwendigkeit, Anzeigen möglichst auffällig zu gestalten, war deren Wiederholung die um die Jahrhundertwende am häufigsten praktizierte Werbemethode. Die *Rheinischen Blätter* aus Mainz schilderten den diesem Prinzip zugeschriebenen Effekt bereits im März 1867 wie folgt: »Das erste Mal sieht der Leser die Anzeige kaum. Das zweite Mal sieht er sie, liest sie aber nicht. Das dritte Mal liest er sie. Das vierte Mal sieht er nach, was die angebotenen Gegenstände kosten. Das fünfte Mal spricht er mit seiner Frau darüber. Das sechste Mal willigt die Frau ein, den Gegenstand zu kaufen. Das siebte Mal gibt sie endlich Anlaß, den Einkauf zu besorgen.«

Immer wieder leicht zu erkennen war sicher der kleine Teufel der Stempelfabrik *Eck* aus der Anzeige Abbildung 9 vom September 1885. Wenn sich selbst der Antichrist der Kautschukwaren des Frankfurter Herstellers bediente, so mußten sie ja wirklich verteufelt gut sein. Tatsächlich waren übernatürliche Kräfte nötig, wenn es gelingen sollte, mit einem Stempel, dessen Stempelfläche von links nach rechts beschrieben war, einen lesbaren Abdruck zu schaffen.

Waren ein Produkt und sein Markenname eingeführt, so bestand meist die berechtigte Furcht vor Nachahmern. Es war durchaus üblich, die äußere Form eines neuen Artikels einem bekannten Markenprodukt anzugleichen, wie zum Beispiel die Firma *Schwarzkopf* immer wieder erleben mußte (s. Kapitel 9).

So gehörte neben der Warnung vor Fälschungen – »Unsere Apparate hat man nachgeahmt und deshalb bitten wir [. . .],

OBEN:
Abb. 9
Eck
Mit *dem* Stempel *den* Abdruck zu schaffen – da mußte es schon mit dem Teufel zugehen.
Aus: *Illustrirte Zeitung* 19.9.1885

UNTEN:
Abb. 10
Mosse/Haasenstein & Vogler
»Auskunft und Nachweis der für jede Insertion speciell wirksamsten Blätter bereitwilligst« – damit sind die Weichen für die Zukunft der Presseimperien günstig gestellt.
Aus: *Illustrirte Zeitung* 12.8.1882

sich direkt an unsere Firma zu wenden«, »Pat. angemeldet«, »Überall patentirt« und Ähnliches (Abb. 11) – die möglichst exakte Beschreibung des beworbenen Produkts, wenn möglich, seine Abbildung, zu den wichtigsten Aufgaben der Anzeigen. Dabei gingen einige Werbungen über die bloße Wiedergabe schon deutlich hinaus.

So transportierte die Abbildung des »weltberühmten *Triumph*-Klappstuhl[s]« zugleich dessen bequeme Nutzung und damit das Lebensgefühl, das mit dem Erwerb dieses Möbels erreichbar war.

Die »Faltenblouse« für »Touristen u. Jäger« von *Amend & Schulze* präsentierte den ganzen Mann und Jäger als Modell, das »Bandoneon« der Firma *Wolff* wurde gespielt, und die diversen angebotenen »Bade-Apparate« wurden – von den Herren der Schöpfung – zum Duschen genutzt. Die »Galvanometer«-Werbung zeigte ein vom Blitz getroffenes Haus und die »Mustaches-Balsam«-Anzeige »die schönste Zierde des Jünglings«, abstehend und kräftig, als sei sie aus Stein gemeißelt.

Gleich viermal wurden in der Abbildung 11 im Jahr 1882 sogenannte »Zimmer-Douche-Apparate« beworben. Vergleicht man diese Anzeigen, so fällt ein weiteres zeittypisches Merkmal auf, der Hinweis auf offizielle Anerkennungen: »1. Preise auf Welt- und Local-Austellungen«, »Prämiirt 1876–1880«, »Prämiiert zu Düsseldorf« oder »Hoflieferant«; alles was Ehre einlegte, wurde angeführt.

Weitere Anzeigen erzählten von »Ersten Preisen« auf »allen Ausstellungen« oder »goldene[n] Medaillen« und »höchsten Belohnungen«. Das Mindeste, was in diese Richtung angeführt wurde, war eine »Große Anzahl Atteste«.

Eine reiche Stilfülle in ungewöhnlicher Dichte präsentierte die Firma *Lohse* in ihrer »Maiglöckchen-Seife«-Anzeige aus dem Jahr 1892 (Abb. 12). Der optische Rückgriff führte über empirehafte Rundungen in Schrift und Mustern bis zum Historismus im Namenszug des »Schöpfers der Maiglöckchen-Parfümerie«. Eindeutig fand hier der Versuch statt, an eine »gute alte Zeit« anzuschließen.

Die Seife wurde wie ein Luxusgut beworben und als Parfümersatz (»Wegen der Fülle und Nachhaltigkeit ihres köstlichen Duftes«) und Kosmetikum beschrieben (»Erhält Haut und Teint für ewig jugendfrisch und rosigweiß«).

Wieder trifft man auf die Furcht vor Nachahmern (»Nur aecht mit der vollen Firma«) und den Hinweis auf etabliertes Renommee (»beliebteste Toilette Seife«, »Königlicher Hoflieferant«).

Ähnlich ausgerichtet war auch die Gestaltung der »*Herz*-Schuhe«-Anzeige aus dem Jahr 1890 (Abb. 13). Ornamenthaft

GEGENÜBER:
Abb. 11
Verschiedene Firmen
Behaupte sich wer kann – in diesen »Omnibus-Anzeigen«.
Aus: *Illustrirte Zeitung* 15.7.1882

OBEN LINKS:
Abb. 12
Lohse
Ein Blumenbeet aus Biedermeier, Empire und Historismus »NUR AECHT Mit der vollen Firma«.
Aus: *Illustrirte Zeitung* 17.9.1892

OBEN RECHTS:
Abb. 13
Herz
Sechzig mal ‚Herz' – eine sinnvolle Gestaltung, auch für Analphabeten.
Aus: *Illustrirte Zeitung* 6.9.1890

OBEN LINKS:
Abb. 14
Wolff & Sohn
Veröffentlichtes Geflüster, zwecks »Erhaltung einer zarten weissen Haut«.
Aus: *Illustrirte Zeitung* 14.6.1894

OBEN RECHTS:
Abb. 15
Thomas
Fast bunt wirkt diese Anzeige dank der lebhaften Ausnutzung aller Nuancen zwischen Weiß und Schwarz.
Aus: *Illustrirte Zeitung* 2.12.1886

aneinendergereihte Herzformen waren, wie die stilisierten Blumengebinde, durchaus Relikte des Empire.

Es ist leicht nachzuvollziehen, weshalb die *Frankfurter Schuhfabrik A.G.* den Namen *Herz* vom Vorbesitzer übernahm. Er ließ sich so problemlos zum Markenzeichen umsetzen, daß seine Wiedererkennung selbst bei Leseunkundigen und Kindern garantiert war.

Die auf den alltäglichen Einsatz der Schuhe ausgerichteten Verkaufsargumente können sich auch heute noch sehen lassen: »berühmt durch Solidität« und »Eleganz u. vorzügliche Passform«. Bemerkenswert ist die Tatsache, daß die Anzeige sowohl um den Endverbraucher wie um den Wiederverkäufer warb (»Engros von der *Frankfurter Schuhfabrik*«).

Gleich mehrere – all ihre? – Seifen bewarb die Firma *F. Wolff & Sohn* mit einer Anzeige im Jahr 1894 (Abb. 14). Es wurde, neben den Preisen, nur ein einziges markenspezifisches Kaufargument geliefert: »*F. Wolff & Sohn's* Toiletteseifen sind die besten zur Erhaltung einer zarten weissen Haut«. Das allerdings, suchte die Anzeige zu vermitteln, war keine irdische, sondern eine himmlische Weisheit; ein Engel flüsterte es der jungen Frau ins Ohr. Wer jedoch von der Preisgabe eines solchen Geheimnisses profitieren und die »hochfeine« Qualität einer indischen Blumen-

seife genießen wollte, der mußte auch entsprechend zahlen: »50 Pf. pr. St.«.

Vergleichsweise profan ging es da bei »Familien und Kindern« zu: »Palmitin-Seife neutral – gut – billig«, aber eben nur »25 Pfg.« das Stück. Besonders viel scheint sich diesbezüglich in den letzten hundert Jahren nicht verändert zu haben.

Ähnliches läßt sich auch von der Werbung der *Lebensversicherungs- & Ersparnis-Bank Stuttgart* behaupten (Abb.16). Sie präsentierte ihre Anzeige im Jahre 1890 wie den Teil eines historischen Gebäudefrieses. ›Sicher, tragfähig, Zeiten überdauernd und wohlhabend‹ waren ganz offensichtlich die zu vermittelnden Inhalte. Schon damals war die repräsentative Selbstdarstellung das einzig Wichtige für eine Bank, könnte man sagen, wäre da nicht – miniaturisiert zwar, aber erkennbar – in einer Art Medaille, ein Bienenstock mit einigen umherschwirrenden Bienen. Als bienenfleißig, zum Wohle ihrer Kunden, wollte die Bank also auch gelten.

Um Bienen ging es auch in der Anzeige Abbildung 15 im Jahr 1886: die Firma *Herrmann Thomas* »empfiehlt ihre echten Thorner Honigkuchen«.

Was die Drucktechnik an realer Kolorierung noch nicht aufs Zeitungspapier brachte, hier ist es mit einer einzigen Farbe fast vollbracht: Buntheit in Schwarzweiß. Unter Ausnutzung aller Nuancen

OBEN:
Abb. 16
LebensVersicherungs- & Ersparnis-Bank
Ein historis(tis)cher Gebäudefries – als Symbol für die Stabilität einer Bank.
Aus: *Velhagen & Klasings MH* II/1890

UNTEN:
Abb. 17
Strehler
Der ›*Strehlersche*‹ Komet als Heilsbringer für alle Diphterie-Kranken.
Aus: *Illustrirte Zeitung* 26.5.1894

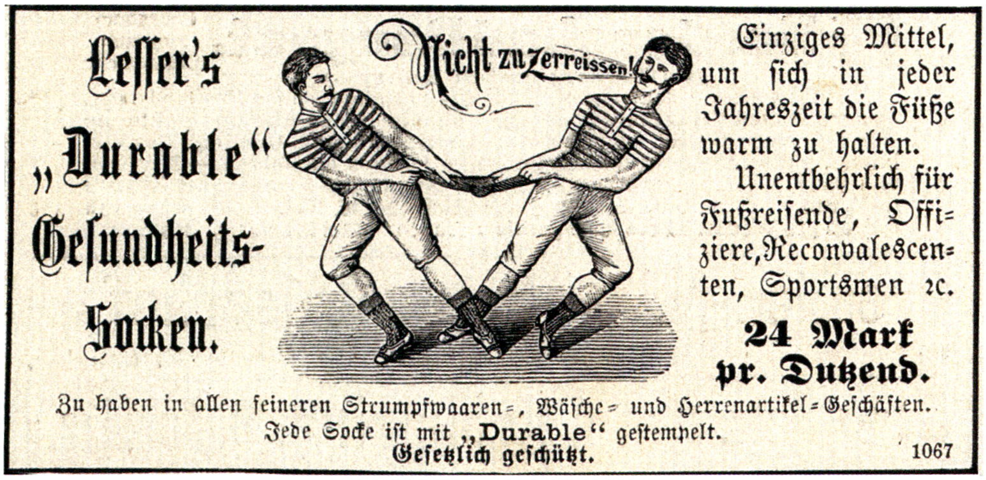

OBEN LINKS:
Abb. 18 *Kiko*
Haarausfall »behandelt briefl. unfehlbar [...] 1000 Mark b. Nichterfolg« – ein Angebot, das man nicht ablehnen kann.
Aus: *Illustrirte Zeitung* 26.5.1994

OBEN RECHTS:
Abb. 19 *Lesser*
Zwei »Sportsmen« messen sich in edlem Wettstreit – sehr zum Wohle des »Durable«-Sockenabsatzes.
Aus: *Illustrirte Zeitung* 2.2.1883

UNTEN:
Abb. 20 *Harburger Gummi-Kamm-Co.*
Ein Gummi-Kamm, mit dem sich Baumstämme durchsägen lassen, den wollen natürlich Millionen haben.
Aus: *Illustrirte Zeitung* 9.7.1888

zwischen Vollton-Schwarz und reinem Weiß, mit Hilfe geschickt eingesetzter Schattierungen und Abstufungen, wurde eine außerordentliche Lebendigkeit, eine fast greifbare Dreidimensionalität, erreicht. Zahlreiche Hinweise auf öffentliche Anerkennungen, Auszeichnungen, Diplome, Ehrenpreise und Prämierungen ergänzen die Abbildungen von Medaillen und Wappen. Wer so viel Anerkennung genossen hatte, wurde dann fast automatisch auch »Königl. Preuß. & Kaiserl. Oesterr. Hoflieferant«.

Ähnliche ›Farbigkeit‹ erreichte auch die Firma *Strehler* in ihrer Anzeige Abbildung 17 im Jahr 1894. Kometen gehörten im neunzehnten Jahrhundert zu den viel diskutierten Geheimnissen der Natur. Die Menschen beurteilten sie aus einer undefinierbaren Mischung von Furcht und Faszination, was sie zu einem attraktiven Aufhänger für die Werbung machte.

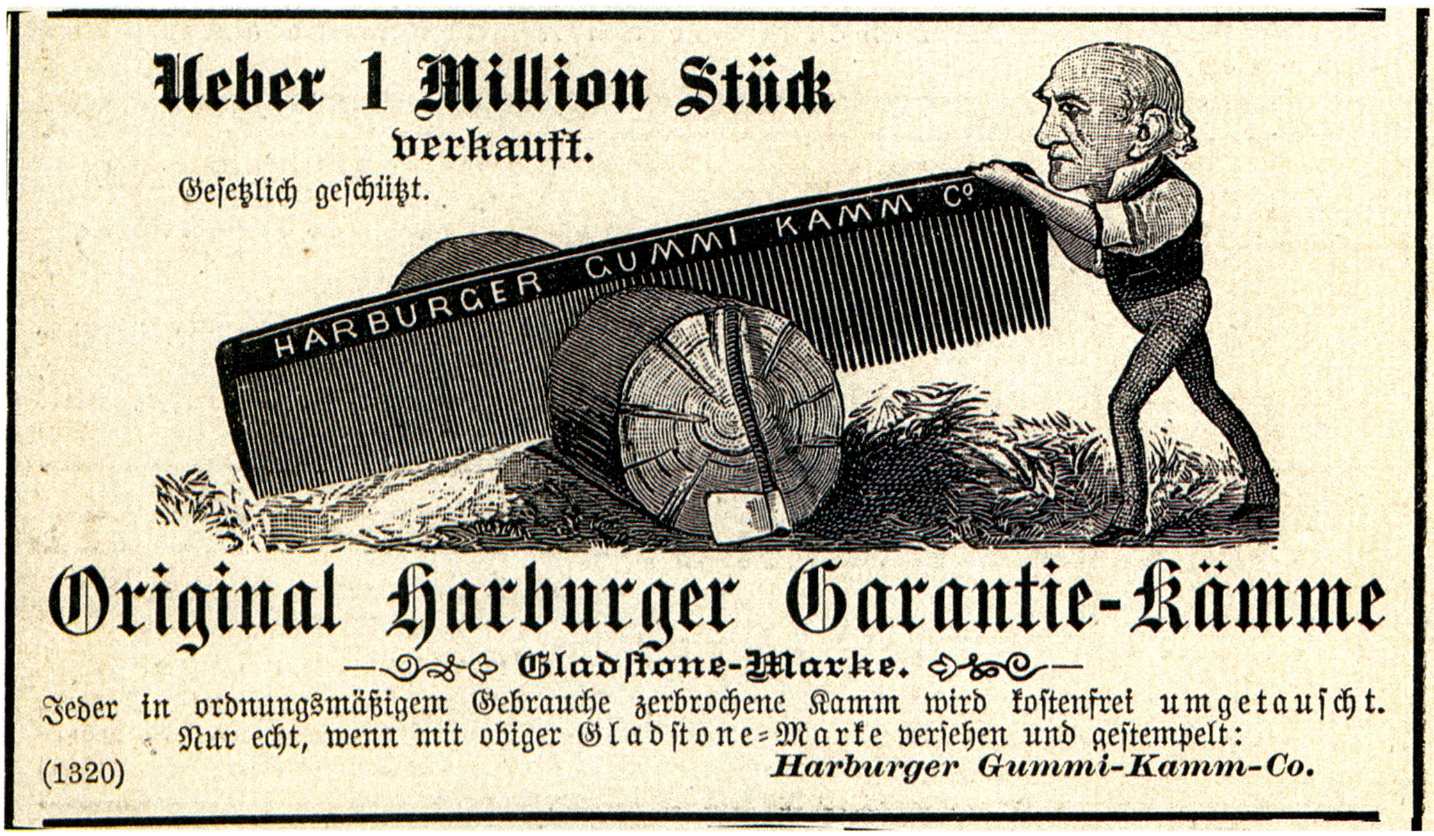

OBEN LINKS:
Abb. 21
Hartwig & Vogel
»B.« weiß mehr als »A.«, und daher sind ihre »Kinderchen stets so blühend und gesund«.
Aus: *Illustrirte Zeitung* 22.9.1894

OBEN RECHTS:
Abb. 22
Weil
Nach verantwortungsbewußter Erledigung ihrer Hausfrauenpflichten darf *sie* sich wieder ihrer Rolle als Mutter zuwenden.
Aus: *Illustrirte Zeitung* 22.9.1894

Stellvertretend für den angebotenen »Special-Kräutersaft« symbolisierte der Komet hier den Heilsbringer. Allerdings wollte er kein »Geheimmittel« sein, er sei auf jeden Fall »[a]bsolut unschädlich«; die »Bestandtheile« waren, als Nachweis, »auf jeder Flasche angegeben«.

Selbstverständlich durfte der Hinweis auf die »ca 300 Atteste in München allein« nicht fehlen, wo er offenbar mit »größtem Erfolg [. . .] bei Halsleiden aller Art« angewendet worden war.

Eine relativ große Gruppe innerhalb der frühen illustrierten Kleinanzeigen stellen Werbungen dar, die Überzeugungsarbeit mit Hilfe der Abbildung fast unglaublicher Situationen betrieben (Abb. 18, 19, 20).

Der Herforder *Ferdinand Kiko* ›zeigte‹ 1894 in vier Entwicklungsschritten das Wiedererwachen kräftigen Haarwuchses. Für die, die der gemalten Darstellung nicht glaubten, hielt der Werbetext eine nicht minder sensationelle Ankündigung bereit: »Haarausfall behandelt briefl. unfehlbar«.

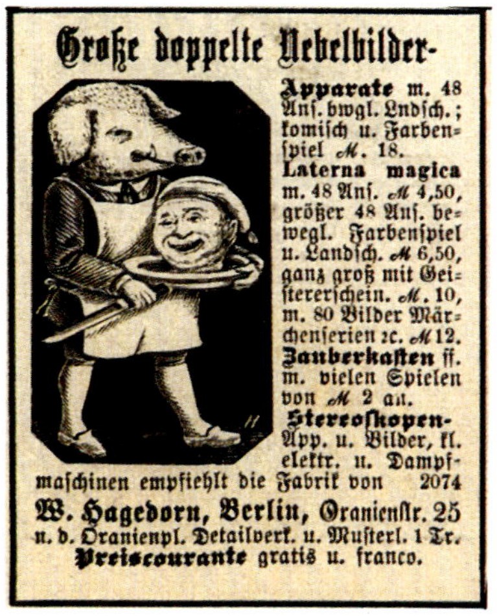

OBEN LINKS:
Abb. 23
Hagedorn
›Schwein serviert frischen Metzgerkopf‹ – zwischen »Zauberkasten« und aufstrebender Photoindustrie bewegt sich die »Laterna magica«.
Aus: *Illustrirte Zeitung* 27.12.1884

OBEN RECHTS:
Abb. 24
Antidysentericum
›Gott sei Dank‹, ein himmlisches Geschenk dieses »Antidysentericum« – gegen »unstillbare Durchfälle der Kinder« half nämlich kein Beten mehr.
Aus: *Illustrirte Zeitung* 15.9.1894

Für die ganz hartnäckigen Skeptiker bot die Anzeige schließlich das schlagendste Argument: »1000 Mark b. Nichterfolg«. Wer mochte da noch Argwohn hegen?

Zwei offensichtlich kräftige »Sportsmen« ziehen in einer Anzeige der Firma *Lesser* im Jahr 1883 mit aller Kraft an einer »Durable« Gesundheitssocke (Abb. 19). Ohne Erfolg, wie die Abbildung der Szene zu vermitteln sucht. »Nicht zu zerreissen!« entfährt es da dem einen der beiden in verschnörkelten Lettern. »Unentbehrlich für Fußreisende«, kommt der Werbetext folgerichtig zu dem Schluß, sei dieses einzige Mittel, sich »in jeder Jahreszeit die Füße warm zu halten«.

Über das bisher gezeigte deutlich hinaus ging die Firma *Harburger* 1888 (Abb. 20). In der die Proportionen stark verzerrenden Anzeigenillustration zersägt ein Mann im besten Alter mit Hilfe eines überdimensionalen »Original Harburger«-Gummi-Kamms einen kräftigen Baumstamm. Extreme Haltbarkeit sollte hier suggeriert werden, vom Text noch untermauert mit dem Satz, »Jeder in ordnungsmäßigem Gebrauche zerbrochene Kamm wird kostenfrei umgetauscht«.

Frühe Darstellungen von Frauen in der Werbung reduzierten deren Rolle zumeist auf die einzige ihnen offiziell zugewiesene, die der Mutter (Abb. 21,22).

Auf recht drastische Art appellierte eine Anzeige der Firma *Hartwig & Vogel* 1894 an die Verantwortung der Mütter für die Ernährung ihrer Kinder. Tatsächlich war sie manchmal Ursache dafür, daß die Kleinen »bleich und kränklich« aussahen. Dank »Cacao Vero« sähen die »Kinderchen stets so blühend und gesund« aus, erfährt »A.« daher in einem Gespräch, an dem die Leserinnen gerne teilhaben durften, die Beteiligten blieben ja anonym.

Ebenfalls »das Beste für Kinder« bot die Firma *Weil* 1884 in ihrer »Seifenextract«-Anzeige. Eine junge Mutter hebt spielerisch

Abb. 25
Moosdorf & Hochhäusler
Was die Illustrationen demonstrieren, wird vom Anzeigentext bestätigt: »Nässe im Zimmer ist dabei ausgeschlossen«.
Aus: *Illustrirte Zeitung* 22.9.1894

ihr lebhaftes Kind in die Luft, in der auch die frisch gewaschene, aufgehängte Kinderwäsche trocknet. Nachdem die Hausarbeit ordentlich und verantwortungsbewußt erledigt ist, kann sie sich nun wieder ganz ihrer Mutterrolle hingeben, war wohl die Botschaft dieser Anzeige.

Schließlich gilt es noch, ein Augenmerk auf zeitbedingte Kuriosa wie die Anzeigen wie die Abbildungen 23, 24 und 25 zu richten.

Große »Nebelbilder-Apparate« bewarb die Firma *Hagedorn* im Jahr 1894: »48 Ans. bew. Lndsch.« Da mußte man schon ein wenig Bescheid wissen, um zu verstehen, daß es um ›48 Ansichten bewegter Landschaften‹ ging. Ein »Nebelbilder-Apparat« war eine Art Laterna magica, die das langsame, sich farblich verändernde Auf- und Abblenden von auf Glas gemalten Bildern ermöglichte. So etwas grenzte natürlich an den ebenfalls angebotenen »Zauberkasten« und wurde daher mit einer entsprechenden Illustration versehen.

Überirdisches, aber ganz innerhalb gesellschaftlichen Konventionen, beschwor auch die Werbung für ein »Antidysentericum« im Jahr 1894. »Gott sei Dank«, für ein himmlisches Geschenk bedankte sich die Missionsschwester – gegen »unstillbare Durchfälle der Kinder« half nämlich kein Beten mehr, da brauchte man »Indische Pillen«. (Ein wenig fernöstliche Exotik wirkte vielleicht auch bei den Atheisten.)

Ganz weltlich ging es im gleichen Jahr in einer Anzeige für eine »Wellenbad-Schaukel« von *Moosdorf & Hochhäusler* zu. »2–3 Eimer Wasser« reichten aus, um einen Effekt »wie im Seebade« zu erlangen, mit dem »Vorteil der Temperatur- und Wellenschlag-Regulierung«. Bis zu »12 Sturzwellen in der Minute, die sich brausend über den Körper ergießen«, wurden erzielt, je »nach der aufgewendeten Energie«. Zwei Abbildungen demonstrierten den Gebrauch bei leichtem und bei starkem Wellenschlag. Was sie bewußt nicht zeigten, war zumindest dem Anzeigentext einen konkreten Hinweis wert: »Nässe im Zimmer ist dabei ausgeschlossen«.

OBEN:
Abb. 26
Pelikan
Hypnose als Mittel der Käuferbeeinflussung – auf daß die »altrenommierte Marke« auch wirklich »in allen Schreib- und Zeichenwarenhandlungen der Welt« vorrätig sei.
Aus: *Velhagen & Klasings MH* 1/1904

GEGENÜBER:
Abb. 27
Stickerei- und Spitzen-Rundschau
Auch Biedermeierliche Stickerei läßt sich vorteilhaft in ›modernem‹ Jugendstil anbieten.
Aus: *Deutsche Kunst und Dekoration* 4/1912

3 Im *Jugend*-Stil

Bis etwa 1890 gab es für ›Reklamekünstler‹, die aktuelle stilistische Bezüge suchten, kaum Anknüpfungspunkte – sofern sie sich überhaupt diesbezüglich Gedanken machten. Es boten sich lediglich optische Rückgriffe an, zum Beispiel im Rahmen des herrschenden Historismus. Das änderte sich erst mit dem Ende des 19. Jahrhunderts entstehenden Jugendstil, er stellte eine einheitliche Stilrichtung dar, die alle angewandten Künste, wie die ›Reklame‹, mit einbezog. Auch wenn sich die in Deutschland gebräuchliche Bezeichnung auf die in München erschienene Zeitschrift *Jugend* bezog, so war der Jugendstil doch keinesfalls eine einheitliche, geschweige denn deutsche Erscheinung.

Europaweit hatte sich eine Vorliebe für stilisierte vegetabile Linien entwickelt, die aus dem Symbolismus der englischen Präraffaeliten hervorgegangen und von ihrer kunsthandwerklichen Formenwelt geprägt war. So schuf zum Beispiel der Brite Aubrey Beardsley Buchillustrationen von expressiver Ornamentik, die die deutschen Künstler stark beeinflußten.

Währenddessen gestaltete in Frankreich, wo der Jugendstil wie in den angelsächsischen Ländern *Art Nouveau* genannt wurde, der Architekt und Bildhauer Hector Guimard die Eingänge der Pariser Métro aus fließendem eisernen Gitterwerk.

In Österreich waren 1897 die *Wiener Sezession* und sechs Jahre später die *Wiener* Werkstätten gegründet worden und hatten mit Josef Hoffmann, Joseph Maria Olbrich und Koloman Moser die vielleicht bedeutendsten Vertreter dieser Stilrichtung hervorgebracht.

Eine der Voraussetzung für die Umsetzung der neuen Ideen im Druckbereich war die Ende des 18. Jahrhundert von dem Deutschen Aloys Senefelder entwickelte Technik des Steindrucks. In Frankreich wurde sie seit 1874 von dem jungen Jules Cheret zur Herstellung hochwertiger Farbplakate genutzt. Wenig später wurde ein weiterer Franzose, Henri de Toulouse-Lautrec, fast über Nacht berühmt mit seinen von Degas und den japanischen Holzschnitten beeinflußten Farblithografien.

In Deutschland war 1892 aus der Künstlergemeinschaft um den Maler Franz von Stuck als eine Reaktion auf den herrschenden Historismus die *Münchner Sezession* hervorgegangen (Abb. 30). 1899 hatte Großherzog Ernst Ludwig von Hessen die *Darmstädter Künstlerkolonie* gegründet.

Die Offenheit der meisten an der neuen Bewegung beteiligten Künstler gegenüber den angewandten Künsten wie der kommerziellen Plakatgestaltung führte zu einem Boom des neuen Medium, was bald auch auf die ›gemeine‹ Anzeigengestaltung abfärbte. »Das meiste hat der Plakatbewegung die kommerzielle Reklame zu verdanken, die erst durch sie einen künstlerischen Boden erhielt«, war schon 1903 in der Zeitschrift *Velhagen & Klasings Monatshefte* zu lesen. »Heute ist die Erkenntnis, daß auch die Reklame dem Künstler ein Feld der Betätigung bieten, daß auch die simple Geschäftskarte ein Kunstwerk sein kann, soweit durchgedrungen, daß nicht nur die großen Bazare, sondern selbst kleinere Geschäfte sich ihre Einladungen und Empfehlungen von Künstlerhand entwerfen lassen«.

Tatsächlich beschäftigte und ernährte das aufstrebende Reklamegewerbe zahlreiche ›brotlose‹ Künstler – eine symbiotische Beziehung, wie manch einer damals meinte, der nicht nur das Niveau der Werbung gehoben sah: »Es ist erfreulich, daß der Widerstand der Künstler gegen die Praxis des Kunstgewerbes endgültig gebrochen ist. Zur künstlerischen Erziehung der großen Masse kann – auch die Geschäftsreklame beitragen – mehr vielleicht als

ILLUSTRIERTE ZEITSCHRIFT ZUR·PFLEGE UND·FÖRDERUNG KÜNSTLERISCHER HANDARBEITEN ALLER·TECHNIKEN
·ZENTRAL·ORGAN FÜR DIE HEBUNG UND·FÖRDERUNG DER·DEUTSCHEN ·STICKEREI· UND SPITZEN· ·INDUSTRIE·
STICKEREI u. SPITZEN· RUNDSCHAU
HERAUSGEGEBEN·VON·HOFRAT·ALEXANDER·KOCH
DARMSTADT
VERLAGSANSTALT·ALEXANDER·KOCH

OBEN LINKS:
Abb. 28
Rath und Balbach
›Jugendstil-Vorhang auf‹ für eine aktuelle Mischung von Einrichtungsstilen.
Aus: *Deutsche Kunst und Dekoration* 4/1914

OBEN RECHTS:
Abb. 29
Böck
Zwischen der (gemalten) Blume und der Geraden liegt der Spielraum des Jugendstils.
Aus: *Deutsche Kunst und Dekoration* 11/1910

GEGENÜBER:
Abb. 30
Internationale Kunst-Ausstellung
»Bahnbrechend und vorbildlich [...] in der sonst ziemlich öden Wüste der deutschen Plakatmalerei«, meinten schon die Zeitgenossen zu Franz von Stucks *Sezessions*-Plakat von 1893.

Ausstellungen und Vorträge dies vermögen. [, so daß] das Mittel der Reklame, das wiederum durch die Mithilfe der Kunst wächst und gewinnt und über den Ursprungszweck hinaus zu einem segenspendenden Faktor wird.«[3.1]

Sicher schufen nicht alle Adaptionen der neuen Stilrichtung gleich formal hochwertige Anzeigen. Zum ersten Mal jedoch war die ›Reklame‹ ein aktives, vollwertiges Mitglied der angewandten Künste; was eine notwendige, wenn auch nicht allein ausreichende Voraussetzung für weitere Entwicklungen war.

Ein sehr simples, aber gerade deshalb treffliches Beispiel für die Beeinflussung von Anzeigen durch künstlerische Plakatgestaltung ist die Werbung Abbildung 26.

Diese Kleinanzeige ist die auf den Schwarzweiß-Effekt reduzierte, verkleinerte Version eines Plakates von Georg Tronnier aus dem Jahr 1902. Tronnier, der Maler und zeitweise Mitarbeiter der Zeitschrift *Jugend* war, hatte schon mehrere *Pelikan*-Plakate für die Firma *Wagner* entworfen, bevor er dieses Motiv schuf.

Zweifellos tut die Beschränkung auf die Einfarbigkeit der Wirkung der Zeichnung keinen Abbruch. Den Beschauer geradezu beschwörend hält eine junge Frau ein Tintenfaß der »bewährte[n] altrenommirte[n] Marke« – die Konkurrenz ist inzwischen groß geworden – ins Bild. Ihre Augen sind starr geradeaus gerichtet, als wolle sie ihr Gegenüber hypnotisieren. Was auch nötig scheint, wenn man dem Anzeigentext seine Behauptungen glauben soll, daß die drei beworbenen Artikel »Tinte, Farbe Tusche [...] in allen Schreib- u. Zeichenwarenhandlungen der Welt« vorrätig seien.

So manches Mal in jenen Jahren traf in der Werbung der Jugendstil auf die heile Welt des Biedermeier.

1912, im Erscheinungsjahr der Anzeige Abbildung 27, hatte sich die Formenwelt

FRANZ STUCK
INTERNATIONALE
KUNST-
AUSSTELLUNG
DES·VEREINS·BILDENDER·KÜNSTLER
MÜNCHENS
(SECESSION)
PRINZ-REGENTEN-STRASSE
VOM·1·JUNI·BIS·ENDE·OCTOBER
TÄGLICH·GEÖFFNET·VON·9-6·UHR

OBEN LINKS:
Abb. 31
Faure
Atmosphäre wird durch künstlerische Linien geschaffen, nicht durch Gesichter.
Aus: *Velhagen & Klasings MH* 5/1903

OBEN RECHTS:
Abb. 32
Wartburg
Für die Betuchten elegante »Motorwagen«, für alle andern erstklassige »Fahr-Räder«.
Aus: *Velhagen & Klasings MH* 5/1903

GEGENÜBER:
Abb. 33
Günther
Ein so ›betuchter‹ Napoleon erobert auch Ihr Herz im Sturm.
Aus: *Leipziger Kalender* 1912

des neuen Stils schon so verselbständigt, daß man sie problemlos zur »Förderung der deutschen Stickerei- und Spitzenindustrie« einsetzen konnte. Sicher war das meiste, das damals aus Darmstadt kam, noch dazu von der den dortigen Künstlern eng verbundenen *Verlagsanstalt Alexander Koch,* formal dem Jugendstil angeglichen.

Auch Möbelhäuser profilierten sich gern mit Hilfe des neuen Stils – selbst dann noch, als er schon etwas betagt war, wie eine Anzeige der Kölner Firma *Rath u. Balbach* aus dem Jahre 1914 zeigt (Abb. 28): ›Jugendstil-Vorhang auf‹ für eine lockere Mischung aus aktuellen Möbeln mit Accessoires aus den zurückliegenden Epochen bis hin zum Biedermeier. Geschickt waren ornamentale Naturformen mit Älterem kombiniert – auch wenn das zunächst nur in der Zeichnung geschah.

Da hatten es die Porzellanhersteller schon etwas leichter, ein Speiseservice war ein kürzeren Moden unterworfenes Produkt. Die Wiener Firma Böck demonstrierte 1910 in einem Anzeigenstilleben die ganze Bandbreite zwischen Natur- und Geometrieform (Abb. 29). Realen Blumen in einer Vase sind, als Teil der Illustration selbst schon stilisiert, die durchformten Blüten einer Tellerbemalung gegenübergestellt. Die leicht fließenden Linien des Kaffeeservices finden sich in den Geraden des tapetenähnlichen Hintergrundes wie in dem Anzeigenrahmen wieder. Dort kringeln sich Rundungen, die in einzelnen Buchstaben und dem Muster der Blumenvase wiederkehren. Vom kreisrunden Teller, dem geschwungenen Kannengriff, über Ellipsen auf der Vase bis hin zur Naturform ›Blütenblatt‹ reicht die Palette der Kurvenlinien. Streifen sind sowohl breit auf dem Service als auch schmal in Hintergrund und Anzeigenrahmen zu sehen. Insgesamt handelte es sich hier um eine anspruchsvolle Auseinandersetzung mit dem beworbenen Objekt, die den dekorativen Rahmen und das Ambiente der schönen Gegenstände klug zu deren Wirkungssteigerung mit heranzog.

Zu den Mitbegründern der *Münchner Sezession* gehörte, wie schon erwähnt,

MODERNE ANZUGSTOFFE
namentlich feinere Qualitäten empfiehlt zu
wohlfeilen Preisen das Tuchversandgeschäft
CHRISTIAN GÜNTHER
Leipzig-Plagwitz, Weißenfelser Str. 7
Einkauf am Lager wird empfohlen
Muster jederzeit gern
Zuverlässig arbeitende Schneider, auch für Knabengarderobe, werden nachgewiesen

OBEN LINKS:
Abb. 34
Gebr. Schieffer
Weinreben werden zum alles umschlingenden Ornament – in schönster Jugendstil-Manier.
Aus: *Velhagen & Klasings MH* 5/1903

OBEN RECHTS:
Abb. 35
Apollo
Auch eine Marmorbüste, auch antikisierendes Mosaik – aber kein formaler Einklang mit den streng geometrisierten Kurvenlinien.
Aus: *Velhagen & Klasings MH* 3/1913

Franz von Stuck. Der von Böcklin und Klinger beeinflußte Maler wirkte mit seinem etwa 1893 geschaffenen Plakat, Abbildung 30, »bahnbrechend und vorbildlich [...] in der sonst ziemlich öden Wüste der deutschen Plakatmalerei«, so eine zeitgenössische Beurteilung.[3.2]

In einer Kombination aus antikisierender Mosaikimitation und klarer Linienführung gelang ihm ein eindrucksvolles Plakat, dessen besonderer Qualität auch die leicht verminderte Lesbarkeit seines Textes nicht schadet. Der Kopf der abgebildeten Göttin Pallas Athene war im Gegensatz zu den damals üblichen Darstellungen auf seine Umrißlinien reduziert, was den Plakatcharakter des Entwurfes betont. (Noch vierzig Jahre später sollte dieses Haupt so gut gefallen, daß es neuen Machthabern als Vorbild für das Symbol ihrer ›Kunst‹ einer menschenverachtenden Ideologie dienen mußte.)

Weinreben, fast ideale Vorlagen für Jugendstilornamente, dienten 1903 der Firma *Schieffer* als Motiv für ihre Weinwerbung (Abb. 34). Entsprechend ungestüm bemächtigte sich die vegetabile Form der gesamten Anzeige, selbst ihr Rahmen bestand aus in sich verschlungenen Linien. Die Frisur der abgebildeten Weinkönigin ordnet sich diesem Prinzip ebenso unter wie der Ausschnitt ihres Kleides. Keine Ecken oder Geraden stören den organisch-fließenden Gesamteindruck.

Viel geometrischer, aber nicht weniger konsequent gab sich 1913 eine Anzeige der Firma *Unger & Hoffmann* (Abb. 35). Was vorher aus dem Handgelenk ›geflossen‹ war, bekam nun geometrische Strenge. Noch sind Rundungen in den starren Schwüngen des Rahmens das Grundprinzip der Gestaltung, aber die Blumen sind zu reinen Kreisen geworden, die gesamte Anzeige ist symmetrisch aufgebaut.

Was hier in Ansätzen sichtbar wurde, galt auch für den gesamten Jugendstil. Wo zu Beginn eine starke Betonung des pflanzlichen Ornaments vorgeherrscht hatte, entwickelte sich nach und nach eine Vorliebe für Sachlichkeit. Architekten wie der Berliner Peter Behrens und der Belgier Henry van de Velde führten den Jugendstil weiter ins Geometrisch-abstrakte bis hin zum Neoklassizismus.

Doch davon ist die *Apollo*-Werbung noch weit entfernt. Unbefriedigend wirkt besonders der Einsatz des antikisierenden Mosaikmusters, das, in Anlehnung an das gelungene Stuck-Plakat, wohl die Ausstrahlung der Apollo-Büste verstärken sollte.

OBEN LINKS:
Abb. 36
Riquet
Aus China, dem Ursprungsland des Tees, kommt das Geheimnis des *Riquet*-Tee-Zaubers.
Aus: *Velhagen & Klasings MH* 6/1910

OBEN RECHTS:
Abb. 37
Serbe
In der Veränderung der Schrifttypen des Kleingedruckten zur Überschrift offenbart sich die Wandlung des Jugendstils.
Aus: *Deutsche Kunst und Dekoration* 10/1912

Vereinzelt waren selbst kleinere Anzeigen konsequent wie Plakate aufgebaut, wie die Teewerbung Abbildung 36 demonstriert.

Der in Bayern geborene Maler und Grafiker Karl Bergmüller entwarf sie im Jahr 1910 für den Importeur *Riquet*.

In einer elegant durchgestylten Zeichnung serviert ein Chinese, dem herrschenden Klischee entsprechend, unterwürfig, ein Tablett mit vier Tassen Tee. Die dem Getränk zugeschriebene stimulierende Wirkung war reizvoll umgesetzt: in seinem Dunst erschien nebulös der Zusatz zu »Riquet-Tee«:»-Zauber«. Der Hinweis auf das Ursprungsland des Tees, China, und seine Geheimnisse, war sicher ein sinnvoller Ansatz zur Imageverbesserung von Tee – im Lande der Kaffeetrinker.

»8 Millionen Klebadressen aller Branchen« bot 1912 die Firma *Serbe* in einer Textanzeige an (Abb. 37). Pflanzliche Formen beherrschten diese Werbung noch ganz, auch wenn sie sich inzwischen zu leicht geometrisierten Rundungen entwickelt hatten. Einzelne Buchstabentypen wie *T*, *I* und *H* zeigten noch die organischen Kurven der Jugendstilanfänge. Aber die Rahmenlinien der Anzeige waren schon von rechten Winkel und geometrisch korrekten Kreisvierteln bestimmt. Sieht man sich die verwendeten Schrifttypen genauer an, stellt man fest, daß sich alle Lettern der Überschrift »Adressen« von denen des Kleingedruckten formal schon deutlich entfernt haben; nicht zu übersehen bei den Buchstaben *R* und *S*. Die Tage des reinen Jugendstils waren 1912 gezählt.

Neun Jahre zuvor, als die *Faure*-Werbung Abbildung 31 erschien, war das noch ganz anders. Die feinnervigen Zeichnungslinien einer aufs Notwendigste reduzierten Frauendarstellung und der typischste aller Jugendstil-Schrifttypen ergänzten sich zu einer eleganten Anzeige.

OBEN:
Abb. 38
Weber
Ein Schmuckstück unter den grafischen Kunstanstalten will »I. I. Weber« sein.
Aus: *Deutsche Kunst und Dekoration* 3/1910

RECHTS:
Abb. 39
Berndorfer Metallwarenfabrik
Mit silbernem Glanz und aufwendigem Rahmen soll die Distanz zum Echtsilber überbrückt werden.
Aus: *Deutsche Kunst und Dekoration* 8/1914

LINKS:
Abb. 40
Königl. Sächs. Porzellanmanufaktur
Eine ›Galanterie-Szene‹ soll an die Glanzzeit der Meißener erinnern.
Aus: *Leipziger Kalender* 1913

OBEN:
Abb. 41
Ketterer
»Wer diesen tappsenden Eisbären einmal gesehen hat, vergißt ihn nicht so leicht.«
Farblithografie von Hellmuth Eichrodt aus dem Jahr 1901

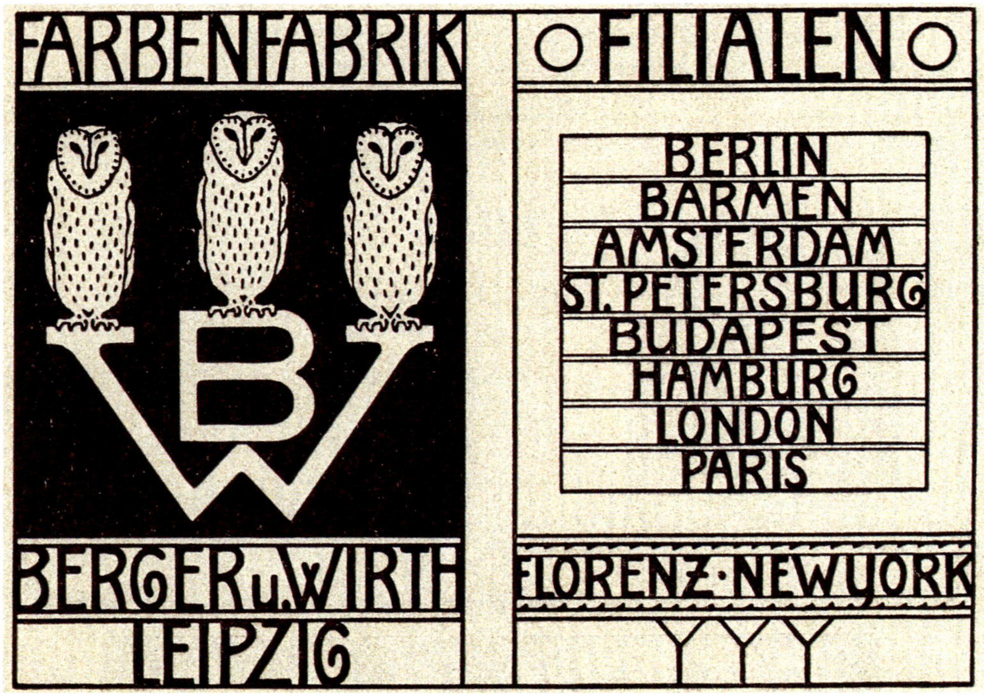

OBEN LINKS:
Abb. 42
Sperling
Aus einem Buch wachsen die Bäume der Phantasie – in aktuellen Jugendstilformen.
Aus: *Deutsche Kunst und Dekoration* 10/1912

OBEN RECHTS:
Abb. 43
Berger und Wirth
Nicht nur die Symmetrie hat sich verdreifacht, der ganze Jugendstil hat sich weiterentwickelt.
Aus: *Leipziger Kalender* 1913

Die schwungvolle, fast abstrakte Form hinter der weiblichen Person, deren Gesicht abgewandt war – um nicht von der formalen Ebene abzulenken? – erinnert an eine Reihe berühmter Plakate jener Zeit. Die gesamte Gestaltung war der Erzeugung einer mondänen Atmosphäre mit einfachsten Mitteln untergeordnet, in der sich diese Zigarette zu profilieren suchte.

1903, im gleichen Jahr, in dem die *Fahrzeugfabrik Eisenach,* mit Arbeiten an ihrer Modellreihe *Dixi,* dem ersten *BMW,* begann, bewarb sie mit der Anzeige Abbildung 32 ihren *Wartburg.*

Indem die Anzeige einerseits die Wartburg abbildete, sich andererseits im ›modernen‹ Jugendstil präsentierte, verband sie geschickt Tradition und Fortschritt. Technikimmanente Werbeargumente waren damals nicht üblich, ganz pragmatisch nannte der Text den beworbenen Wagen lediglich »Betriebssicher«. Wichtiger war für den kleinen Kreis wohlhabender Kunden, die sich damals einen Wagen leisten konnten, der Hinweis »Elegant«. Aber auch für die weniger Betuchten hielt die Anzeige einen Tip bereit: *Wartburg* baue zusätzlich »[e]rstklassige Fahr-Räder«.

Der Leipziger Kunstprofessor Walter Tiemann entwarf 1912 für die Firma *Günther* eine schöne »Kleider machen Leute«-Anzeige (Abb. 33). In der formal zurückhaltend-dekorativen, inhaltlich aber durchaus kecken Zeichnung betrachtet sich ein Biedermeier als Napoleon im Spiegel. Seine Ehefrau scheint ganz hingerissen davon, wie sich ihr Gatte so stolz in die Brust wirft. »Namentlich feinere Qualitäten« von Stoffen machten ganz offensichtlich nicht nur für einen neuen Mantel viel aus.

Wie ein Schmuckstück erschien gleich eine ganze Anzeige, die die *Grafischen Kunstanstalten I. I. Weber* im Jahr 1910 schalteten (Abb. 38). Sie war ein gelungenes Beispiel für die grafische Erweiterung eines reinen Textanzeige. »Künstlerisch ausgeführt«- wie kostbare Pretiosen –, wurden »Broschüren, Prospekte u. Kataloge«, führte der Text ergänzend aus.

»Bestecke und Tafelgeräte aus Alpacca-Silber« bewarb die Metallwarenfabrik *Krupp* 1914 in einer Anzeige (Abb. 39). Die von dem französischen Industriellen Charles Christofle erfundene Legierung war ähnlich reaktions- und abriebfest wie Silber und viel preiswerter – enthielt aber nur einen sehr geringen Anteil des wertvollen Metalls. Das ließ sich aus der Anzeige natürlich nicht ablesen. Mit silbernem Glanz, schönen Formen und einem gediegenen Rahmen sollte es gelingen, die Distanz zum Echtsilber zu überbrücken.

Abb. 44
Langer-Kauba
Dunkle Wolken am Himmel, dekorativer Kontrast oder schwerwiegende Ahnung? – im Jahr 1914.
Aus: *Zeitschrift des Deutsch-österreichischen Alpenvereins* 1914

»Gegründet 1710« verkündete eine Anzeige der *Porzellanmanufaktur Meißen* 1913 und lieferte damit sogleich den Grund für die dargestellte Galanterie-Szene; in der Zeit des Rokoko hatten die Künstler der gekreuzten Kurschwerter ihre wahre Glanzzeit erlebt (Abb. 40). An diese anzuknüpfen, die Erinnerung an sie wachzuhalten, war sicher nicht nur angesichts der immer stärkeren Konkurrenz sinnvoll.

»Wer diesen tappsenden Eisbären einmal gesehen hat, der vergißt ihn nicht so leicht«, war in einer zeitgenössischen Beurteilung über die *Kunsteis*-Werbung von Hellmuth Eichroth aus dem Jahr 1901 zu lesen (Abb. 41). Der Entwurf habe diesen »schwer zu definierenden Plakatcharakter, das Augenfällige«, fuhr der Rezensent fort, »das ist der Triumph der Plakatmalerei«.[3.3]

Wie ein Buchcover wirkt die ganze Anzeige Abbildung 42, die 1912 von der *Buchbinderei Sperling* geschaltet wurde. Sie entspricht nur noch in Teilen dem reinen Jugendstil: Der stilisierte Wald wird zum Ornament, das vom Geäst organischer Linien umspielt wird. Die Bäume der Phantasie aber ›wachsen‹ schon streng symmetrisch aus dem Buch.

Gleich drei Ebenen von Seitengleichheit zeigt eine Anzeige der Farbenfabrik *Berger u. Wirth* von 1913 (Abb. 43). Zur Mittelachse orientieren sich die beiden Teilflächen, die selbst in sich symmetrisch aufgebaut sind. Außerdem sind die Eulen wie auch eine Vielzahl von Buchstaben, Zeichen und Mustern mittig ausgerichtet.

In einer Anzeige der Firma *Langer-Kauba* werden die Begrenzungslinien der Illustration von zwei um den zentralen Text postierten Personen locker durchbrochen; nach oben ergibt sich ein dekoratives Spiel aus Gerader und Naturform (Abb. 44). Der Himmel war sicher nur aus formalen Gründen so dunkel, wäre er heller, so hätte man möglicherweise die Wolkenmassen sehen können, die sich 1914, im Erscheinungsjahr dieser Werbung, am europäischen Horizont zusammenzogen.

OBEN:
Abb. 45
Marco-Polo-Tee
Der ganz normale Rassismus – in formal hochwertiger Verpackung.
Farblithografie von Ludwig Hohlwein aus dem Jahr 1910

RECHTS UNTEN:
Abb. 46
Lithographische Kunstanstalt
Reklame und Künstler können gut leben – mit dem sogenannten »Blind-Entwurf«.
Aus: *Illustrirte Zeitung* von 16.9.1883

GEGENÜBER:
Abb. 47
Mozer
Ein Konsumstilleben der gehobenen Art.
Farblithografie von Ludwig Hohlwein aus dem Jahr 1909

4 Das künstlerisch gestaltete Werbeplakat

Die Entwicklung der Farblithografie bedeutete für die Werbung einen großen Schritt nach vorne. Einerseits konnten die bis in die Mitte des 19. Jahrhunderts meist nur mit Text bedruckten Plakate nun mit Abbildungen angereichert werden, andererseits wurde eine neue Gruppe von Fachleuten für die Gestaltung der ›Reklame‹ gewonnen, die Künstler, Maler und Grafiker. Sie sorgten dafür, daß die immer mehr ins öffentliche Bewußtsein geratenden farbigen Flächen für einige Zeit ein beachtliches formales Niveau behielten.

Vor allem und zuerst in Frankreich entwickelte sich eine wahrer Plakatboom, in dem viele hoffnungsvoll die Chance einer »Kunst der Straße« sahen. Immer mehr Künstler betätigten sich auf dem von den zeitgenössischen Medien mit wohlwollender Aufmerksamkeit begleiteten neuen Gebiet; schon 1888 fanden in Paris die ersten großen Plakatausstellungen statt. Nach Jules Cheret und Toulouse-Lautrec waren es in Frankreich vor allem der gebürtige Schweizer Alexandre Théophile Steinlen, der in Mähren geborene Alfons Maria Mucha und der Italiener Leonetto

Für Künstler!
Wir zahlen die höchsten Preise und sind stets Käufer von Entwürfen u. Originalen für Plakate, Karten, Kalender etc., geeignet für Reklame aller Industrie- und Handelszweige. (1130)
Actiengesellschaft lithograph. Kunstanstalt, Kaufbeuren. (Bayern.)

Cappiello, die die grafische Entwicklung vorantrieben. Cappiello, seit der Jahrhundertwende der neue Werbestar in Paris, formulierte als einer der ersten die besonderen Anforderungen der Werbung an die Plakatgestaltung: »Das Plakat darf sich nicht mehr an den Fußgänger allein richten, es muß auch den Automobilisten beeindrucken.«

In England waren die Beggarstaff Brothers diesem Anspruch schon früher gerecht geworden; ihre großzügigen, flächigen Entwürfe ordneten die auf das Allernotwendigste reduzierten Texte ganz der Gesamtgestaltung unter.

Auf der ganzen Welt schufen Grafiker künstlerisch hochwertige Plakate: Privat Livemont in Brüssel, William H. Bradley in den USA und Adolfo Hohenstein in Italien, um nur einige zu nennen.

Inzwischen hatte sich in Deutschland eine für die Werbung bedeutsame Neuerung vollzogen: Im Jahr 1855 hatte Ernst Litfaß eine Konzession zur Aufstellung von Plakatsäulen erhalten. Er verhalf damit dem »Anschlag- und Reklamewesen« zu einem gewaltigen Aufschwung.

Auch in Deutschland widmeten sich, wie bereits gesehen, Künstler intensiv dem neuen Medium Plakat (Abb. 30, 41). Neben den schon vorgestellten *Annoncen-Expeditionen* wie *Mosse* und *Haasenstein & Vogler* (Abb. 10) bildete sich mit den *Lithographischen Kunstanstalten* eine ganz neuer Gewerbezweig aus, der sich für die anspruchsvolle Gestaltung von Drucksachen einsetzte (Abb. 38, 46). Zunächst jedoch entstanden in der Mehrzahl sehr künstlerische Entwürfe, die sich ohne eine beabsichtigte Fernwirkung der jeweils herrschenden Stilrichtung anpaßten.

Das änderte sich erst um 1905 durch Künstler wie Lucian Bernhard mit dem »deutschen Sachplakat«.

Der 1883 in Stuttgart geborene Bernhard war 1901 nach Berlin gekommen und hatte bei einem Wettbewerb der Streichholzfabrik *Priester* mit einem völlig neuartigen Entwurf den ersten Preis gewonnen: im Bild waren lediglich zwei überdimensionale, schräg ins Bild geschobene

IRROY
DOM
Лучшая
LUDWIG HOHLWEIN
WILHELM
MOZER
MÜNCHEN-NORD
ADALBERTSTR. 31A
TELEFON: 1936
DELIKATESSEN u. WEINE
DINERS IN u. AUSSER DEM
HAUSE, REFRESHMENTS

OBEN LINKS:
Abb. 48
Preetorius Ausstellung
Herr und Hund ganz elegant, auf dem Weg zum »Sehen-und-Gesehen-Werden« einer Kunstausstellung.
Farblithografie von Emil Preetorius aus dem Jahr 1909

OBEN RECHTS:
Abb. 49
Licht und Schatten
Mancher Schatten erhellt mehr als viel Licht.
Farblithografie von Emil Preetorius aus dem Jahr 1910

Streichhölzer mit dem in fetten Buchstaben gesetzten Firmennamen kombiniert.

Es gelang Bernhard, in einer starken Reduzierung, auch Stilisierung, vor allem technischer Geräte, deren plakatives Potential freizulegen und für die Plakatgestaltung dekorativ zu nutzen. Gleichzeitig setzte er Schrift und Text in neuen, vor allem fetten Antiqua-Typen formal gleichberechtigt ein. Was in den Jahrzehnten davor an schönen Frauen, humorvollen oder allegorischen Aufhängern in den Plakaten um Aufmerksamkeit geworben hatte, ersetzte Bernhard durch Monumentalisierung; im ›besten‹ Fall war lediglich der Markenschriftzug des beworbenen Produkts auf starkfarbigem Hintergrund zu lesen. Es dauerte nicht lange, und seine einfachen, aber wirkungsvollen Plakate waren in ganz Deutschland zu sehen (Abb. 53, 54). Mit und neben ihm arbeiteten Walther Riemer und Bernd Steiner, aber auch Lucian Zabel (Abb. 58), Hans Rudi Erdt und Julius Gipkens wurden von ihm beeinflußt.

Der zweite deutsche Künstler, der wie Bernhard, und nur geringfügig später, in der Tradition der Beggarstaff Brothers

OBEN:
Abb. 50
Hansom
Eine Polonäse in die Goldenen Zwanziger Jahre – mit *Hansom.*
Farblithografie von E. Müller aus den zwanziger Jahren

UNTEN:
Abb. 51
Neues Operetten Theater
Publikum oder Darsteller? Beides wahrscheinlich.
Farblithografie von Julius Klinger aus dem Jahr 1912

arbeitete, war Ludwig Hohlwein; er gilt heute als der bekannteste und beständigste unter den deutschen Plakatkünstlern. Bei Studienaufenthalten in England hatte der 1874 in Wiesbaden geborene Architekt die Entwürfe der englischen Plakatkünstler kennen und schätzen gelernt.

Zunächst war Hohlwein, der in seiner Schulzeit als schlechter Zeichner galt, nach einem Architekturstudium als Innenarchitekt tätig gewesen. Er hatte Land- und Geschäftshäuser ausgestattet, hatte an der Einrichtung eines Ozeandampfers mitgearbeitet und das Hotel *Continental* sowie das Kaufhaus *Tietz* in München eingerichtet. Schon früh hatte er sich in Plakatentwürfen geübt und dabei eine Vorliebe für flächige Effekte und stilisierte Formen entwickelt.

1906 entschloß er sich aufgrund eines Gestaltungsauftrags zur professionellen Ausweitung seines bis dahin nur sporadischen Engagements auf dem Gebiet der Gebrauchsgrafik. Neben den konkreten Auftragsarbeiten schuf er ständig sogenannte »Blind«-Entwürfe. Je ›schöner‹ ein solcher Einfall gelungen war, desto größer war die Chance, einen Abnehmer dafür zu finden; eine lockere thematische Bindung an das zu bewerbende Produkt wurde dabei als ausreichend angesehen. Auch wenn sich Hohlweins Aussage, nie einen Schüler gehabt zu haben, im Nachhinein als nicht ganz haltbar erwiesen hat, so sind diese ›Arbeiten ohne Auftrag‹ eine doch wenigstens teilweise Erklärung für die außerordentlich hohe Zahl von gedruckten Hohlwein-Plakaten. Für fast zwei Jahrzehnte beherrschte der »Münchner« die deutsche Plakatszene fast nach Belieben, wobei er sich von der anfänglichen Vereinfachung zu beachtlichen malerischen Qualitäten weiterentwickelte.

Abb. 52
Bayrische Campagne Reiter Gesellschaft
Springreiter im Karree.
Farblithografie von Ludwig Hohlwein
aus dem Jahr 1909

In seinen letzten Lebensjahren ließ sich der bis etwa 1942 tätige Künstler unkritisch von den Nationalsozialisten als Propagandist einspannen. Es muß sogar festgestellt werden, daß das seinen Arbeiten zweifellos anhaftende formale Pathos in jenen Jahren seine Kehrseite offenbarte, und Hohlweins Handschrift nicht zu Unrecht für die Nazis zum Vorzeigestil avancierte. Trotzdem bleibt seine auf dem grafischen Sektor innovative Kraft bestehen, ohne die manch spätere Entwicklung nicht möglich gewesen wäre. Noch 45 Jahre nach seinem Tod 1949 sind einige seiner Entwürfe erfolgreich im Werbeeinsatz. 1910, als er das *Marco-Polo-Tee*-Plakat entwarf, befand er sich schon ganz auf der Höhe seines Ruhmes (Abb. 45). Eine etwas spekulative Verbindung des Markennamens *Marco-Polo* mit einem schwarzen, Tee servierenden Diener war mit drei scheinbar etwas unmotiviert plazierten grünen Quadraten kombiniert. Durch die Mischung von Öl- mit Wasserfarben beim Druck erhielten diese Flächen eine malerisch-heterogene, leicht changierende Oberfläche.

1909 schuf Hohlwein mit dem berühmten Delikatessen-Plakat *Mozer* eine seiner gelungensten Verbindungen von elegant-dekorativem Stil und inhaltlicher Noblesse (Abb. 47). In einem Stilleben der auserlesenen Art treffen die wichtigsten Accessoires gehobener Gastlichkeit aufeinander. Hummer, Champagner, Liqueur und exotische Früchte sind prunkvoll, aber keineswegs überladen mit Kristallglas, Silber und Blumenbouquets kombiniert. Dem reizvoll durchbrochenen Bildquadrat wurden nahezu perfekt zwei weitere Rechtecke hinzugefügt: in mittlerer Größe der Werbetextblock und als kleiner grafischer Springer das Hohlwein-Signet.

Im selben Jahr entstand das Plakat für die *Bayrische Campagne Reitergesellschaft* (Abb. 52). Eine beachtliche Informationsfülle wird von einer strengen grafischen Konzeption im Zaum gehalten. Die Horizontlinie und die senkrechte Verbindung Reiter/Pferdevorderhufe teilen die gesamte Bildfläche in vier fast gleich große Teile, in die vier verschieden große Quadratflächen eingefügt sind: die beiden Textblöcke, das Fahnenkarree und das Hohlwein-Signet. Mit dem Sprung über diese optischen ›Hürden‹ schafft der dynamische Pferdekörper einen attraktiven Kontrast.

Einen Höhepunkt an formaler Souveränität, wie sie zu diesem Zeitpunkt nur Ludwig Hohlwein besaß, stellt das Messeplakat Abbildung 56 von 1919 dar. Ein auf einen Schattenriß reduzierter, eine Brücke überquerender Zug symbolisiert den grenzüberschreitenden Handel der *Internationalen Einfuhr-Messe Frankfurt*. Die Fahrtrichtung des Dampfrosses beschreibt eine positive dynamische Aufwärtsbewegung von links unten nach rechts oben. Einige wie Konfetti in die klare Anordnung eingestreute Rauten mit den Aufdrucken verschiedener Landesfahnen vermitteln fast den Eindruck einer heiteren Leichtigkeit, die problemlos auf die Hoffnungen wirtschaftlicher Erholung nach dem Ersten Weltkrieg zu übertragen sind.

Einer der Künstler, die sich während der ersten Glanzzeit Ludwig Hohlweins (1906–1914) um Aufträge bemühten, war Emil

OBEN LINKS:
Abb. 53
Bosch
Technik von ihrer dekorativsten Seite.
Farblithografie von Lucian Bernhard aus dem Jahr 1914

OBEN RECHTS:
Abb. 54
Bosch
Wahres Teufelszeug, diese *Bosch*-Motorenaggregate.
Farblithografie von Lucian Bernhard aus dem Jahr 1911

E. Kmoch 20?
ZUERST
DIE
ABADIE
AXA, DANN DEN HUT!

GEGENÜBER:
Abb. 55
Abadie Axa
Immer rein in den Matsch – für *die* Zigarette lohnt sich jeder Einsatz.
Farblithografie von Ludwig Kmoch aus dem Jahr 1920

OBEN:
Abb. 56
Internationale Einfuhr-Messe
Hier sollten es alle sehen: es geht wieder aufwärts.
Farblithografie von Ludwig Hohlwein aus dem Jahr 1919

Preetorius. Der 1883 in Mainz geborene Autodidakt schloß sich kurz vor Ausbruch des Ersten Weltkriegs – sicher auch unter dem Druck der Hohlweinschen Erfolge – mit den Grafikern Franz Paul Glass, Fritz Heubner, Carl Moos, Max Schwarzer und Walenty Zietara zur ersten »Gruppe der Sechs« zusammen. Er setzte der etwas starren Grafik Hohlweins bewußt eine humorvolle Rundung entgegen. Nicht dekorative Nutzung von Wirklichkeit in der Darstellung war die Basis seiner Kunst, sondern ausdrückliche Umsetzung zur Idee, im Sinne einer zusätzliche Aussagequalität. 1909 entwarf er für eine Ausstellung eigener Arbeiten das Plakat Abbildung 48. Bewußt unernst – auch das eine demonstrative Abgrenzung zu Hohlwein –

Abb. 57
Tell
Futuristische Dynamik (frei nach Giacomo Balla?) zur Werbegeschichte umgeformt.
Farblithografie von Willy Petzold aus dem Jahr 1922

dargestellt, schreiten Herr und Hund gemeinsam zum »Sehen und Gesehenwerden« einer Kunstausstellung.

Vor allem humorvoll war auch die Werbung für die Zeitschrift »Licht und Schatten« aus dem Jahr 1910 (Abb. 49). Ganz anders als bei Hohlwein war die Schrift demonstrativ als Informationsträger und nicht als Dekorationselement eingesetzt.

Ähnlich ›funktionierte‹ auch ein Revue-Plakat von Julius Klinger aus dem Jahr 1912 (Abb. 51). Der gebürtige Wiener stilisierte mit leichtem, elegantem Strich eine eher alltägliche Szene: Zwei fast auf Karikaturen reduzierte Paare verschiedener Gesellschaftsschichten stehen sich in gemeinsamem Interesse für die Ankündigung der Revue »Rund um die Alster« gegenüber. Sie symbolisieren und illustrieren damit gleichzeitig das Thema des beworbenen Abends und stellen auf diese Weise eine werbewirksame doppelte Verbindung zwischen Fiktion Theater und realem Besucher her.

Wie die vierfache Wiederholung des gleichen Einzelglieds einer Polonäse-Kette wirkt das Plakat von E. Müller (Abb. 50):

Zigarette in den Mund, Handtasche über die Schulter und eingehängt, wer *Hansom* rauchte, war beim Tanz in die Goldenen Zwanziger Jahre mit dabei.

Die besondere Selbsteinschätzung einer anderen Zigarettenmarke, der *Abadie Axa,* illustrierte eine Werbung des Österreichers Ludwig Kmoch von 1920 (Abb. 55).

Ein von heftigen Wettern offensichtlich recht derb durchgewirbelter Mensch rennt im Bild blindlings durch den Matsch, allerdings nicht hinter dem davonfliegenden Hut, sondern hinter seinen schon vom Winde verwehten Zigaretten her. Die leicht karikaturhaften Züge der laufenden Person erinnern durchaus noch an die Figuren von Emil Preetorius, sind aber schon, wie auch die Buchstabentypen vom Expressionismus der Zwanziger geprägt.

Die Unrast jener Jahre griff auch das *Tell*-Plakat des Dresdeners Willy Petzold von 1922 auf (Abb. 57). In zukunftsweisender Spritztechnik erstellt, erscheinen die Bewegungen des hinter einem Dackel her eilenden Hotelpagen dynamisch gesteigert. Das aufgeregte Spiel zwischen Licht und Schatten ließ keine klare Konturierung der Figuren mehr zu, selbst der Werbetext war in die Fluchtrichtung mit einbezogen.

Demgegenüber stand die formale und inhaltlich Ruhe, die das *Caid*-Plakat von Lucian Zabel von 1920 ausstrahlte. Aus feinen, fast ornamentalen Schwüngen entwickelte Zabel die Figur eines Arabers. Die Linien und Flächen der Zeichnung bilden ein harmonisches Miteinander, dessen Beschaulichkeit automatisch und werbewirksam auf den Konsum der Zigarette übertragen wurde.

Abb. 58
Caid
Orientalische Ruhe und Beschaulichkeit, dank harmonischer Linienführung – und einer guten Zigarette.
Farblithografie von Lucian Zabel aus dem Jahr 1920

OBEN:
Abb. 59
König-Ludwig-Quelle
Mit ›Königskrone, Adler und Eichenlaub‹ gegen »hartnäckige Verstopfung« des »Magendarmkanals«.
Aus: *Kölnische Zeitung* 14.3.1915

RECHTS:
Abb. 60
Odol
Odols Beitrag zum Krieg: von der Produktion die »Metall-Felddose« und von der Finanzabteilung die Entscheidung »kostenfrei«.
Aus: *Kölnische Zeitung* 10.3.1915

5 Der Erste Weltkrieg

Am 28. 6. 1914 erschoß ein bosnischer Nationalist in Sarajewo den österreichisch-ungarischen Thronfolger Franz Ferdinand. Daraufhin richtete Österreich-Ungarn, nachdem es sich der Unterstützung Deutschlands versichert hatte, ein scharfes Ultimatum an Serbien. Dessen Nichtbefolgung löste die österreichische Kriegserklärung aus, was den Beginn des Ersten Weltkriegs bedeutete. Die politischen Ursachen für diese Zuspitzung müssen jedoch schon in den davor liegenden Jahrzehnten gesucht werden. Als das sehr auf die Person Bismarcks zugeschnittene Allianzensystem – der *Zweibund* 1879, der *Dreibund* 1882 und der *Rückversicherungsvertrag* 1887 – in den neunziger Jahren zu zerfallen begann, entstanden in Europa neue Fronten, die Deutschland zunehmend isolierten.

Durch die Verträge mit Österreich-Ungarn zur Teilnahme am Krieg gegen Serbien, Rußland und Frankreich verpflichtet, sah sich Deutschland in seinem weiteren Verlauf einer immer größeren Zahl von Gegnern und Fronten gegenüber. Nachdem, unter Mißachtung der eigenen Garantie, das neutrale Belgien überfallen worden war, wurden England und, mit der deutschen Erklärung eines uneingeschränkten U-Bootkrieges, auch die USA in die Kampfhandlungen hineingezogen. Aus den anfänglichen Bewegungskriegen wurden, vor allem im Osten, bald Stellungskämpfe mit zum Teil langen Frontverläufen.

Die Verbindung mit Bulgarien und der Türkei, die als traditioneller Gegner Rußlands an der Seite Deutschlands in den Krieg eingetreten war, kompensierte den Verlust des traditionellen Partners Italien nicht. Mit dem Eintritt Japans auf Seiten der Alliierten weitete sich der Konflikt endgültig zum weltweiten Krieg aus.

Die Stimmung innerhalb der deutschen Bevölkerung wurde von verschiedenen Faktoren beeinflußt. Einerseits waren die Erinnerungen an den so schnell und erfolgreich verlaufenen Krieg von 1870/71 gegen Frankreich noch wach oder wurden wach gehalten, andererseits regten sich in dem noch relativ jungen Nationalstaat Deutschland, wie übrigens in den meisten europäischen Staaten, starke imperialistische Kräfte.

Die deutsche Flottenaufrüstung war England schon länger ein Dorn im Auge gewesen, und Kaiser Wilhelm II. hatte diesen Konflikt durch eine ganze Reihe unglücklicher Entscheidungen verschärft. Sein betont kriegerisches Auftreten schuf auch innenpolitisch eine unheilvolle Verbindung von Nationalismus und Militarismus, die zu einer übersteigerten und unrealistischen Einschätzung der eigenen Macht führte. In diesem Geiste gedieh eine breite Zustimmung zur Entwicklung neuer Kriegstechnologien, die einerseits die eigenen Möglichkeiten vergrößern sollten, andererseits den Krieg in einer Atmosphäre zunehmenden europaweiten Mißtrauens immer wahrscheinlicher werden ließ.

So war es nur noch eine Frage der Zeit, bis es hieß: »Seine Majestät der Kaiser und König haben die Mobilmachung befohlen«. Am 2. August 1914, dem »ersten Mobilmachungstag«, lautete dann die entsprechende »Bekanntmachung« des *Königlichen Bezirkskommandos* Berlin:
»Unser Volk ergreift die Wehr für deutsches Wesen und deutsche Kultur, für die Sicherheit des teuer erkämpftes Reiches, für das Gleichgewicht in Europa.« Deut-

OBEN:
Abb. 61
Javol
Kaum war der Krieg vorüber, da mußten die armen deutschen Hersteller schon wieder leiden, wegen des unausrottbaren deutschen Fehlers, »fremdländische Waren den einheimischen guten Fabrikaten vorzuziehen«.
Aus: *Illustrirte Zeitung* 1921

lich offensiver ging es dann weiter: »Wir sind ein männlich treues Volk, das dem Rufe des Vaterlandes im Sturme folgt und sich mit Begeisterung um das Banne seines Kaisers schart.«

Die in den ersten Kriegsmonaten vor allem in den Tageszeitungen verbreiteten Berichte waren wichtigste und oft einzige Informationsquelle breiter Bevölkerungsschichten. Sie spielten daher eine große Rolle sowohl als Informationsträger wie als Propagandainstrument.

Wie schon am 3. September 1870, als die *Kölnische Zeitung* in ihrer zweiten Morgenausgabe gemeldet hatte: »Napoleon ist gefangen! So weit hat Gott geholfen«, führte auch am 1. September 1914 die in der gleichen Zeitung – inzwischen in deutlich größeren Lettern – verbreitete Meldung »Große Erfolge. Im Westen. Im Osten« zu grenzenloser Kriegsbegeisterung. Innerhalb weniger Tage schienen sich die gewagtesten Hoffnungen zu erfüllen: »Ostpreußen frei« (1.9.14), »Mobilmachung in der Türkei. Der Fall der Feste Givet« (2.9.14), »Die Siege am Tage von Sedan« (3.9.14), »Frankreich in Nöten. Der Sieg von Tannenberg« (4.9.14), meldete jeweils die *Kölnische Zeitung* in großen Buchstaben. Und so sollte es noch einige Zeit weitergehen.

Von diesem durch die Medien verbreiteten Stimmungsbild ließ sich die in denselben Informationsträgern werbende Reklame nur zu gerne mitreißen.

Kola-Dallmann empfahl sein »beim Militär seit 25 Jahren zehntausendfach bewährtes« Lutschbonbon unter dem in dramatisch verzerrter Handschrift geschriebenen Wort »Krieg« im September 1914, »um große Strapazen mutigen Herzens zu ertragen, immer leistungsfähig und voll mobil, auch jeder Situation gewachsen zu sein.« »Militärbedarf« und »Heereslieferungen« überwogen in den Verkaufsangeboten; die Möbelfabrikanten stellten ihre »Lazarettbettstellen« und »Gefangenenlager« heraus. Selbst »Fahrrad-Schraubenschlüssel« und »Tafelscheren« wurden »für Kriegsbedarf« angeboten. Die »Krefelder Schirm-Seide« der Firma *Schopen & Crone* wurde als »für Kriegswesten!« besonders geeignet angepriesen.

Von zunehmender Bedeutung für den Warenabsatz wurden Hinweise auf die deutsche Herkunft der beworbenen Produkte. »Verlangt einen *deutschen* Vergaser beim Kauf eines Autos und weist das aus-

UNTEN:
Abb. 62
Laufwohl
Den »Feldgrauen« *die* »Liebesgabe« gegen »Schweiß-Füße« waren die *Laufwohl-Hüllen*.
Aus: *Fliegende Blätter* 15/1915

OBEN:
Abb. 63
Underberg
Änderte die Kundschaft ihren Standort, so wechselte die Werbung ihre Motto: »Der beste Likör im Felde«.
Aus: *Kölnische Zeitung* 31.1.1915

UNTEN:
Abb. 64
Ernemann
Da wollte die Fotoindustrie nicht nachstehen: *Ernemann* Armee-Kameras waren bei »unseren Tapferen im Felde beliebteste Rocktaschenapparate«.
Aus: *Fliegende Blätter* 15/1915

ländische Fabrikat, insbesondere das *französische* Erzeugnis zurück!«, verlangte die *Pallas-Vergaser-Gesellschaft mbH* in einer Anzeige. Die Brauerei *Simonbräu* lancierte »neben ihrem altbekannten und beliebten *Hellen Simonbräu*« die »hervorragende Spezialität *Simonbräu-Deutsch-Pilsener*« neu auf dem Markt.

Eine Firma, die ihre Nähe zu Frankreich nur durch eine Namensänderung hätte verheimlichen können, die *Cigarettenfabrik Compagnie Laferme* bot »Für unsere deutschen Helden« hoffnungsvoll die »Deutsche Helden Cigarette« an. »Besonders beliebt für Feldpost-Verpackungen« sei sie wegen ihrer »Bildeinlagen deutscher Helden«. Zigarren der Marke »Deutsche Flotte« hatten Hochkonjunktur, und im *Kölner Schauspielhaus* wurde vermutlich nicht nur am 3.11.1914 »zu bedeutend herabgesetzten Preisen« das Stück »Der Probepfeil« aufgeführt. Wahrscheinlich nicht, oder vielleicht doch für das deutsche Heer bot eine Firma *J. Fischer* aus Dortmund im November 1914 in der *Kölnischen Zeitung* »60 000 Schafspelze« an.[5.1] Da meinte es das *Seidenhaus Koopmann*, Köln mit den Soldaten schon besser, es offerierte »zum Schutz gegen Ungeziefer im Feld rohseidene Hemden und Hosen«, als »Wohltat für den Krieger«. Andere waren handfester und bewarben »Kriegswesten wasserdicht, mit Sammet gefüttert«; Mäntel wurden zu »Landsturmmänteln in den Farben »feldgrau« und »olivenstoffen«.

Vor allem für die »Lieferanten von Kriegsmaterial« wurden »Betriebsänderungen und Vergrößerung sofort möglich«, wie zahlreiche Bankinstitute verkündeten. »Glänzende Kapitalbeteiligung!« bei »Kriegsbedarf-Materialien« versprachen große Anzeigen, allerdings nicht gerade für Kleinanleger, ab »300 000 M Kapital«. Wer nicht schon am Krieg verdiente – »100 000 Stück Leibbinden für den Winter-Feldzug« –, der suchte wie eine anonyme »leistungsfähige Knopffabrik Aufträge

auf Uniformknöpfe« oder bot preisgünstige »Trockenverzinkung von Militärstiefeleisen« als »Heeres-Lieferung« an.

Kurz, die Reklame hatte Hochkonjunktur; sie warb für wen oder was auch immer sie eingesetzt wurde, nicht schlechter, eher besser als vorher. Sie diente, wie nun immer deutlicher wurde, vor allem den Warenproduzenten, und denen ging es dank der Werbung – zunächst noch – etwas besser als den meisten Mitmenschen.

»Wer deutsch denkt gebraucht deutsche Heilquellen«, erklärte eine Anzeige der *König-Ludwig-Quelle* im März 1915 (Abb. 59). Gleich drei offizielle Deutschland-Ikonen illustrierten ihre streng nationale Ausrichtung: Reichsadler, Königskrone und

OBEN LINKS: Abb. 65 *Asbach*
»Durch Warschau ostwärts«, Militär und Industrie im Gleichschritt.
Aus: *Fliegende Blätter* 15/1915

OBEN RECHTS: Abb. 66 *Asbach*
So ein Stellungskrieg machte nur richtig Spaß, solange man ausreichend alten *deutschen* Cognac zur Verfügung hatte.
Aus: *Velhagen & Klasings MH* 7/1917

OBEN:
Abb. 67
Batschari
Eine *Mercedes* in Ehren – und Uniform – konnte niemand einem Verwundeten verwehren.
Aus: *Velhagen & Klasings MH* 12/1916

UNTEN:
Abb. 68
Kunst und Dekoration
Zuerst »Kämpfen« dann »Bauen«, meinte sogar die offizielle Gestaltungselite.
Aus: *Die Kunst und Dekoration* 9/1914

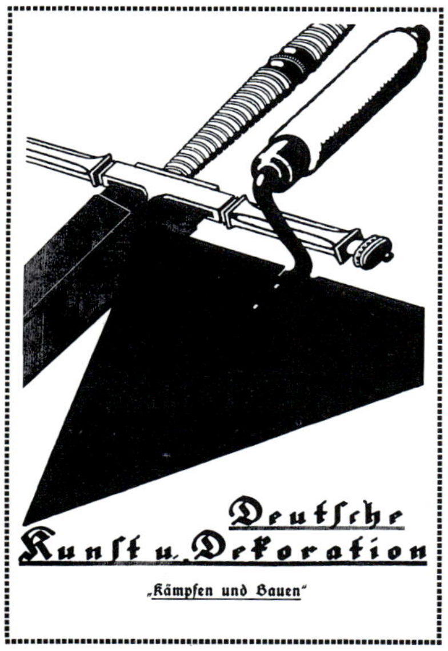

deutsche Eiche. Zahlreiche Könige mit dem Namen Ludwig waren 1915 noch im öffentlichen Bewußtsein, wahrscheinlich aber war der Ahnherr dieser Namensgebung König Ludwig II. von Bayern, der 1886 unter mysteriösen Umständen im Starnberger See zu Tode gekommen war. Um seinen Gesundheitszustand rankten sich viele Gerüchte, von einer mit Hilfe einer Heilquelle kurierten »hartnäckige[n] Verstopfung« des »Magendarmkanals« war allerdings weniger bekannt.

Einer der bekanntesten Markenartikel in Deutschland war schon vor der Jahrhundertwende das Mundwasser *Odol*. Seit 1892 patentrechtlich geschützt und über Jahrzehnte immer wieder heftigsten Attakken der Medizinhersteller ausgesetzt, war es von dem Kaufmann Karl August Lingner schon früh durch aufwendiger Anzeigenkampagnen bekannt gemacht worden. So war es nur konsequent, daß die *Odol*-Werbung auch auf die besondere Kriegssituation einging und das Mundwasser dank einer flexiblen Produktionsabteilung 1915 »in hübscher Metall-Felddose« angeboten werden konnte (Abb. 60). Die Finanzdirektion von *Lingner* unterstützte diesen Kurs und genehmigte für die große Sache die »Metalldose kostenfrei«. Der Kontrast der Forderung nach ›Mundwasser für Soldaten‹ zu den inzwischen täglich in den Zeitungen – neben diesen Anzeigen – veröffentlichten und ständig längeren Gefallenenlisten macht die herrschende Stimmung deutlich (vgl. auch die *Perhydrit*-Werbung Abbildung 76 von 1916).

Auf den – inzwischen verlorenen – Ersten Weltkrieg ging noch 1921 eine Anzeige für das Kräuterwasser *Javol* ein (Abb. 61). Sie beklagte in fast weinerlichem Ton den nachlassenden Nationalismus, der den deutschen Herstellern so große Vorteile gebracht hatte: »Wir Deutsche haben einen Fehler, der mit Kriegsausbruch und in den ersten Kriegsjahren ausgemerzt schien, [...] fremdländische Waren den einheimischen guten Fabrikaten vorzuziehen«. Das »deutsche Kräuterhaarwasser« sei »nur aus in Deutschland gewonnenen Rohstoffen hergestellt«, und trotzdem würden andere Produkte, »mögen sie noch so minderwertig« sein, gekauft, »eben weil sie ausländischen Ursprungs sind«. Sicher war diese Werbung vorrangig der opportunistische Versuch, die übermächtige französische Kosmetikindustrie zu bedrängen; sie vermittelte jedoch auch einen Eindruck von den Interessen, die die deutsche Wirtschaft in diesem Zusammenhang bewegten.

Das Los der Soldaten, die ins Feld zogen, war sicher der beliebteste Aufhänger in der Werbung während des Ersten Weltkriegs. Zahlreiche Anzeigen beschäftigten sich mit »unseren Feldgrauen«, allerdings

ging es nicht um ihr individuelles, menschliches Schicksal, sondern um ihre Rolle als Vaterlandsverteidiger. *Die* wiederum wurde so positiv wie möglich dargestellt, verbesserungsfähig nur noch durch den Einsatz des jeweils beworbenen Produkts.

Die Abbildungen 62 und 69 zeigen Anzeigen, die sich mit den Strapazen längerer Fußmärsche befassen. Zum Schutz gegen »Wundlaufen und Schweiß-Füße« wurde von der Reichenbacher Firma *C. H. Müller* das »vollkommenste der Fußbekleidung«, die »*Laufwohl*-Hülle« angeboten (Abb. 62). Mit dem Hinweis auf ihre besonder Eignung als »Liebesgabe« in einer »250-Grammsendung« betonte die Werbung die emotionale Verbindung des Einzelnen zu den Helden an der Front.

Wer derartige Fußbekleidung nicht geschenkt bekam, schlug die Firma *Vasenol* vor, sollte sich eine Dose ihres *Sanitäts-*

OBEN:
Abb. 69
Vasenol
Ein gemütliches Eckchen, eine wohlschmeckende Pfeife und eine große Dose *Vasenol-Sanitäts-Puder*, das machte den Krieg erträglich.
Aus: *Velhagen & Klasings MH* 7/1917

UNTEN:
Abb. 70
Rotkäppchen
Nicht nur für die Zieten-Husaren war die Labsal *Rotkäppchen-Sekt* »im Felde Steuerfrei«.
Aus: *Kölnische Zeitung* 18.8.1915

Zur AUFKLÄRUNG!

Dem gehässigen Angriff der Konkurrenz vom 31. August l. J. gegenüber haben wir zur Aufklärung das Nachfolgende zu erwidern:

I. Es ist wahr, daß wir vor etwa 14 Tagen auf eine telephonische Anfrage der Firmen: Continental-Caoutchouc- und Gutta-Percha-Compagnie, Hannover, und Mitteldeutsche Gummiwarenfabrik, Louis Peter, Aktiengesellschaft, Frankfurt a. M., abgelehnt haben, schon jetzt eine Erhöhung der Pneumatikpreise eintreten zu lassen, mit der Begründung, daß wir vorläufig genügend mit Rohmaterial versehen seien und daher die derzeitige Lage nicht zu einer Preiserhöhung ausnutzen wollten.

Eine solche Erhöhung konnte nach der derzeitigen Lage in der Hauptsache nur der Militärbehörde gegenüber in Betracht kommen. Wenn die Konkurrenz darauf hinweist, daß sie auf Veranlassung des Vereins Deutscher Motorfahrzeug-Industrieller die Zusicherung abgegeben hätte, für die ganze Dauer des Krieges dieselben Preise einzuhalten, welche sie vom ersten Tag der Mobilmachung an in Rechnung gestellt hatte, so ist auffallend:

1. daß uns, obwohl wir eines der ältesten Mitglieder dieses Vereins sind, bis zum heutigen Tage von einer solchen Anfrage und einer solchen Verpflichtung **nicht das Geringste bekannt gegeben wurde,**

2. daß auch bei den telephonischen Anfragen der Continental-Caoutchouc- und Gutta-Percha-Compagnie, Hannover, und der Mitteldeutschen Gummiwarenfabrik, Louis Peter, Aktiengesellschaft, Frankfurt a. M., **und obgleich ein Direktor der Continental-Compagnie Vorsitzender des genannten Vereins ist,** von einer solchen Abmachung, die für unsere Entschließung natürlich von ausschlaggebender Bedeutung sein mußte, da wir **nur eine Erhöhung der Preise für die Heeresverwaltung verhindern wollten, nicht mit einem Wort die Rede war.**

Es ist unwahr, daß unsere Gesellschaft über diese Vorgänge der Presse irgendwelche Mitteilung hat zugehen lassen, es ist uns bis zu diesem Augenblick nicht einmal bekannt, daß in der Presse über diese Vorgänge irgend etwas veröffentlicht ist.

Wir weisen es mit Entrüstung zurück, daß unsere Gesellschaft von irgendwelcher Seite aus „bezüglich der in England bestehenden Kriegsabsicht einen Wink erhalten hätte". **Es ist gewiß kein Patriotismus, zu Konkurrenzzwecken in solchen Zeiten mit solchen Erfindungen die Leidenschaften der Bevölkerung aufzureizen.**

II. Es ist wahr, daß unsere Gesellschaft eine deutsche Gesellschaft ist, eingetragen im Handelsregister des Königlichen Amtsgerichts Hanau, und zwar als G. m. b. H. seit 1893, als Aktiengesellschaft seit 1907. Auf die Staatsangehörigkeit unserer Aktionäre haben wir ebensowenig Einfluß wie alle übrigen deutschen Aktiengesellschaften. Das Gleiche trifft ja auch auf ausländische Aktiengesellschaften zu, von denen bekanntlich vielfach ein großer Teil des Aktienkapitals in deutschen Händen ist.

Wahr ist weiter, daß unsere Gesellschaft bei Ausbruch des Krieges ungefähr **1200 deutsche Arbeiter und Beamte** beschäftigt hat, **daß sie ihr gesamtes Rohmaterial,** mit Ausnahme natürlich von Rohgummi, **ausschließlich aus Deutschland bezieht,** daß der **größte Teil der Beamten und der Arbeiterschaft im Felde steht,** und daß wir es für unsere patriotische Pflicht halten, dem Staat gegenüber und der Stadt Hanau unsern Betrieb, wenn auch mit großen Opfern, aufrecht zu erhalten, um unserer Arbeiter- und Beamtenschaft, soweit sie nicht einberufen ist, den Lebensunterhalt zu ermöglichen, soweit sie aber einberufen ist, um sie unterstützen zu können.

Wir überlassen es dem Gerechtigkeitssinn des deutschen Volkes, zu entscheiden, auf welcher Seite das Recht ist in dieser Polemik, die die Konkurrenz gegen uns heraufbeschworen hat. Im Vertrauen hierauf werden wir uns auf weitere Veröffentlichungen nicht einlassen.

DEUTSCHE DUNLOP GUMMI COMPAGNIE, A.-G., HANAU

Puders mit ins Feld nehmen (Abb. 69). Besonders schlimm war so ein Krieg sowieso nicht, könnte man meinen, wenn man die dargestellte Situation betrachtet. Da sitzt der mutige Krieger bei einem gemütlichen Pfeifchen in seiner Ecke – 100 km hat er schon hinter sich gebracht – und pudert sich die Füße. Von schwerem Marschgepäck ist natürlich nichts zu sehen, lediglich eine übergroße *Vasenol*-Dose steht neben ihm im Gras. Auf diese Weise läßt sich auch ein Krieg gut überstehen.

Mehr noch als *Odol* war die Firma *Underberg* gezwungen, für den Transport ihres Produkts zur ausgerückten Kundschaft zu sorgen. In großen Zeitungsanzeigen berichtete sie daher im Januar 1915 von einer – offensichtlich zeitlich begrenzten – Ausnahmeregelung der Post: »Vom 1.-7. Februar Pfundpackungen postalisch zugelassen« (Abb. 63). Blickfang war die von *Underberg* vorbereitete Verpackung des alkoholischen Getränks als »Feldpostbrief«, so konnte selbst an der Front der Ruhm des Bitterlikörs noch vermehrt werden. Wenn so viele potentielle Kunden ihren Aufenthaltsort wechselten, mußte die Werbung eben reagieren, egal wie ernst der Anlaß war. Daher lautete das einzige echte Verkaufsargument nun: »Der beste Likör im Felde!«

Den Eindruck, daß der Feldzug eher ein Abenteuer sei, vermittelte auch die Firma *Ernemann* im April 1915 (Abb. 64). Die Konkurrenzsituation zu den Mitanbietern wurde bewußt dargestellt, angenommen und erfolgreich überstanden; »*Ernemann* Armee-Kameras«, seien, so der Werbetext, »im Felde beliebteste Rocktaschenapparate«. Möglicherweise haben die inzwischen täglich veröffentlichten langen Listen gefallener Soldaten dabei zu der etwas realistischeren Formulierung »Bei unseren Tapferen« geführt.

»Durch Warschau ostwärts« zogen in trauter Eintracht deutsche Soldaten und

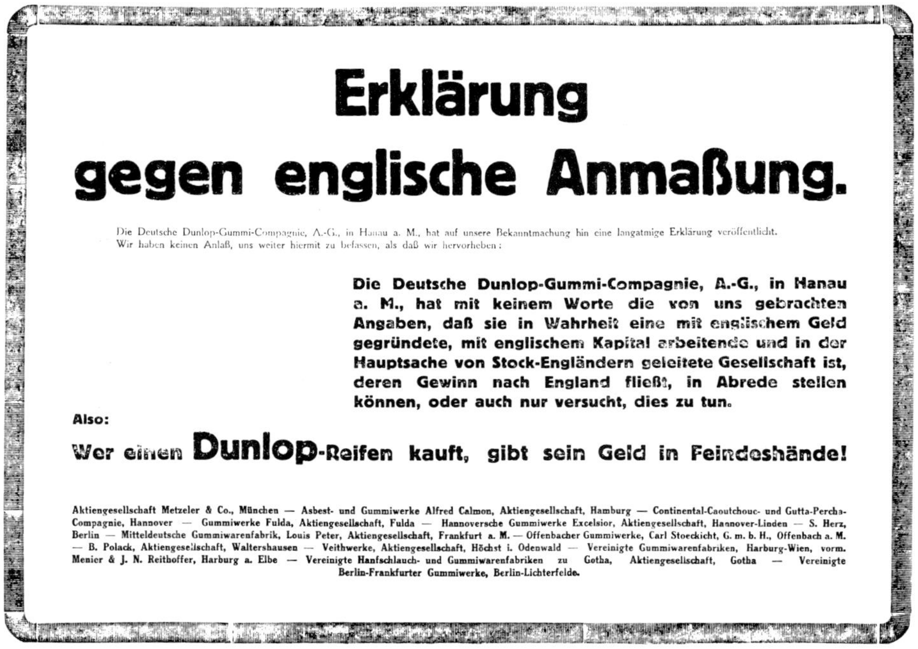

ihre Alkohollieferanten, so die *Asbach*-Anzeige aus dem Jahr 1915 (Abb. 65). Noch herrschte Aufbruchstimmung, man war guten Mutes, zumindest tat man so; im schlimmsten Fall mußte eine Schluck *Asbach »Uralt«* helfen. Die Kaufleute hatten es allerdings ein wenig besser, wie die Anzeige belegte, sie saßen hoch zu Roß und brauchten nicht zu Fuß zu gehen.

Das mußten zwei Jahre später, als die Anzeige Abbildung 66 erschien, auch die Soldaten nicht mehr; vor allem an der Ostfront hatte sich ein zäher Stellungskrieg entwickelt. Die Vaterlandsverteidiger mußten, in fernen Landen in Unterstände eingegraben, versuchen, ihre Stellungen zu halten. Da waren sie über jeden Schluck Alkohol froh, ein siegreicher Tag wurde mit einer Flasche *Asbach* begossen – ungefähr so lautete jedenfalls die Geschichte hinter dieser Anzeige. Ein klein wenig ausdrücklicher mußte inzwischen auf den Anlaß für das ganze Elend hingewiesen werden, damit er nicht vergessen wurde: das Wort »deutscher« war in der Anzeige deutlich kräftiger unterstrichen als noch kurz zuvor.

Zwei Jahre nach Kriegsbeginn waren die von der Front zurückgekehrten Verwundeten schon so zahlreich, daß sie ein Aufhänger in der Werbung wurden. Ergeben trugen die Rekonvaleszenten ihr Schicksal, so die Anzeige Abbildung 67, bis sie wieder nach Hause durften. Dort

GEGENÜBER:
Abb. 71
Dunlop
Wer die kriegsbedingten Preiserhöhungen nicht mittragen wollte, bekam den Druck der Konkurrenz zu spüren.
Aus: *Kölnische Zeitung* 4.9.1914

OBEN:
Abb. 72
Diverse deutsche Reifenhersteller
Fehlten die sachlichen Argumente, so mußte eben zu unsachlichen gegriffen werden.
Aus: *Kölnische Zeitung* 6.9.1914

OBEN: Abb. 73 *Jasmatzi*
»Raucher! Es liegt kein Grund mehr vor, sich aus nationalen Gründen den Genuß unserer erstklassigen Qualitätszigaretten zu versagen«.
Aus: *Kölnische Zeitung* 18.7.1915

UNTEN: Abb. 74 *Stollwerck*
Ein junger Vaterlandsverteidiger träumt von unbelasteten Kakaogenüssen.
Aus: *Kölnische Zeitung* 2.6.1916

genossen sie dann – ganz in Uniform – im bequem gepolsterten Sessel ihre wiederhergestellte Gesundheit mit einer *Mercedes,* der hochedlen *Batschari Cigarette.*

Eine Anzeige, die den ganzen Optimismus des ersten Kriegsjahres 1914 demonstriert, stellt die Abbildung 68 dar. Die Zeitschrift *Deutsche Kunst und Dekoration,* das damals vielleicht wichtigste Periodikum für »Wohnungskunst, Malerei, Plastik, Architektur, Gärten, künstlerische Frauenarbeiten«, hob den Krieg auf die gleiche Stufe wie ihre eigenen heeren Ziele. Die schienen für den Moment sogar erst an zweiter Stelle zu stehen, denn es lautete die einzige Botschaft dieser Anzeige: »Kämpfen und Bauen«.

Mitte 1915 war zwar schon klar, daß der Krieg kein ›Spaziergang‹ wie anno 1870 gegen die Franzosen werden würde, es gab aber immer mal wieder Anlässe für ein Glas Sekt. Besonders auf den Zieten-Husaren, die schon so manche Schlacht entschieden hatten, ruhten die diesbezüglichen Hoffnungen. Auf diese sicher etwas unrealistische Nostalgie hob eine Anzeige der Firma *Kloss und Foerster* für ihren *Rotkäppchen Sekt* ab (Abb. 70).

Zahlreiche ›ausländische‹ Firmen mußten sich im Lauf des Krieges gegen die Angriffe deutscher Hersteller zur Wehr setzen. Die *Deutsche Dunlop Gummi Compagnie* lieferte sich im September 1914 in der *Kölnischen Zeitung* diesbezüglich eine heiße Anzeigenschlacht mit der einheimischen Konkurrenz.

Die Anzeigen Abbildungen 71 und 72 waren Verlautbarungen Nummer 2 und 3 von insgesamt sechs Veröffentlichungen dar. Am 17. des Monats sah sich sogar der Magistrat der Stadt Hanau genötigt, in einer ganzseitigen Anzeige darauf hinzuweisen, daß fast ausschließlich deutsche *Dunlop*-Arbeiter die Heeresverwaltung mit Armeematerial versorgten, so »daß der Weiterbetrieb der Fabrik durchaus im Interesse der Landesverteidigung sei«.

Firmen, die nicht schon »trustfrei« waren (wie *Batschari,* Abb. 67), sahen sich genötigt, öffentlich bekanntzugeben, daß »jeglicher ausländische Einfluss auf unsere Gesellschaft restlos ausgeschaltet« sei (Abb. 73). Andere Hersteller gingen noch einen Schritt weiter und änderten in diesem Zusammenhang offiziell ihren Namen, wie die *Sunlight Seifenfabrik,* die

in großen Anzeigen verkündete, daß sie von November 1914 an *Neue Sunlicht Gesellschaft von 1914* hieße.

Für manche Firmen war es relativ einfach, einen Zusammenhang zwischen ihren Produkten und den Idolen der Zeit herzustellen, wie die Firma *Stollwerck* in einer anrührenden Anzeige im Juni 1916 vorführte (Abb. 74). Ein noch recht junger Soldat wärmt sich da an und mit einer heißen Tasse Schokolade. Sein Blick wirkt nach innen gerichtet, vielleicht auf zurückliegende angenehmere Anlässe des Kakaokonsums. Nun war die *Stollwerck*-Schokolade das einzige, was ihn noch an Zuhause erinnerte, ein treuer Begleiter in kalten Zeiten.

Immer wieder waren es die Zigarettenhersteller, die es für erforderlich hielten, die Daheimgebliebenen aufzufordern, für die Auswärtigen und somit an ihrer Stelle Tabakwaren zu kaufen. Dazu wurde möglichst häufig in emotional ansprechenden Bildern an die Abwesenden erinnert. Daneben wurde deutlich auf die besondere Vereinfachung des Transports von Zigaretten an die Front hingewiesen.

So zeigte zum Beispiel eine Anzeige der Firma *Yenidze* von 1915 im Bild die Vorhut im Einsatz, wogegen der Text umfangreich auf die Möglichkeiten verbilligter oder portofreier Lieferung »durch die Feldpost« hinwies (Abb. 75).

Sicher folgten viele Menschen diesen nicht ganz uneigennützigen Anstößen und unterstützten die Front auf diese Weise. Möglicherweise aber trugen die zahlreichen leicht romantisierenden, selten realistischen Darstellungen des Kriegsalltags mit zu einer falschen Einschätzung, auf jeden Fall zu einer Verharmlosung der Gesamtsituation bei.

OBEN LINKS:
Abb. 75
Salem
Die Vorhut im Einsatz – brauchte dringend Nachschub an portofrei mit der Feldpost gelieferten *Salem-Zigaretten.*
Aus: *Kölnische Zeitung* 3.3.1915

OBEN RECHTS:
Abb. 76
Perhydrit
Zur Gesundheit der Vaterlandsverteidiger trugen viele Industriezweige bei; *Perhydrit* lieferte »die Ideale der Zahn- u. Mundpflege«.
Aus: *Velhagen & Klasings MH* 4/1916

OBEN:
Abb. 77
Syntin
Die Naturdarstellung im Stil eines japanischen Holzschnitts illustriert die synthetische Seife.
Aus: *Velhagen & Klasings MH* 10/1926

GEGENÜBER:
Abb. 78
Bajadi
Expressionismus pur – aber:
»Kampmann hat die Bildeinheit nur auf Kosten der Lesbarkeit des Textes erzielt«.
Aus: *Das Plakat* 1921

6 Der Expressionismus

Es gibt kaum einen Begriff in der Kunstgeschichte, der ein so weites Feld umfaßt und sich auf so verschiedene Epochen beziehen läßt wie der Terminus Expressionismus. Bereits bei spätmittelalterlichen Meistern wie Grünewald und Baldung Grien, danach bei Frans Hals und Rembrandt lassen sich ausdruckssteigernde Eingriffe in die malerischen Mittel nachweisen. Ungefähr zur gleichen Zeit schuf Domenico Theotocopuli, genannt El Greco (der Grieche), in Spanien religiöse Bilder von außergewöhnlicher Eindringlichkeit. Seine manieristisch in die Länge gezogenen Figuren waren reinster Ausdruck des spanischen Katholizismus der Gegenreformation.

Ein unmittelbarer Vorläufer des nordeuropäischen Expressionismus war schließlich der Holländer Vincent van Gogh. Seine aggressive Farbgebung und malerischen Ekstasen stellten eine direkte Auseinandersetzung mit dem damals herrschenden Impressionismus dar. Ziel seines schöpferischen Kampfes war nicht die atmosphärische Wiedergabe des Eindrucks, den die Natur über die Augen dem Gehirn vermittelt, sondern künstlerischer Ausdruck einer hinter den Dingen stehenden geistigen Welt.

Mit dem Norweger Edvard Munch folgte ihm ein Maler, dessen Stil in ungewöhnlicher Strenge seinen gedanklichen Absichten folgte. Munchs Ausstellungen übten nicht nur in Deutschland eine starke Wirkung aus; in Berlin führte eine Vorführung seiner Bilder zu einem Skandal und zur Gründung der *Berliner Sezession.*

In ganz Europa fanden sich aus Protest gegen die herrschenden Kunstrichtungen und den offiziellen Kunstbetrieb *Sezessionen* zusammen, die einen großen Teil der jungen fortschrittlichen Kunstschaffenden vereinten.

Nach der Jahrhundertwende bildeten sich dann jene Künstlergruppen, die den deutschen Expressionismus prägten: 1905 fanden sich in Dresden die Künstlervereinigung »Die Brücke« und 1911 in München die Gruppe »Der blaue Reiter« zusammen. Zur »Brücke« gehörten Maler wie Kirchner, Schmidt-Rottluff, Heckel, Pechstein, Nolde und Otto Mueller; Mitglieder des »Blauen Reiter« waren Kandinsky, Marc, Macke, Klee, Kubin und Jawlensky.

1910 erschien in Berlin zum ersten Mal die Kunstzeitschrift *Der Sturm,* deren Herausgeber, der Schriftsteller und Kunstkritiker Herwarth Walden, den Begriff Expressionismus etablierte, allerdings zunächst für alle progressiven künstlerischen Richtungen seiner Zeit.

Wie schon im Jugendstil beeinflußten die Aktivitäten der künstlerischen Avantgarde, wenn auch mit einer gewissen zeitlichen Verzögerung, die Produktion der Reklamegrafiker. Zusätzlich gab es zahlreiche junge Maler, die, auch zum Broterwerb, für die zum Teil ambitionierten Ziele der Werbetreibenden und Fabrikanten ›bildend‹ tätig waren.

Für die Anzeigengestaltung bedeutete es einen großen Schritt nach vorne, sich nicht mehr streng im aktuellen formalen Stil zu präsentierten; nun konnte die Malweise einer optischen Wirkungssteigerung untergeordnet werden. Die Möglichkeit, die schöpferischen Mittel selbst zur Visualisierung von Werbeaussagen zu modifizieren, verlieh vielen Anzeigen eine neue, zusätzliche Qualität.

Die Frage nach einer künstlerischen Eigenleistung der Werbegestalter stellte sich damals nicht, viele verstanden es einfach, das emotionale Potential des neuen Stils erfolgreich zu nutzen. Malerei und Reklame waren noch nicht so radikal getrennt wie später; es gab durchaus ernsthafte Versuche, neben der traditionellen Kunst eine Kunst der Straße zu sehen, die

EIN
HAUCH AUS
INDIEN
XTRAIT
KAMPMANN
JUNI 20
Dr. R. MORISSE u. Co ELBERFELD

die Werbung als eine Spielart mit einem gewissen Potential gesellschaftspolitischer Einflußnahme mit einschloß. So schrieb zum Beispiel der Berliner Künstler Richard Hülsenbeck 1918 im ersten deutschen Dada-Manifest: »Der Haß gegen die Presse, der Haß gegen die Reklame, der Haß gegen die Sensation spricht für Menschen, denen ihr Sessel wichtiger ist als der Lärm der Straße, und die sich einen Vorzug daraus machen, von jedem Winkelschieber übertölpelt zu werden«.[6.1]

OBEN: Abb. 79 *Messmer*
Schon seit alten Zeiten ruft der Nachtwächter: »Hört ihr Leute laßt euch sagen, [...] trinkt gemütlich *Messmer's Tee!*«
Aus: *Velhagen & Klasings MH* 11/1924

OBEN RECHTS: Abb. 80 *Leibniz*
Noch sind Kunst und Werbung nicht strikt voneinander getrennt.
Aus: *Ilustrirte Zeitung* 1921

Es entstanden in diesen Jahren Anzeigen, in denen die unterschiedlichen Zielrichtungen von Kunst und Reklame nicht zu spüren sind (Abb. 78, 81). Bis in die zweite Hälfte der zwanziger Jahre, in der die Psychologie in die Werbung einzugreifen begann, dauerte diese Phase künstlerisch gestalteter ›werbender Bilder‹. Das erreichte Niveau war dabei häufig höher als bei den großen Plakatkünstlern, die sich letztendlich immer auf die ›natürliche‹ Monumentalisierung durch das besondere Plakatformat verlassen konnten.

Spontaneität im Pinselstrich, ungebrochene Farbflächen und starkfarbige Kontraste waren die den *Brücke*-Malern gemeinsamen malerischen Charakteristika. Sie nutzten den Holzschnitt als die diesen Merkmalen am ehesten entsprechende Technik, beispielsweise zur Wiedergabe von Ölbildern in Katalogen. Auch die durch den einfachen Zeitungsdruck vielfach zur Einfarbigkeit gezwungenen Reklamekünstler setzten, wie zu sehen sein wird, ausgiebig auf dieses Verfahren.

Die *Syntin*-Anzeige aus dem Jahr 1926 mutet zunächst ein wenig japanisch an (Abb. 77). Durch die relativ gleichmäßige Verteilung der Spitzen, Geraden, Zacken, Kraniche, Blätter, Zweige und Sterne erscheint sie eine wenig wie ein großzügiges Muster. Die stilisierten Formen entsprechen dem einfachen Schwarzweiß-Kontrast und verstärken so den ornamentalen Rhythmus der Zeichnung. Dazu, und durch die geometrischen Rundungen gleichzeitig optisch davon abgesetzt – also ausreichend auffällig –, ist das *Syntin-Seife*-Logo. Ihr Image als synthetisches Reinigungsmittel sollte wohl durch die Wiedergabe von Naturformen positiv ergänzt werden.

Das gelungene Beispiel einer Einheit von künstlerischem Willen und Werbewirkung lieferte Walter Kampmann im Juni 1920 (Abb. 78). »Er will die Form unbedingt zur Deckung bringen mit dem Inhalt«, urteilte die zeitgenössische Fachpresse: »Die künstlerische Form soll [...] nicht mehr lose um den geschäftlichen Kern liegen; Form und Sache sollen *Eines* sein, [...] für eine *zweite* Sache unwiederholbar«.[6.2]

Abb. 81
Leibniz
Niveauvoller Höhepunkt am Ende der »Ährenblitz«-Ära bei *Bahlsen.*
Aus: *Uhu* 2/1924

»Kampmann bezeichnet charakteristischerweise seine Arbeiten selbst als ›expressionistisch‹ und beruft sich darauf, daß sie ‚gefühlsmäßig‹ entstanden seien.« [6.3] Ausdruckssteigerung, auch die zur Verstärkung der Werbewirkung, findet auf der emotionalen Ebene statt: »Das Wesen des Expressionismus sieht er [Kampmann]

OBEN:
Abb. 82
DeTeKu
Das gemeinsame Prinzip für »Stoffe u. Tapeten« gilt auch für die Anzeigengestaltung: »in vorbildlicher Übereinstimmung von Künstlerhand geschaffen«.
Aus: *Die Kunst* 7/1924

GEGENÜBER:
Abb. 83
Reigen
Die großstädtische Variante zu Schnitzlers Stück – aus den Goldenen Zwanziger Jahren Berlins.
Aus: *Reigen* 11/1926

also, wie viele Beurteiler, im gefühlsmäßigen Ausdruck seelischer Erlebnisse«.[6.4]

Auch wenn die Absicht einer derartigen Anzeige eine vergleichsweise profane war, so wurde doch ein beachtliches formales Niveau erreicht. Was vor allem an dem malerische Übergewicht in der Anzeigengestaltung lag. Es handelt sich also nicht um moderne Werbung, sondern um »eine gewisse künstlerische Darstellungsweise, [...] mag man sie ›Expressionismus‹ nennen«.[6.5] Die Nachteile dieser Richtung, sie führten bald darauf zum Ende der reinen Werbemalerei, wurden auch damals schon erkannt: »Kampmann hat die Bildeinheit nur auf Kosten der Lesbarkeit des Textes erzielt«.[6.6]

Ebenfalls erkennbar aus *einer* Künstlerhand stammt die Anzeige Abbildung 79 aus dem Jahr 1924. Hellmuth Eichrodt, der sie entworfen hat (siehe auch Abbildung 41), war inzwischen Mitglied des Karlsruher Künstlerbundes und Lehrer an der dortigen Akademie. Aufmerksam scheinen sich die Häuser rund um den leeren Platz zu versammeln, auf dem der mittelalterliche Herold zum Fünfuhrtee ruft. Eichrodt setzte Elemente ein, die denen des Holzschnitts ähnlich sind, und zitierte inhaltlich die Vergangenheit: eine frühe Form der Werbung wird durch den Ausrufer repräsentiert. Der Text gibt, in altdeutscher Schreibschrift und inhaltlich leicht modifiziert, ein bekanntes Nachtwächterlied wieder: »Hört ihr Leute und laßt euch sagen [...] trinkt gemütlich *Messmer's* Tee!«

Wahre Pionierleistungen auf dem Gebiet der Markenwerbung hat die Hannoversche Firma *Bahlsen* erbracht. Schon früh hatte das 1889 gegründete Unternehmen Reklameentwürfe von Künstlern erstellen lassen. Der Amerikaner M. F. Peters entwickelte 1904 das *TET*-Logo; »Tet« war ein altägyptisches Wort für »dauernd«, was wohl auf die lange Haltbarkeit des Lebensmittels zu beziehen war. Wenig später wurde das englische Wort »cakes« in »Keks« eingedeutscht.

Vor allem bei der Gestaltung von Verpackungen arbeitete *Bahlsen* eng mit Künstlern zusammen; so entwarf der zur Darmstädter Künstlerkolonie gehörige Emanuel Josef Margold zahlreiche Keksdosen. Auch Peter Behrens, Paula Modersohn, Ferdinand Hodler, Ernst Barlach und Ludwig Hohlwein waren auf verschiedenen Gebieten für das Unternehmen tätig.

Die Anzeigen Abbildung 80 und 81 aus den Jahren 1921 und 1924 erinnern stark an Holzschnitte der *Brücke*-Maler; sie stammen von der expressionistischen Malerin Martel Schwichtenberger, die im Einflußbereich des Architekten Bernhard Hoetger für *Bahlsen* als Werbegrafikerin tätig war. Die Ära der »Ährenblitze« ging kurz darauf zu Ende; 1925 übernahmen Kurt Schwitters und die neue konstruktivistische Linie in Hannover die Führung, und damit auch im Hause *Bahlsen*.

Ähnlich ›grob gehauen‹ präsentierte sich eine *DeTeKu*-Werbung im Jahr 1924 (Abb. 82). Die Härte der Form entsprach zweifellos der gewünschten Durchschlagskraft der Anzeige. Was im Text über die beworbenen Produkte ausgesagt wurde, läßt sich problemlos auf die Anzeigengestaltung übertragen: »in vorbildlicher Übereinstimmung von Künstlerhand geschaffen«. Tatsächlich geht von den wie auf Spitzen balancierenden Buchstaben eine Spannung aus, die durch die in den größten Lettern angedeutete Dreidimensionalität noch gesteigert wird, so daß eine grafisch auffällige, in sich geschlossene Werbung entstanden ist.

Einer der berühmtesten Berliner Grafiker der zwanziger Jahre, der gebürtige Grazer Josef Steiner schrieb 1924 etwas sarkastisch über einen erfolgreichen Plakatentwurf: »Ein effektvolles Plakat an der Säule macht unsterblich -: für 24 Stunden«. Ähnliches ließe sich auch für die Inhalte dieser

Reigen
Heft 11, 1926 – M 1,50

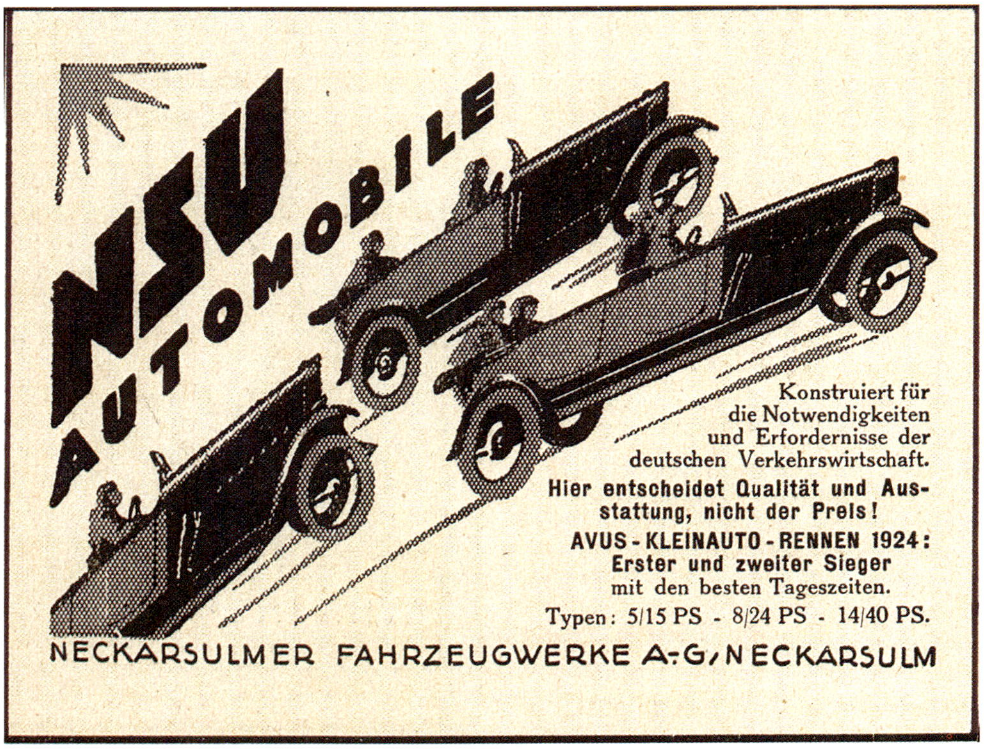

Oben links:
Abb. 84
NSU
Ein »gesundes Sportbedürfnis«, appelliert *NSU* dynamisch, ist nur »durch erhöhte Schnelligkeit [zu] befriedigen«.
Aus: *Velhagen & Klasings MH* 12/1925

Oben rechts:
Abb. 85
NSU
Um die – eingezeichnete – Nasenlänge sollten die *NSU*-Kleinautos der Konkurrenz voraus sein.
Aus: *Velhagen & Klasings MH* 10/1925

Anschläge behaupten, vor allem wenn es um die Filme geht, für die Josef Fenneker mit seinen Plakaten warb. Ihm gelang es so gut wie sonst keinem, mit expressivem Zeichenstil den Inhalt selbst nachrangiger Filme dramatisch zu steigern und in eine höhere Sphäre zu heben.

Fenneker, 1895 in Bocholt in Westfalen geboren, war Meisterschüler bei Emil Orlik, bevor er hauptsächlich für die großen Berliner Lichtspieltheater Filmplakate zu entwerfen begann; daneben tat er sich als Bühnenbildner hervor. Viele seiner Anzeigen zeugen von einer ›expressiven‹ Ausdruckskraft, die auch das *Reigen*-Titelbild aus dem Jahr 1926 auszeichnet (Abb. 83). Die dargestellte Szene wirkt wie die Illustration einer besonders deftigen Großstadtvariante aus Arthur Schnitzlers Konversationsstück. Und genau dorthin zielte der *Reigen,* das »Qualitätsblatt der vornehmen Welt« im Berlin der Goldenen Zwanziger Jahre.

Ein besonders fruchtbares Kapitel ›expressionistischer‹ Reklame umfassen Anzeigen, die die zeichnerischen Mittel zum optischen Ausdruck gesteigerter Dynamik einsetzten. Vor allem die Auto- und Motorradindustrie nutzte diese Möglichkeit ausgiebig, wie zahlreiche Beispiele belegen.

Das Neckarsulmer Unternehmen *NSU* hatte 1888 mit der Anfertigung von Fahrgestellen für Gottlieb Daimler und Wilhelm Maibach, später für *Peugeot,* seine automobilistische Karriere begonnen. Um die Jahrhundertwende war dann mit der Produktion von Motorrädern begonnen worden, zunächst unter dem Namen »Neckarsulm«, und schon bald war *NSU* einer der bedeutendsten Hersteller der Welt. Seit 1905 rollten auch Automobile vom (damals noch nicht vorhandenen) Band, es handelte sich zunächst um Lizenzproduktionen des belgischen Unternehmens *Pipe.* Von 1907 an waren es Eigenproduktionen, die sich mit Siegen in zahlreichen Rennen und Zuverläßigkeitsfahrten einen guten Namen machten.

1925, als die Anzeige Abbildung 85 erschien, hatte *NSU* gerade auf der Saalburg-Rennstrecke im Taunus gegen starke Konkurrenz – *Mercedes-Benz* war Favorit, *Bugatti* und *NAG* waren am Start – den ersten Großen Preis von Deutschland gewonnen. Folgerichtig profilierte *NSU* auch seine Kleinwagen als Siegertypen mit Hinweis auf den Doppelsieg im »Avus-Kleinauto-Rennen 1924«. Ganz im Gegensatz zu der dynamisch verzerrten, die reine Geschwindigkeit symbolisierenden Abbildung – die Wagen entwickeln Nasen, deren Länge so manches Rennen entscheiden könnte – gibt sich der Text pragmatisch: »Konstruiert für die Notwendigkeiten und Erfordernisse der deutschen Verkehrswirtschaft«. Ganz so hoch hinaus, wie die Zeichnung zu vermitteln sucht, ging es mit den *NSU*-Modellen dann jedoch nicht. Einige Jahre nach dieser Werbung verschuldete sich das Unternehmen so stark, daß es die Autoproduktion einstellen und seine neue Fabrikationsstätte in Heilbronn an Fiat verkaufen mußte.

Die Motorradherstellung war davon jedoch nicht berührt, 1927 führte *NSU* als erstes deutsches Werk im Motorradbau das Fließband ein. An das »gesunde Sportbedürfnis« des Fahrers appellierte eine Anzeige 1925 und zeigte in einer rasanten Zeichnung den Renneinsatz der Maschine (Abb. 84). Gegen die Leserichtung braust das Fahrzeug heran, selbst Markenname und Produktbezeichnung haben teil an der grafischen Bewegungsdynamik.

Ähnliche Anzeigen stammen von *Kaprolat & Gassler* und dem Reinigungsmittel *Glanzrein* (Abb. 86, 87). Geworben wurde bei beiden Geschlechtern mit optischer Geschwindigkeit, die »keine Hexerei«war, für Männer im Auto und für Frauen beim Saubermachen: »Doch werden Frauen, Froh verwundert stutzen, wie gründlich sie mit ›*Glanzrein*‹ [...] putzen«.

OBEN: Abb. 86 *Glanzrein* »Geschwindigkeit« – für die Männer im Auto und die Frauen beim Hausputz. Aus: *Volbacher Frauenzeitung* 45/1927

UNTEN: Abb. 87 *Kaprolat & Gassler* Eine dynamische »Wertarbeit« – aus der ehemaligen Metropole des Automobilbaus. Aus: *Die Große Welt* 12/1925

OBEN LINKS: Abb. 88 *Matheus Müller* »Feinste Marken« unter sich: die *Matheus Müllers* Schaumweine »Extra«, »Champagne« und »Cabinet«.
Aus: *Illustrirte Zeitung* 19.11.1895

OBEN RECHTS: Abb. 89 *Matheus Müller* Eine ›moderne‹ Anzeige aus dem vorigen Jahrhundert: wie ein Emailschild, mit 3-D-Buchstaben und ohne Schnörkel.
Aus: *Illustrirte Zeitung* 4.11.1897

UNTEN: Abb. 90 *Matheus Müller* Die älteste Anzeige auf dieser Seite zeigt noch das wichtigste Merkmal einer reinen Markenwerbung: der Firmenname ist am größten gedruckt.
Aus: *Illustrirte Zeitung* 22.2.1890

7 Der mit dem gewissen »Extra« – *Matheus Müller*

1811 erwarb Matheus Müller im Alter von 38 Jahren den damaligen »Freiherrlich von Sohlern'schen Hof« in Eltville, um dort eine Weinkellerei und ein Weinkommissionsgeschäft zu gründen. 25 Jahre später begann er mit den Vorbereitungen für die Schaumweinherstellung, die 1838 von seinem Sohn Philipp August Müller in großem Stil aufgenommen wurde. Schon Anfang der vierziger Jahre des vorigen Jahrhunderts wurde ein jährlicher Absatz von 300 000 Flaschen des inzwischen ›Sect‹ genannten Getränks erreicht. »Der Name Sekt als Bezeichnung für Schaumweine stammt von dem Schauspieler Ludwig Devrient, der viel in der Weinstube von *Lutter & Wegener* in Berlin verkehrte und sich dort gern der Redeweise von Shakespeares Falstaff bediente (der in »König Heinrich IV.« mehrfach »a cup of sack«, d. h. »ein Glas Sekt« [Süßwein], fordert).«[7.1]

In den fünfziger Jahren des vorigen Jahrhunderts tauchte zum ersten Mal die Buchstabenkombination *MM* auf Flaschenetiketten auf und wurde kurz nach dem Erlaß des Warenmarkengesetzes 1894 in verschiedenen Markenzeichen und -Etiketten beim Kaiserlichen Patentamt zur Eintragung angemeldet.

Die verschiedenen Geschmacksrichtungen »Sparkling Hock«, »Sparkling Mosel und »Mousseux de Rhin« waren in vielen Ländern erfolgreich und erhielten zahlreiche Auszeichnungen. So wurden 1871 die damaligen Inhaber Franz, Bernhard, Adam und Fritz Müller zu Hoflieferanten des königlichen Hofes in Berlin ernannt; weitere Fürsten- und Königshäuser folgten (Abb. 89).

Um 1890 wurde die heutige Hauptmarke, der *MM Extra* kreiert und zunächst als *Müller Extra* auf den Markt gebracht, einige Jahre später folgte die Erfolgsmarke *MM Solitär,* ein roter Sekt. 1913 wurde die bis dahin als offene Handelsgesellschaft geführte Firma in eine Kommanditgesell-

schaft auf Aktien, mit einem Kommanditkapital von 1 250 000 Mark umgewandelt. 1917 wurde die 1868 gegründete Sektkellerei *Gebrüder Hoehl* erworben und mit ihr die zum 25jährigen Regierungsjubiläum Kaiser Wilhelms I. kreierte Erfolgsmarke *Hoehl Kaiserblume.*

Sechs Generation lang war der Betrieb erfolgreich als Familienunternehmen geführt worden, bis er 1984 an den Spirituosenmulti *Seagram* verkauft wurde.

Schon früh hatte man im Hause *Matheus Müller* die Bedeutung einer regen Werbetätigkeit erkannt. Die große Zahl an Zeitschriftenanzeigen und Werbeplakaten belegt die Intensität, mit der bereits in der zweiten Hälfte des neunzehnten Jahrhunderts ›Reclame‹ betrieben wurde. Erst in den sechziger Jahren dieses Jahrhunderts wurde die bis zu diesem Zeitpunkt in eigener Regie geleitete Werbung einer professionellen Agentur übertragen.

OBEN:
Abb. 91 *Matheus Müller*
Auch eine frühe Abbildung sagt schon mehr als tausend Worte.
Aus: *Illustrirte Zeitung* 1921

UNTEN:
Abb. 92 *Matheus Müller*
Groß, markant und emotionslos, auf männliches Pathos reduziert präsentiert sich die Werbung – Deutschland führt Krieg.
Aus: *Kölnische Zeitung* 6.5.1915

OBEN LINKS:
Abb. 93
Matheus Müller
Mittlere Arithmetik für Sektfreunde – mit eingebauter Lösung.
Aus: *Über Land und Meer* 32/1920

OBEN RECHTS:
Abb. 94
Matheus Müller
Trinken ist der wahre Inhalt eines Spitzendiners – Essen nur der dekorative Rahmen.
Aus: *Simplicissimus* 49/1925

Wie bei allen frühen Markenprodukten galt es in der Reklame des neunzehnten Jahrhunderts zunächst, einen Namen untrennbar mit einem Produkt zu verbinden und möglichst bekannt zu machen. Voraussetzung für eine solche Anzeigenkampagne waren angemessene Herstellungskapazitäten, gleichbleibende Qualität und – je nach Produkt – ausreichende Transportmöglichkeiten. Deren Grenzen wurden allerdings von einem strengen Zoll überwacht, wie der überaus werbeaktive französische Champagnerfabrikant *Eugène Mercier* schon 1889 erfahren mußte. Sein Reklameballon hatte sich mit etlichen Flaschen Champagner an Bord im Sturm losgerissen und war ins damals deutsche Elsaß abgetrieben. Dort mußte er als erstes 20 Mark Strafe bezahlen – wegen illegaler Schaumweineinfuhr.

Die Firma *Matheus Müller* bewarb, wie die Anzeigen belegen, zunächst mehr ihren eigenen Namen als ein Produkt. Die angebotene Ware war 1890 als »Deutscher Sect« vorgestellt, eine gebrauchsorientierte, lobende Profilierung wurde nicht vorgenommen. Der Herstellername dagegen war deutlich größer gedruckt und mit

zahlreichen Zusatzinformationen ergänzt; neben dem Gründungsdatum und dem Herkunftsort waren zahlreiche Referenzen aufgelistet (Abb. 90).

Fünf Jahre später – und dabei blieb es bis zum Ersten Weltkrieg – war das Wort »deutsch« verschwunden (Abb. 88). Der Markenname stand immer noch im Mittelpunkt, aber die Adressangabe war auf »Eltville Rhein.« geschrumpft. Statt dessen tauchten Produktbeschreibungen auf, verschiedene Typenbezeichnungen und sogar Geschmacksangaben. Im Sortiment waren nun die unterschiedlichen Richtungen »süß, mittelsüß, herb, brut (ohne Zukker)« aufgezählt. Die Anzeige warb auch für die Wiederverkäufer: »Zu beziehen durch die Weingroßhandlungen« -1897, später »Weinhandlungen« (Abb. 89).

Manche Werbungen erinnerten an verkleinerte Emailschilder, auf denen schon von weitem zu lesen sei: »hier gibt es Sekt« (Abb. 89). Die zahlreichen Schnörkel waren einer klaren Gesamtgestaltung gewichen, der Gefahr optischer Langweile wurde durch den Ausbruch aus der Rechtwinkligkeit begegnet; die wichtigsten Buchstaben sind in auffälliger 3-D-Manier gezeichnet. Noch war es nicht ein bestimmter, bekannter Sekt, mit dem geworben wurde – mit »Extra, Champagne, Cabinet« sind drei Sorten erwähnt-, der Markenname allein ›trägt‹ die Werbung.

Das hatte sich fünfundzwanzig Jahre später völlig geändert. Übergroß im Mittelpunkt des Interesses stand nun das Paradepferd aus Eltville, eine Flasche *Extra* (Abb. 91). Die weiterentwickelte Anzeigengestaltung hat die Abbildung eingeführt, mit einschneidenden Folgen. Zu sehen, fast zum Greifen nah, war es nun, das Objekt der Begierde. Dahinter war in phantasieanregenden Schattenrissen die offenbar bedeutendste Einsatzmöglichkeit von Sekt – nun in eingedeutschter Schreibweise – angedeutet. ›Galante Szenen‹, ›formvollendeter Sektgenuß‹, ›dank *MM* spürbar gelockerter Kontakt mit dem anderen Geschlecht‹; das waren die Schlüsselszenen, die dieser Anzeige erfolgreich eine Gefühlsebene schufen.

Schließlich war auch das schlüssige Logo *MM*, noch nicht auf der Flasche aber doch die Anzeige beherrschend, eingesetzt. Entworfen worden war diese Werbung von dem gebürtigen Wiener Franz Christophe, der für *Matheus Müller* damals schon viele Jahre tätig war.

Im Ersten Weltkrieg warb der Eltviller Hersteller wie die meisten »deutschnational«, ein Beispiel ist die Anzeige Abbildung 92 vom Mai 1915. Die Annäherung an die besondere Kriegssituation ist schon optisch spürbar: Der verwendete Schrifttyp ist deutlich markanter als in den Jahren davor und danach, keine *MM*-Rundungen vermitteln etwas von einer alkoholentspannten Lockerheit. Knallhart, bestenfalls in männlichem Pathos, erscheinen die großen starken Buchstaben von *Müller Extra*.

Der schon in früheren Anzeigen erwähnte Vorzeigekunde »Kaiser« war nun zum einigenden »deutschen Kaiser« geworden, der Rest der ursprünglich einzeln aufgezählten Feudalkundschaft war zu »10 andere Höfe« zusammengefaßt. Die Gestaltung der ganzen Werbung war deutlich vereinfacht, lediglich horizontale Geraden

LINKS:
Abb. 95
Matheus Müller
Einer schönen Art-Deco-Anzeige entspricht die Sütterlinschrift mehr als harte Druckschrifttypen.
Aus: *Simplicissimus* 4/1926

OBEN:
Abb. 96
Matheus Müller
Der Kinoboom macht's möglich: raus aus der Anzeige mit den Handflächen, rein in den Werbefilm und dann wieder zurück in die Zeitschrift – mit dem entsprechenden Vermerk.
Aus: *Simplicissimus* 35/1925

beeindruckten in der über 40 Zentimeter breiten Anzeige. Auch inhaltlich wandte sich MM ganz konkret an die am Krieg Beteiligten: »Für Truppen, Lazarette oder Genesungsheime in Feindesland steuerfrei!«

1920 gab sich die *MM*-Werbung wieder ganz unpolitisch, sie stellte eine mathematisch nicht ganz stimmige »Arithmetische Aufgabe« der mittleren Art (Abb. 93). Doch schon das gut eingeführte, auch einzeln leicht wiederzuerkennende *M* garantierte für die meisten Leser die richtige Lösung; ein positives Ergebnis, das sicher unbewußt mit der beworbenen Marke verknüpft wurde. Für diejenigen, die vielleicht durch das Fremdwort verschreckt, gar nicht nachzudenken bereit waren, und sicher auch, um den Markennamen wenigstens einmal ganz ausschreiben zu können, hielt die Anzeige dann auch noch die richtige Antwort bereit.

1925, die Goldenen Zwanziger Jahre standen in voller Blüte, präsentierte *MM* noch einmal seinen ganzen Anspruch in einer etwas einseitigen Speisekarte. Als käme es überhaupt nicht auf die – zum dekorativen Rahmen degradierte – Speisenfolge an, präsentierte eine Anzeige lediglich die flüssigen (alkoholischen) Anteile eines Spitzendiners (Abb. 94). Eine gewisse Unentschlossenheit in bezug auf die Nennung seines Herkunftsortes offenbarte *Matheus Müller* nun endgültig, in der siebten Anzeige dieses Kapitels ist die siebte diesbezügliche Version zu lesen. Von »Eltville im Rheingau«, »Eltville Rhein.« über »Eltville a./Rh.« zu »Eltville/Rheingau« und »Sektkellerei Eltville«, bis zu keiner Angabe und – nun – bloß »Eltville« reicht die Bandbreite; später tauchten noch »Sektkellerei, Eltville« und »Eltville-Rh.« auf.

Eine hübsche Art-Deco-Anzeige schaltete *Matheus Müller* im April 1926 (Abb. 95). In Verbindung mit einem Vierzeiler wurde ein neues Werbemotto vorgestellt, das noch fünfzig Jahre später erfolgreich

eingesetzt werden sollte: »*MM* seh'n im Variété / Eine Schlangentänzerin aus Ninive. / Und es zeigt *MM* sich ohne Ende / In dem wundersamen Spiel der Hände.«

Dem Aufblühen der Filmindustrie in den zwanziger Jahren, den stark gestiegenen Besucherzahlen in immer mehr Kinopalästen folgte die Werbung und auch *Matheus Müller* mit dem Einsatz von Werbefilmen. Das »wundersame Spiel der Hände« wurde dafür in bewegliche Bilder umgesetzt und nun wieder in die Zeitschriften zurück transferiert: »Aus dem Karfiolfim ›Das Zeichen des Glücks‹«. Einer der zahlreichen Verse zu dem Thema faßt den Inhalt kurz zusammen: »In die Hände, meine Lieben, wurde Euch *MM* geschrieben. So macht selbst Natur Reklame für *Matheus Müller's* Name«. Der Einsatz des neuen Mediums ließ alle gebrauchsimmanenten Werbeargumente verschwinden, es wurde wieder reine Markenpräsenz ausgeübt.

OBEN:
Abb. 97
Matheus Müller
Was die Pariser mit ihrem Champagner können, kann *Matheus Müller* mit seinem *MM Extra* schon lange.
Aus: *Velhagen & Klasings MH* 8/1927

RECHTS:
Abb. 98
Matheus Müller
Wem das Wirtschaftswunder noch nicht zu großen Flaschen verhalf, der mußte sich eben zunächst mit »2 Glas *MM'chen*« begnügen.
(Die Fünfziger-Jahre-Variante.)
Aus: *Constanze* 14/1958

Einer anderen zeitspezifischen Konjunktur widmete sich *Matheus Müller* 1927 in der Anzeige Abbildung 97. Der Amerikaner Charles Lindbergh hatte gerade als erster im Alleinflug den Atlantik von New York nach Paris überquert und sicher dort so manches Glas Champagner angeboten bekommen. Das war natürlich Anlaß für eine leicht abgewandelte Werbeversion seiner Ankunft mit einem etwas anderen Champagner, dem MM. Denn wenn weltweit so viel gejubelt und getrunken wurde, dann mußte doch auch für den Sekt von *Matheus Müller* etwas zu holen sein. So reimte die *MM*-Werbeabteilung vielsinnig für alle echten und verhinderten Lindbergh-Nachfolger: »Folg‹ dem Zeichen der Natur, trink *Matheus Müller* nur, leicht zieht dann [nach ausreichendem Alkoholkonsum] dein Aether Kahn zu den Sternen seine Bahn.«

Abb. 99
Matheus Müller
›Folgt dem Zeichen der Natur / Wenn zwei Glas, dann »Blau-Rot«-Sekt nur!‹
(Die Sechziger-Jahre-Variante.)
Aus: *Das Schönste* 2/1961

OBEN LINKS:
Abb. 100
Matheus Müller
Wer will denn da noch den Werbetext lesen?
Aus: *Bunte Illustrierte* 58/1969

OBEN RECHTS:
Abb. 101
Matheus Müller
›Klein und handlich und mit dem gewissen Extra‹, das ist der Traum aller Sektfreunde – nicht nur für den kleinen Durst zwischendurch.
Aus: *Westermanns MH* 7/1973

GEGENÜBER:
Abb. 102
Matheus Müller
Die Werbung reduziert die moderne Zweierbeziehung auf das für sie Wichtigste: *ihre* langen Beine und *sein* Geld.
Aus: *Schöner Wohnen* 2/1979

Ganz andere Sorgen hatten die Menschen im Jahr 1958. Zwar war das sogenannte Wirtschaftswunder schon in aller Munde, nicht aber der Sekt, wie es sich die Schaumweinhersteller wünschten. So bot *MM* zunächst eine sinnvoll der besonderen Nachkriegssituation angepaßte, verkleinerte Sektversion, das *MM'chen,* an (Abb. 98). Und die Werbeabteilung von *Matheus Müller* las wieder Kluges dazu aus den Händen: »Folgt dem Zeichen der Natur / Wenn 2 Glas Sekt, *MM'chen* nur!«

Mit der wirtschaftlichen Konsolidierung in den sechziger Jahren stiegen die Ansprüche der deutschen Kunden wieder, *MM* offerierte daher in seiner Werbung für »2 Glas Sekt« nun gleich zwei ganze Flaschen hochwertigen *Blau-Rots* (Abb. 99). Noch 1969 griffen die Werbefachleute auf das Handmotiv zurück, nun jedoch mit einem jungen Mädchen á la Brigit Bardot kombiniert. Bildfüllend bot der Babydoll-Typ Schmollmund, Lockenpracht und was sonst noch an Erotik im Sex der angehenden siebziger Jahre vorhanden war (Abb. 100). Der Werbetext ist kleingedruckt, auf ein optisches Minimum reduziert, wer ihn las, war selber Schuld; Sektflasche und Lolita mußten sich im Kampf um Marktanteile allein bewähren. Und das taten sie mit wechselndem Erfolg und ständig steigendem Einsatz. Immer deutlicher wurden die erotischen Verweise, immer eindeutiger die in den Anzeigen präsentierten Bilder, schon lange ging es nicht mehr nur um Sektgenuß (Abb. 101). Wem der Anlauf zur großen Flasche zu lang wurde, dem bot die Werbung nun wieder das kleine *MM'chen:* für den kleinen Alkoholschub zwischendurch.

1979 war die Werbung endlich ganz ans eigentliche Ziel der Begierde herangerückt, netzbestrumpfte Frauenbeine füllen die ganze Seite (Abb. 102). Wie es dazu gekommen war, erklärte der Text: *er* wettete mit *ihr,* sie an ihren Beinen zu erkennen, *sie* wettete mit ihren Freundinnen, *ihm* dafür in den Geldbeutel zu greifen.

Ich hatte mit ihr gewettet, daß ich ihre Beine unter Hunderten wiedererkennen würde. Und nun habe ich schon Schwierigkeiten bei 24. Ist sie die ganz rechts? Die zweite von links? Die dritte von der Mitte? Ich glaube, sie gewinnt. Und ich verliere viel Sekt mit dem gewissen Extra. MM

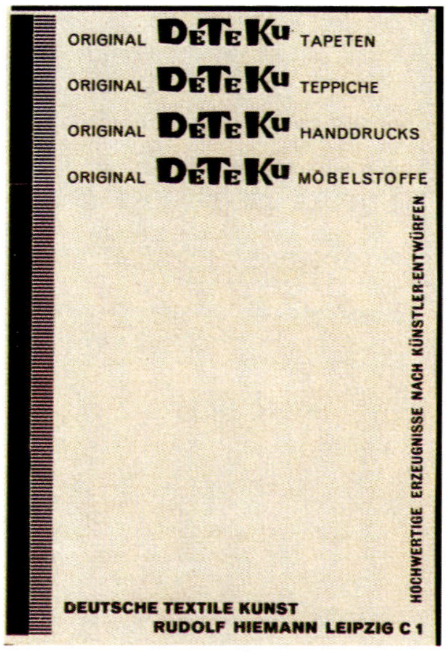

OBEN:
Abb. 103
DeTeKu
Die Parallele wird zum Gestaltungsprinzip erhoben.
Aus: *Die Kunst* 1928

UNTEN:
Abb. 104
Xox
Ausdrucksstark, prächtig, aber eher kalt wirkt das holländische Gebäck, Hauptkonkurrent des englischen cakes.
Aus: *Berliner Illustrierte Zeitung* 41/1927

8 Vom Suprematismus zum Bauhaus – die zwanziger Jahre

Praktisch alle Stilrichtungen, die sich in den zwanziger Jahren weltweit unter dem Oberbegriff Konstruktivismus zusammenfassen lassen, haben ihre Wurzeln im Jahrzehnt davor: der russische Suprematismus, die holländische Stijl-Bewegung, der internationale Dadaismus und das deutsche Bauhaus.

Den Ausdruck Konstruktivismus verwandte als erster der russische Bildhauer, Maler und Designer Wladimir Tatlin im Jahr 1913 im Zusammenhang mit seinen kubistischen Reliefs. Mit ihm gemeinsam entwickelten Alexander Rodtschenko, Kasimir Malewitsch und El Lissitzky mit rein abstrakten, zum Teil wie mit dem Zirkel entworfenen Zeichnungen die Basis einer neuen Stilrichtung, die sie Suprematismus nannten. Ihre meist politisch ambitionierten Arbeiten waren von 1917 bis 1921 die offizielle Kunst der russischen Revolution. Als sie unter Lenin, der einen traditionellen Realismus bevorzugte, in Ungnade fiel, siedelten viele der russischen Konstruktivisten nach Westeuropa über.

Nur wenige Jahre zuvor war in Holland unter anderem von den Malern Theo van Doesburg und Piet Mondrian die Stijl-Gruppe gegründet worden; später schlossen sich ihr noch die Architekten Gerrit Rietveld und Cornelis van Eesteren an. Sie hatten sich anregen lassen von Lissitzkys architektonischen Ideen zu Raum und Zeit und versuchten, durch strenge Geometrisierung eine klare, gesetzmäßige Gestaltung aller Lebensräume zu erreichen.

Davon waren die Künstler, die sich 1916 im »Cabaret Voltaire« in Zürich mit Gleichgesinnten trafen und dort den Dadaismus aus der Taufe hoben, weit entfernt. Zu ihnen gehörten Hugo Ball, Richard Huelsenbeck, Hans Arp und Tristan Tzara. Der von ihnen kreierte Begriff Dada war aber kein Programm, eher einen »Gemütszustand«, wie der Franzose André Breton einmal formulierte. Nicht einmal der Ursprung des Begriffes *Dada* ist achtzig Jahre später völlig klar, auch nicht unter den Beteiligten. Richard Huelsenbeck berichtete dazu, er sei zusammen mit Hugo Ball beim wahllosen Aufschlagen eines deutschfranzösischen Lexikons auf das französische Wort für »Steckenpferd«, *Dada,* gestoßen.

Eigentliches Ziel des Dadaismus war die Zerstörung bürgerlicher Wertvorstellungen. Auslöser dafür war unter anderem der Erste Weltkrieg, für dessen Ausbruch das Bürgertum mitverantwortlich gemacht wurde. Nicht Kunst zu schaffen, war die Absicht, sondern übertriebene Ehrfurcht vor ihr zu zerstören. Die zur Irritation der Zuschauer eingesetzten Mittel waren vielfältig: erlaubt war alles, was provozierte: Experiment, Ironisierung, Bluff, Witz mit einer gehörigen Portion Selbstironie bis hin zum Krawall.

Abb. 105
Agfa
Auch eine von ruhiger Künstlerhand gezeichnete Anzeige kann Sachlichkeit ausstrahlen.
Aus: *Velhagen & Klasings MH* 8/1924

Es dauerte nicht lange, und in der ganzen Welt übernahmen ähnlich denkende junge Künstler den Begriff *Dada,* um mit ihm vergleichbare Ziele zu verfolgen.

In New York war es Marcel Duchamp, der mit seinen Readymades schon vorher dadaistische Akzente gesetzt hatte; so hatte er 1917 ein Urinal zum Kunstwerk erklärt und zu einer Ausstellung eingereicht. In Berlin fand 1920 die »Erste Internationale Dada-Messe« statt, veranstaltet von George Grosz, Raoul Hausmann und John Heartfield. In Köln taten sich Hans Arp, Max Ernst und Johannes Baargeld zusammen, und in Hannover begann Kurt Schwitters mit seiner *Merz*-Produktion. In Paris bildete sich um die von André Breton und Louis Aragon herausgegebene Zeitschrift *Littérature* die wichtigste französische Dada-Gruppe.

Was den verschiedenen konstruktivistischen Richtungen gemein war, und sie in den zwanziger Jahren zu einer ansatzweise einheitlichen Bewegung werden ließ, war eine Rationalisierung, die alles subjektiv Emotionale, Intuitive und Zufällige beiseite schob. Diese Rationalisierung umfaßte nicht nur den individuellen Lebensraum des Künstlers, sondern alle gesellschaftlichen Bereiche. Auch die industrielle Entwicklungen, der technische Fortschritt allgemein, selbst die Werbung, wurden mit einbezogen in die Vorstellung, Kunst und Leben auf eine neue, fortschrittliche Weise miteinander zu verbinden.

Die meisten bildhaften Äußerungen des Konstruktivismus verband eine Gestaltung mit Hilfe rein geometrischer Formen. Dieses formale Merkmal beeinflußte wie schon bei früheren Stilen die angewandten Künste und läßt sich im Lauf der zwanziger Jahre mit ansteigender Häufigkeit auch in der Werbung nachweisen. Doch wie in den bildenden Künsten ging der Wandel langsam vor sich und erstreckte sich nicht auf alle Anzeigengestaltungen.

OBEN: Abb. 106 *Osram*
Die Weiterentwicklung eines Lucian-Bernhard-Entwurfes zeigt die formalen Fortschritte in der Anzeigengestaltung.
Aus: *Die Kunst* 2/1918

UNTEN: Abb. 107 *AEG*
Das richtige Gerät für die taillenlose Zwanziger-Jahre-Mode lieferte *AEG*.
Aus: *Velhagen & Klasings MH* 19/1926

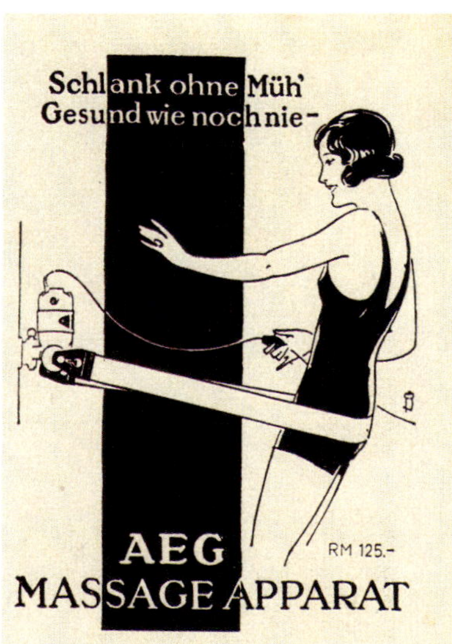

In zahlreichen Werbungen traten Mischformen von Stilen auf, in anderen läßt sich eine schrittweise Entwicklung hin zu einer streng geometrischen Grafik belegen.

1928, also vier Jahre nach der Werbung Abbildung 82, schaltete die Firma *DeTeKu* die Anzeige Abbildung 103. Es lassen sich kaum mehr Ähnlichkeiten zwischen den beiden entdecken, lediglich der Firmenschriftzug erinnert noch an die frühere, leicht expressionistische Schreibweise. Viermal wiederholt und parallel untereinander gesetzt wirkt er nun jedoch nüchterner. Überhaupt ist die Wiederholung von Geraden neben der Rechtwinkligkeit das Hauptgestaltungsprinzip der Anzeige. Parallelen in der linken Senkrechten, in den Schriftzeilen und in den sachlichen Buchstabentypen bestimmen der kühle Ausstrahlung dieser Werbung und lassen sie insgesamt ein wenig wie ein Muster erscheinen, ein Muster-Beispiel für die *Deutsche Textile Kunst Rudolf Hiemann.*

Noch leicht expressionistisch wirkt eine *Xox*-Anzeige aus dem Jahr 1927 (Abb. 104). Die emotionale Ausstrahlung des Gebäckmarkennamens ist jedoch gebändigt durch die konsequente Geometrisierung der eingesetzten Formen. Die strenge Symmetrie, die Geraden und die einheitlichen Winkelgrößen schaffen trotz des starken Schwarzweiß-Kontrastes eine eher kalte Pracht. In ihr erscheint der Name *Xox* wie eine aufgehende Sonne; die die Vorzüge des holländischen Gebäcks – stärkster Konkurrent der englischen cakes/Kekse – in möglichst strahlendem Licht erscheinen lassen sollte.

Die klare Atmosphäre, die der Einsatz des Lineals in vielen Anzeigen zur Folge hatte, konnte eine ruhige Künstlerhand auch in einer gemalten Anzeige produzieren. E. Semmler entwarf 1924 für die *Actien Gesellschaft Für Anilin-Fabrikation* eine solche Werbung (Abb. 105). Alles – das heißt fast alles, der Zusatz »ABTLG. 34« kam sichtlich später hinzu – war einem grafischen Gesamtkonzept untergeordnet. Selbst der von oben links bis unten rechts durchlaufende Werbetext paßte sich den Abbildungsbesonderheiten an.

Die optische Schwere des breiten schwarzen Rechtecks war gemildert durch die Aufreihung von Segelschiffen sowie das Fotolehrbuch und an den Rändern gelockert durch die handgemalten Textzeilen. So behielt die Anzeige eine insgesamt

ruhige Ausstrahlung, die zu der dargestellten Urlaubsatmosphäre paßte.

Die *Osram*-Anzeige Abbildung 106 von 1918 geht zurück auf einen Plakatentwurf von Lucian Bernhard aus dem Jahr 1914. In der Umsetzung zur Zeitungsanzeige waren nun, vier Jahre später, jedoch einige prägnante Änderungen zur klassischen Bernhard-Stilistik festzustellen. Der Name *Osram-Azo* war in einer neuen Schrift gesetzt, die im Gegensatz zu der von Bernhard benutzten zahlreiche harte Winkel enthielt. Wo noch zehn Jahre zuvor die leicht monumentale Abbildung des beworbenen Gegenstands allein mit dem Markennamen kombiniert war, sind nun detaillierte Produktbeschreibungen hinzugefügt. Die zahlreichen Geraden, rechte Winkel und das gerasterte Hintergrundrechteck gaben der Anzeige einen sachlichen, informativen Anstrich.

Alle hier festgestellten Änderungen bewegten sich aber noch im Bereich des rein Formalen, von einer vielschichtigen Darstellung des Einsatzes von elektrischem Licht und der damit verbunden Schaffung einer emotionalen Ebene war diese Werbung noch weit entfernt.

Das war bei der *AEG*-Anzeige Abbildung 107, allerdings im Jahr 1926 und damit fast zehn Jahre später, schon etwas anders; die aus Amerika stammende Werbepsychologie begann in Deutschland Einfluß auf die Anzeigengestaltung zu nehmen. Der Grafiker Karl Prinz kombinierte gekonnt die elegante Zeichnung einer relativ freizügig gekleideten jungen Frau mit dem aktuellen formalen Muster, der rechteckigen Fläche. Die Frau demonstrierte die offensichtlich erfolgreiche Handhabung des beworbenen Geräts; sie hatte, wie es die Mode der zwanziger Jahre forderte, schon fast keine Taille mehr. Im Anzeigentext waren in hübscher Versform die beiden primären Kaufargumente zu: »Schlank ohne Müh / Gesund wie noch nie« gesteigert – umgekehrt ginge auch.

Im Lauf der zwanziger Jahre geriet die Anzeigenillustration immer mehr auf eine Zwischenstufe zwischen naturalistischer Objektwiedergabe und dekorativem Muster. Beispiele dafür sind zwei Anzeigen der Firmen *Gevaert* und *Blauband* aus den Jahren 1929 und 1926 (Abb. 108, 109). Bei *Gevaert* wurde die leicht abstrahierte Darstellung eines zum Trocknen aufge-

OBEN LINKS:
Abb. 108
Gevaert
Die Anzeigenillustration zwischen Abbild und reiner Dekoration.
Aus: *Kosmos* 6/1929

OBEN RECHTS:
Abb. 109
Blauband
Alles ist Information und Dekoration zugleich.
Aus: *Volbacher Frauenzeitung* 42/1926

OBEN RECHTS:
Abb. 110
Foen
»Das Füllhorn hat sie abgelegt,
Statt dessen einen ›Fön‹ sie trägt.
Sie will mit immer vollen Händen
Euch Jugendlust und Schönheit
spenden.«
(Gelegentlich auftauchender Begleitspruch zu dieser *Foen*-Anzeige.)
Aus: *Velhagen & Klasings MH* 3/1927

UNTEN:
Abb. 111
Uralt Lavendel
Die eleganten Zeichen der Zeit
stehen auf Art Deco.
Aus: *Velhagen & Klasings MH* 1/1926

hängten Bogens Fotopapier zu optischen Verbindung zweier Textblöcke. Die gegeneinander gesetzten grafischen Schwünge lockern die geometrische Strenge der rechteckigen Schriftflächen auf.

Noch stärker ist das dekorative Prinzip in der *Blauband*-Werbung spürbar. Die Margarinepackung wurde zum grafisch untergeordneten Teilstück, viel größer abgedruckt war die in Schwarzweiß allerdings nur begrenzt tragfähige optische Umsetzung des Markennamens. Der preiswerte Brotaufstrich hatte sich, laut Anzeigentext, inzwischen zur »Feinkostmargarine« gemausert und machte der Butter in schöner doppelter Alliteration und relativ frech ihren Ruf als Geschmacksreferenz streitig: »Gute Gerichte mit [...] *Blauband* statt Butter«. Auch die Schrift beugte sich dem Schwung des Bandes, und zwei riesige Gs wiesen auf das Gaumenargument hin. Das hatte der tatsächlich wichtigste und sicher häufigste Kaufgrund nicht nötig, er stand klein und bescheiden rechts unten: »1/2 Pfd. 50 Pf.«

Als illustre Sonderform des Konstruktivismus entwickelte sich im Lauf der zwanziger Jahre weltweit ein elitärer Seitentrieb, das Art Deco; vor allem die angewandten Küste nahmen sich seiner mit besonderer Begeisterung an. Allen voran die international führende Pariser *Haute Couture*, mit Paul Poiret als dem unangefochteten Diktator des richtigen Geschmacks, propagierte diese neue Richtung. Nicht nur er hatte sich tief beeindrucken lassen von Diaghilevs russischem Ballett, als es 1909 zum ersten Mal in Paris gastiert hatte. Plötzlich war die Zeit der organisch-pflanzlicher Schwünge des Jugendstils vorbei. Blumen wurden geometrisiert, aufgelöst in gebogenen, gestuften Linien; Geraden und Kreisviertel liefen meist horizontal oder vertikal über starkfarbige Fonds. Beliebtestes Element wurden Zacken und Treppen, mit denen die stilisierten Gegenstände bis zum nicht mehr identifizierbaren Ornament verfremdet waren.

Weltweit gelangten Art-Deco-Versatzstücke ins Formenrepertoire der Gestalter. In den USA entstanden ganze Hochhäuser, die mit gezackten Fassaden geschmückt waren; in Paris war es die Mode, die die Inneneinrichter, Tapetendesigner und Schmuckstilisten inspirierte. Praktisch alles, was die begeistert aufgenommene

Abb. 112
Lord
Die Gretchenfrage für alle Raucher – auch noch siebzig Jahre später.
Aus: *Das Magazin* 50/1928

junge Technik an Funktionalem hervorbrachte, wurde nun dekorativ gestylt; glänzende Materialien wie Chrom und Glas erlebten eine *Hoch*zeit. Es war vor allem die vornehme Welt der oberen Zehntausend, die sich in prunkvollen Hotelpalästen mit dem eleganten neuen Stil umgab.

Auch in Deutschland kamen die Bögen und Stufen in Mode, primär im Porzellanbereich traten vermehrt Dessins mit Eckchen, Zacken und stark geometrisierten Pflanzenlinien auf. Auf fast allen Gestaltungsgebieten gab es international orientierte Künstler, die für eine gewisse Zeit zu

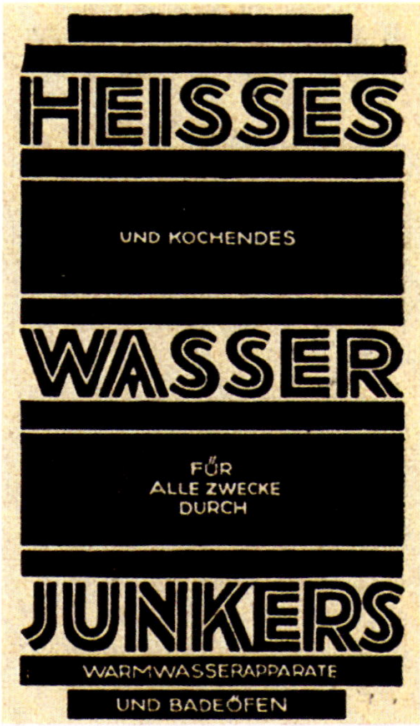

OBEN LINKS:
Abb. 113
Junkers
Nur ein Badeofen von *Junkers* – warum sollte die Werbung mehr transportieren.
Aus: *Velhagen & Klasings MH* 10/1925

OBEN RECHTS:
Abb. 114
Hackebeils Illustrierte
Die neue Typografie sei »eine klare Mitteilung in der eindringlichsten Form«, forderte schon László Moholy-Nagy.
Aus: *Hackebeils Illustrierte* 24/1928

GEGENÜBER:
Abb. 115
Lucas
Auch Walter Kampmann erkannte die konstruktivistischen Zeichen der Zeit.
Aus: *Das Plakat* 6/1921

Vertretern des Art Deco wurden. Bis in die Werbung drangen diese Einflüsse, allerdings traten nur selten in so reiner Form auf wie in den Abbildungen 110 und 111.

Daß die Marke *Fön* noch nach siebzig Jahren als Gattungsname für Haartrockner gebraucht wird, ist ein konkreter Beleg für den Erfolg reger Werbetätigkeit. Die Firma *Sanitas* hatte sich in den zwanziger Jahren diese Bezeichnung für ihre »elektrische Heißluftdusche« schützen lassen. Der Bubikopf, Haarmode der Zeit, hatte zu einem stark erhöhten Bedarf an Haartrocknern geführt, den mehrere Hersteller zu befriedigen suchten. Sanitas jedoch bewarb sein Gerät so intensiv, daß *Fön* und *Gnom,* die kleinere Ausführung, bald konkurrenzlos den Markt beherrschten. 1927, als Brigitte Helm in *Metropolis* den Haartrockner salonfähig machte, warb Fortuna für den *Fön,* gekleidet in schöne Art-Deco-Muster, Bögen und Zacken (Abb. 110).

Auch Jupp Wiertz nutzte 1926 in einer Seifenwerbung für die Berliner Firma *Lohse*

KALENDERFABRIK
JUNI
21
MONTAG
KAMPMANN
21
SAM, LUCAS
GEGR, 1797 ELBERFELD TEL, ADR, KALENDERLUCAS
KALENDER IN ALLEN LEBENDEN SPRACHEN.

OBEN LINKS:
Abb. 116
Rüdenberg
Klein,aber auffällig, dank des aktuellen Gestaltungsmusters.
Aus: *Hackebeils Illustrierte* 16/1928

OBEN RECHTS:
Abb. 117
Bahlsen
Martel Schwichtenbergers Entwurf offenbart den Einfluß Kurt Schwitters auf die Hannoversche Reklamegestaltung.
Aus: *Die Kunst* 1/1927

die Zeichen der Zeit (Abb. 111). Zahlreiche das Image einer Seife steigernde Accessoires waren, in abstrahierter Form gezeichnet, um den Markennamen versammelt: Kosmetikspiegel, Öle, Parfümflacons, Puderquast und Puderdose, Ringe, Blumen, Vasen, Pflanzen, Schmetterlinge, das *Gustav-Lohse*-Firmenlogo. Zusammen wirken diese nur aus Kreisteilen und Geraden zusammengesetzten optischen Kürzel wie ein in feiner Symmetrie angeordnetes Ornament aus Art-Deco-Zeichen.

Auf Geraden und Segmente der reinen Kreisform beschränkt sich auch die Illustration einer *Lord*-Anzeige von 1928 (Abb. 112). Aus den nicht ganz geschlossenen Rundungen des Zigarettenrauchs werden Buchstaben und gebogene Satzlinien, aus Geraden Schriftzeilen und Raster. Verschiedene Rechtecke verstärken als Textblöcke und Zigarettenschachteln ihre sachliche Ausstrahlung. Was ihren Inhalt anbetrifft, so klingt die Anzeigenüberschrift noch siebzig Jahre später aktuell; »Rauchen Sie viel Zigaretten?« ist auch heute die Gretchenfrage für viele Raucher. Aber gerade da ihre Antwort nur relativ ausfallen kann, ist sie ein geeigneter Aufhänger; jeder kann sich dort ansiedeln, wo er gerne hingehören möchte. Im Kleingedruckten taucht dann allerdings ein Satz auf, der die Distanz zu den neunziger Jahren wieder herstellt, er lautet: »Rauchen ist gesund«.

»Das Endziel aller bildnerischen Tätigkeit ist der Bau!« schrieb der Architekt Walter Gropius 1919 in seinem Manifest zur Gründung des *Staatlichen Bauhauses* in Weimar, dessen erster Direktor er war.[8.1] Unter den verschiedenen, konstruktivistisch ausgerichteten künstlerischen Strömungen der zwanziger Jahre kennzeichnete sich das *Bauhaus* damit von Anfang an als die pragmatischste. Sein bedeutendstes Anliegen war die Überbrückung der Kluft zwischen den freien und den angewandten Künsten; »Architekten, Bildhauer, Maler, wir alle müssen zum Handwerk zurück«, forderte Gropius. Vorrangiges Ziel war die Gestaltung einer Welt in klaren, sachlichen und zweckmäßigen Formen.

Für etwa vierzehn Jahre arbeiteten Künstler aus ganz Europa gemeinsam an dem großen Plan; zu ihnen gehörten Josef Albers, Herbert Bayer, Marcel Breuer, Lyonel Feininger, Johannes Itten, Wassily Kandinsky, Paul Klee, Ludwig Mies van der Rohe, László Moholy-Nagy, Georg Muche und Oskar Schlemmer, um nur die wichtigsten zu nennen. Die Ausbildung am *Bauhaus* umfaßte alle Bereiche gestaltender

Tätigkeit, vor allem die direkte Verbindung der verschiedenen Disziplinen untereinander sollte den Aufbau einer besseren Zukunft garantieren.

Die Notwendigkeit, auch die Reklame mit einzubeziehen, beschrieb Herbert Bayer im Jahr 1928 wie folgt: »beim vergleich mit der matematisch sicheren arbeit des ingenieurs wird das unsichere versuchen und tasten des werbsachners deutlich. diese überlegungen gaben anlaß zu einem werbeunterricht, der auf breiter basis aufgebaut ist.«[8.3] Unter den für die Gestaltung von »Werbsachen« zuständigen Lehrern sind neben Bayer vor allem Moholy-Nagy und Joost Schmidt zu nennen.

Schmidt war in Dessau, der zweiten Station des Bauhauses, Leiter der Klasse für Gebrauchsgrafik und Reklame und hatte zur dort ansässigen Firma *Junkers* berufliche Kontakte. Dieses Unternehmen präsentierte sich schon 1925 sehr nüchtern, wie die Anzeige Abbildung 113 belegt. Aus einer Reihe von schwarzen Rechtecken war in Verbindung mit drei Schriftzeilen der entsprechenden Größe die Grundform eines Warmwasserboilers nachgebildet, eine für diese Zeit ungewöhnlich gradlinige Reduzierung.

Stark an Schmidts typographische Handschrift erinnert eine Anzeige, die *Hackebeils Illustrierte* Ende 1928 für ihren Pressa-Stand schaltete (Abb. 114). Die einzelnen Buchstaben wurden ebenso wie Wörter und ganze Schriftzeilen einem gestalterischen Gesamtkonzept untergeordnet. Die besondere Betonung der Senkrechten schafft eine lebhafte Auffälligkeit bei einer insgesamt klaren Ausstrahlung, die Lesbarkeit ist nur geringfügig vermindert. Hier wurde angestrebt, was Moholy-Nagy in einem »Programmatischen Aufsatz« schon 1923 gefordert hatte, die neue Typographie sei »eine klare Mitteilung in der eindringlichsten Form«.[8.4]

Daß er die Zeichen der Zeit erkannt hatte, machte der Künstler Walter Kampmann 1921 mit einem Plakat für eine Wuppertaler Druckerei deutlich. Aus der den Rotationsdruck symbolisierenden

OBEN LINKS:
Abb. 118
Goldina
Goldina präsentiert sich ›ganz modern‹.
Aus: *Uhu* 2/1924

OBEN RECHTS:
Abb. 119
Staatl. Porzellan-Manufaktur Berlin
Ein *Bauhaus*-Foto? Auf jeden Fall eine adäquate Illustration der avantgardistischen Anzeige.
Aus: *Die Kunst* 4/1930

dorland boyer
Losgelöst vom Alltag
erleben fröhliche Ferienmenschen an sich das Wunder der Verwandlung. Ein neues Lebensgefühl pulst durch einen entschlackten, verjüngten Körper. Doppelt sorgsam achtet man auf Sauberkeit und Frische, auf pünktliches Innehalten der goldenen Gesundheitsregel: täglich morgens und vor allem abends Chlorodont, damit auch die Zähne frisch und blank sind und sich, ungestört von bösen Keimen, von innen her verjüngen können. Nur so wird der Urlaub zum Segen für den ganzen Körper!
CHLORODONT
die Qualitätszahnpaste
morgens
und
erst recht
abends:

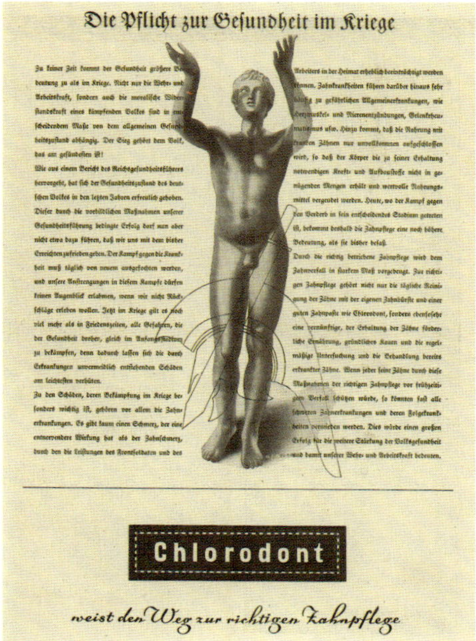

Kreisform wurde in seinem Entwurf der Weg der Kalender: aus der Fabrik über die Rolle in die Werbung (Abb. 115).

Selbst kleinste Anzeigen erhielten durch den Einsatz rechteckiger Flächen auffällige Aktualität, wie die Abbildung 116 aus dem Jahr 1928 belegt.

In Hannover hatte inzwischen Kurt Schwitters die Zeichen auf Konstruktivismus gestellt, sowohl bei der Firma *Günther Wagner (Pelikan)* als auch bei *Bahlsen.* In der Anzeige Abbildung 117 aus dem Jahr 1927 ist die Verteilung der Farbflächen zum künstlerischen Spiel gesteigert. Ähnliches boten schon 1924 Anzeigen der *Goldina AG,* Bremen (Abb. 118): um ein schwarzes Rechteck sind mit leichter Hand Rasterflächen und Wortblöcke angeordnet. Es ging ganz offensichtlich nur um die Nutzung eines aktuellen avantgardistischen Musters, hinter dem eine eventuell weitergehende Produktwerbung zurückstehen mußte. ›*Goldina* präsentiert sich ganz modern‹, nicht mehr und nicht weniger ließe sich über diese Werbung urteilen.

Das konnte auch über den zeitgemäßen Einsatz der Fotografie erreicht werden, wie eine Anzeige der *Staatlichen Porzellan-Manufaktur Berlin* demonstriert. Ein Foto, das seinen Informationsgehalt der künstlerischen Form unterordnete, illustrierte trefflich die Überschrift »Porzellan für die neue Wohnung«.

Einer der wenigen Lehrer, die ihren Beruf nach der Schließung des Bauhauses erfolgreich und zunächst in Deutschland fortsetzten, war Herbert Bayer. Er war schon während seiner Lehrtätigkeit künstlerischer Leiter der Zeitschrift *Vogue* und Direktor der Werbeagentur *Dorland* gewesen. Zahlreiche Anzeigen trugen nicht nur das Zeichen »dorland«, sondern zusätzlich seinen Namen. Eine seiner letzten Werbungen für den Zahnpastahersteller *Chlorodont* aus dem Jahr 1937 zeigt alle technischen Merkmale, die Moholy-Nagy schon 1923 für das erfolgreiche Plakat gefordert hatte (Abb. 120): es mußte »psychischen Momente des sofortiges Wirkens in Anspruch nehmen. Durch die richtige Verwendung des photographischen Apparates und der verschiedene photographischen Techniken: Retusche, Decken, Übereinanderkopieren, Verzerrung, Vergrößerung usw. ist der größte Wirkungsbereich geöffnet«. [8.5]

1938 verließ Bayer wie viele andere Künstler Deutschland und wurde Berater der Werbeagentur J. Walter Thompson in New York. Ein ehemaliger *Bauhaus*-Schüler, Hans Ferdinand Neuner, entwarf in den folgenden Jahren eine Reihe von *Chlorodont*-Anzeigen; die Abbildung 121 stammt aus dem Jahr 1940. Die Nationalsozialisten hatten das *Bauhaus* 1933 geschlossen und jede künstlerische Freiheit, auch in der Werbung, unterbunden. So gerieten die Anzeigen zur politischen Propaganda; Zahnpflege wurde gefordert als »Pflicht zur Gesundheit im Kriege«. Nicht mehr die Erhaltung des Individuums war Kaufargument, die Ziele waren nun höher gesteckt: »Der Sieg gehört dem Volk, das am gesündesten ist!«

In der Tapetenfabrik *Rasch* in Bramsche überlebten einige *Bauhaus*-Entwürfe und wurden noch während des Krieges realisiert, allerdings nur noch als Bestandteil eines Sortiments, das auch Muster des »bodenständigen« *Bauhaus*-Gegners Paul Schulze-Naumburg enthielt (Abb. 122).

GEGENÜBER:
Abb. 120
Chlorodont
»Retusche, Decken, Übereinanderkopieren, Verzerrung, Vergrößerung usw.«, das waren die *Bauhaus*-Forderungen an die moderne Plakatgestaltung. Hier sind sie von Herbert Bayer umgesetzt.
Aus: *Berliner Illustrierte Zeitung* 27/1937

OBEN LINKS:
Abb. 121
Chlorodont
Drei Jahre später sind es ganz andere Forderungen, die an die Anzeigengestalter gestellt werden: »Der Sieg gehört dem Volk, das am gesündesten ist!«
Aus: *Berliner Illustrierte Zeitung* 31/1940

OBEN RECHTS:
Abb. 122
Rasch
Zurück ins Sortiment – der *Bauhaus*-Traum ist ausgeträumt.
Aus: *Velhagen & Klasings MH* 10/1936

OBEN:
Abb. 123
Schwarzkopf
Nichts ist so erfolgreich wie der Erfolg!
Aus: *Velhagen & Klasings MH* 11/1925

OBEN RECHTS:
Abb. 124
Schwarzkopf
Auch Analphabeten erkannten das Ziel des Hinweispfeils und im Laden die richtige Packung wieder.
Aus: *Monika* 31/1912

UNTEN RECHTS:
Abb. 125
Schwarzkopf
Solch eine kompakte Kleinanzeige konnte sich im Anzeigengewitter der Zwanziger-Jahre-Blätter durchaus behaupten – wenn ihr Produkt schon ausreichend bekannt war.
Aus: *Velhagen & Klasings MH* 10/1926

9 Der schwarze Kopf

Im Jahr 1903 brachte der Berliner Drogist Hans Schwarzkopf nach mehrjähriger Entwicklungszeit ein Haarwaschmittel in Pulverform auf den Markt, das das erste seiner Art in Deutschland war. Ein Jahr später ließ er beim Berliner Reichspatentamt in Berlin den »Schwarzen Kopf« als Warenzeichen eintragen. Aufgrund einer konsequenten Verknüpfung des Bildes mit dem Markennamen in Verpackung und Werbung wurde es als »Shampoon mit dem schwarzen Kopf« zum ersten haarkosmetischen Markenartikel Deutschlands.

Die zunächst benutzte Produktbezeichnung »Shampoon« stammt ursprünglich aus der hinduistischen Sprache und bedeutet »drücken, massieren«, auch »den Kopf waschen«; es erinnerte aber vor allem an die englischen Versuche mit Haarwaschmitteln um die Jahrhundertwende (Abb. 124). Daher änderte *Schwarzkopf* nach einigen Jahren die Schreibweise, deutschte sie zu »Schaumpon« ein und hielt an diesem Wort bis nach dem Zweiten Weltkrieg fest. Erst in den siebziger Jahren setzte man – nach einer kurzzeitigen Rückkehr zu »Shampoon« (Abb. 133) – auch für den internationalen Markt die noch heute gebräuchliche Schreibweise »Shampoo« fest (Abb. 136, 137).

Eine ähnliche Entwicklung erlebte der schwarze Kopf. Die erste Version von 1905, ein eher wilder Mann mit geöffnetem Mund und weit vorgereckten Kinn, für die ein Berliner Schauspieler Modell gestanden haben soll, mußte bald einer gemäßigteren Profilierung weichen (Abb. 124). Auch nach weiteren Änderungen in den dreißiger Jahren wirkte der Kopf noch männlich, obwohl der beibehaltene kräftige Haarschopf und damit die weibliche Komponente gegenüber einer nun geringeren Gesichtskonturierung an Gewicht gewonnen hatte (Abb. 127). In den sechziger

Jahren entstand dann der noch heute übliche Kopf, dessen regelmäßige Gesichtszüge eher an eine Frau erinnern (Abb. 137).

Schon in den fünfziger Jahren belegten Repräsentativbefragungen den enormen Bekanntheitsgrad des schwarzen Kopfes, über 80 Prozent der Befragten brachten das gezeigte Bildzeichen mit dem Hause *Schwarzkopf* in Verbindung.[9.1]

Damit sich kein Unberechtigter dieses Zeichens bediente, hatte das inzwischen in Hamburg ansässige Unternehmen schon früh eine ganze Anzahl sogenannter Defensivzeichen schützen lassen. Das waren Silhouetten, die dem schwarzen Kopf ähnlich waren oder eine vergleichbare Wirkung ausübten. An einen Einsatz dieser Zeichen war nicht gedacht, sie sollten lediglich einen Markenmißbrauch verhindern helfen. Tatsächlich schufen sie zusätzlich den Spielraum, in dem sich das eigene Zeichen problemlos veränderten Rahmenbedingungen angleichen ließ.

Auf dem Hintergrund dieser ständigen ›Zeichenpflege‹ war es *Schwarzkopf* möglich, neunzig Jahre lang beachtliche, häufig vom Markt geforderte Produkt- und Präsentationsänderungen vorzunehmen, ohne an Bekanntheit zu verlieren.

Abb. 126
Schwarzkopf
Testimonialwerbung:
Stars helfen sich gegenseitig!
Aus: *Münchner Illustrierte Presse* 30/1928

Um die Jahrhundertwende steckte die Haarpflege in jeder Hinsicht noch in den Kinderschuhen; wenn überhaupt, wurde nur Seife zur Kopfreinigung benutzt. Eine etwas »haarige« Angelegenheit, an der »kaum ein gutes Haar« gelassen werden konnte, so daß noch so manches »Haar in der Suppe« auftauchte; es wird ersichtlich: die Haare waren nicht gerade ideale Sympathieträger.

So ist es leicht nachzuvollziehen, daß Hans Schwarzkopf noch 1912 einen wortreichen Argumentationsfeldzug führen mußte, um den Kampf für sein »Schampoon« zu gewinnen (Abb. 124). Er lobte – das »millionenhaft bewährte Haarpflegemittel«: »dieses hervorragende, viel nachgeahmte Präparat« –, versprach – Schuppenfreiheit, »volles glänzendes Aussehen« – und warnte – vor der Konkurrenz: »Man verlange ausdrücklich [...] und lehne Nachahmungen des Original-Fabrikates kategorisch ab«.

Selbst Analphabeten erkannten in der simplen Anzeigenillustration das Ziel des Hinweispfeils, und im Laden das Produkt wieder. Zusätzlich wurden die, die lesen konnten, auf einem höheren Niveau bedient: der Preis des Präparats betrug pro »Paket 20 Pf.«, aber wer gleich richtig zugriff, dem wurde Mengenrabatt gewährt: »7 Pakete 1.20 M.«

1925, also zwölf Jahre später, war der Markenartikel »Schaumpon« schon so gut eingeführt, daß mit eben dieser Tatsache auf mehreren Ebenen Werbung gemacht werden konnte – nichts ist so erfolgreich wie der Erfolg (Abb. 123). Die Anzeige erzählte von einem, der die *Schwarzkopf*-Reklame bereits gesehen, das Produkt erworben und erfolgreich eingesetzt hatte. Dadurch waren weitere Personen von der Wahrheit der Werbeaussagen überzeugt worden: »meine große Schwester hat auch so schönes Haar davon bekommen«. Das wiederum hatte konkrete Folgen: »Mutti hat aber gesagt, Sie sollen mir nur Schaumpon mit dem schwarzen Kopf geben«.

So viel Erfolg mußte die Anzeigenkunden beeindrucken, die als Wichtigstes sahen, lasen und speicherten: »Ein schwarzer Kopf muß auf dem Paket sein«.

OBEN LINKS:
Abb. 127
Schwarzkopf
Schöne Frauen sehen aus wie amerikanische Filmstars – die Absatzmärkte der Zukunft formieren sich nach dem Zweiten Weltkrieg.
Probepackung etwa 1950

OBEN RECHTS:
Abb. 128
Schwarzkopf
Gentlemen prefer blonds – daher mit »Blond-Verstärker«.
Probepackung etwa 1950

In diesem Stadium waren bereits reine Präsenzanzeigen wie die Abbildung 125 von 1926 sinnvoll. Das Abbild ersetzte den Firmennamen, auf den auch die Produktbezeichnung Bezug nahm; das simpelste aller Verkaufsargumente war gerade gut genug: »Das Beste zur Kopfwäsche«. Diese Kleinanzeige war optisch in sich geschlossen, eine grafische Einheit, leicht und schnell zu erfassen und konnte sich im Anzeigendurcheinander der Zwanziger-Jahre-Blätter sicher gut behaupten.

Daß auch der schwarze Kopf Aktualisierung vertrug, belegt eine Anzeige von 1928 (Abb. 126). Sogenannte Testimonialwerbungen, das öffentliche Eintreten berühmter Persönlichkeiten für eine Marke oder ein Produkt, waren die große Werbemode der zwanziger Jahre (vgl. Kapitel 21). Der Berliner Schauspieler Ernst Verebes, »Liebling der Damen«, wurde zur Verkörperung des *Schwarzkopf*-Zeichens hochstilisiert; »Nicht *ein* Schüppchen, nicht *ein* ausgefallenes Haar«, das galt für beide abgebildeten Häupter. Und endlich führte die eingedeutschte Produktbezeichnung »Schaumpon« zu der reizvollen, wenn auch etwas späten Einsicht: »Auf ›Schaum‹ kommt es an!«

Völlig veränderte Voraussetzungen erforderten gut zwanzig Jahre später wiederum aktualisierte Köpfe. Auf der Suche nach neuen Leitbildern wird der amerikanische Einfluß nach dem Zweiten Weltkrieg sichtbar. An moderne Amerikanerinnen erinnern die Frauen, die die Vorzeigefrisuren auf den neuen Schaumpon-Packungen tragen (Abb. 127, 128). Jung, schön, mit strahlendem Lächeln und perfekt geschminkt; jede Frau konnte ein Star sein, wenn sie wollte; für den richtigen Haarglanz sorgte die Firma *Schwarzkopf*.

»Schönes Haar« allein war schon lange kein Thema mehr, »strahlend rein« mußte es sein. Nicht nur die Konkurrenz hatte für differenzierte Produktdarstellung gesorgt, die Anforderungen der Kundschaft hatten sich erheblich gesteigert. »Extra-Mild [...] nichtalkalisch [...] trocknet rasch [...] duftig und seidig glänzend«, waren nun die zwar etwas breit gestreuten, aber verlockend klingenden Verkaufsargumente. Bei soviel Veränderung war es schon fast beruhigend, daß da rechts unten

OBEN LINKS:
Abb. 129
Schwarzkopf
Mit ausführlichen Rollenzuweisungen an die Geschlechter soll der Absatz von *Fit* und *Flot* gesteigert werden.
Aus: *Neue Illustrierte* 42/1955

OBEN RECHTS:
Abb. 130
Schwarzkopf
Mehr und mehr Informationen werden den Anzeigen aufgebürdet, bis sie auseinanderfallen.
Aus: *Constanze* 22/1956

noch der kleine schwarze Kopf abgebildet war, *so* weit weg vom Altvertrauten wollte ja nun auch niemand.

Im sogenannten Wirtschaftswunder wuchsen bei *Schwarzkopf* die Bemühungen, marktgerechte Produkte anbieten zu können. Schon 1949 war das *Schauma Shampoo* (Abb. 136) eingeführt worden, es folgten *Taft,* das erste Markenhaarspray (Abb. 132), die Frisiercremes *Fit* und *Flot* (Abb. 129) und *Glem,* das »Ölschaumpon mit Ei« (Abb. 130).

Die steigende Zahl der Mitanbieter im Bereich der Haarkosmetik erforderte für die immer kleineren Marktnischen detaillierte Produktprofilierungen. Eine willkommene Möglichkeit boten dafür die Geschlechterrollen. *Schwarzkopf* baute für seine Frisiercremes *Fit* und *Flot* eine der vielschichtigsten Werbestrategien der fünfziger Jahre auf. Die entsprechenden Anzeigentexte lesen sich noch vierzig Jahre später wie konkrete Anweisungen an das ›richtige‹ Rollenverhalten von Mann und Frau. Die

OBEN LINKS:
Abb. 131
Schwarzkopf
Sepp Maier hat's leicht, der muß sowieso immer *fit* sein – und bekommt auch noch Geld dafür!
Aus: *Stern* 47/1967

OBEN RECHTS:
Abb. 132
Schwarzkopf
Die Mehrfachbelastung der Frauen wird zum willkommenen Werbeargument.
Aus: *Freundin* 6/1960

GEGENÜBER:
Abb. 133
Schwarzkopf
›Die Schönheit der Forschung‹, die Zukunft der sechziger Jahre war die Technik.
Aus: *Constanze* 36/1962

Attribute, die *ihm* und seiner Creme zugeordnet waren, lauteten, locker zusammengestellt: ›fit, schlicht, korrekt, gekämmt, gebürstet, frisiert, ohne Fett, ohne Kleben, von innen her Halt, sein Haar sitzt‹. Bei *ihr* klang das natürlich ganz anders: ›flott, modisch, fraulich, weich, fließend, abgestimmt, massiert, gebändigt, geschmeidig, willig, läßt sich bis in die Spitzen formen, niemals fett, gefügig‹ (Abb. 129). Auffällig, und sicher eine unmittelbare Folge des härteren Konkurrenzkampfes, war die in den Fünfziger-Jahre-Anzeigen stark angestiegene Zeichenzahl (Abb. 130). In Verbindung mit der nicht immer konsequenten Gestaltung ergab sich eine optische Unruhe, die der Wirkung der Anzeigen nicht zuträglich war; zu umfangreich erscheinen auch die textlichen Anteile, zu umständlich die Beweisführungen.

Ein weiterentwickeltes Frauenbild präsentierte *Schwarzkopf* 1960 (Abb. 132).

Alles Gute
fürs Haar
von
Schwarzkopf

TAFT · SEBORIN · JARL
SCHWARZKOPF-SPEZIAL-SHAMPOON
SCHAUMA · GLEM
FROTTEE · FIT · FLOT · GLISS
FRISEUR-ARTIKEL:
HAARFARBEN · COLORATIONEN ·
HAARTÖNUNGEN
WELLMITTEL · SPEZIAL-HAARKUREN

PR 662

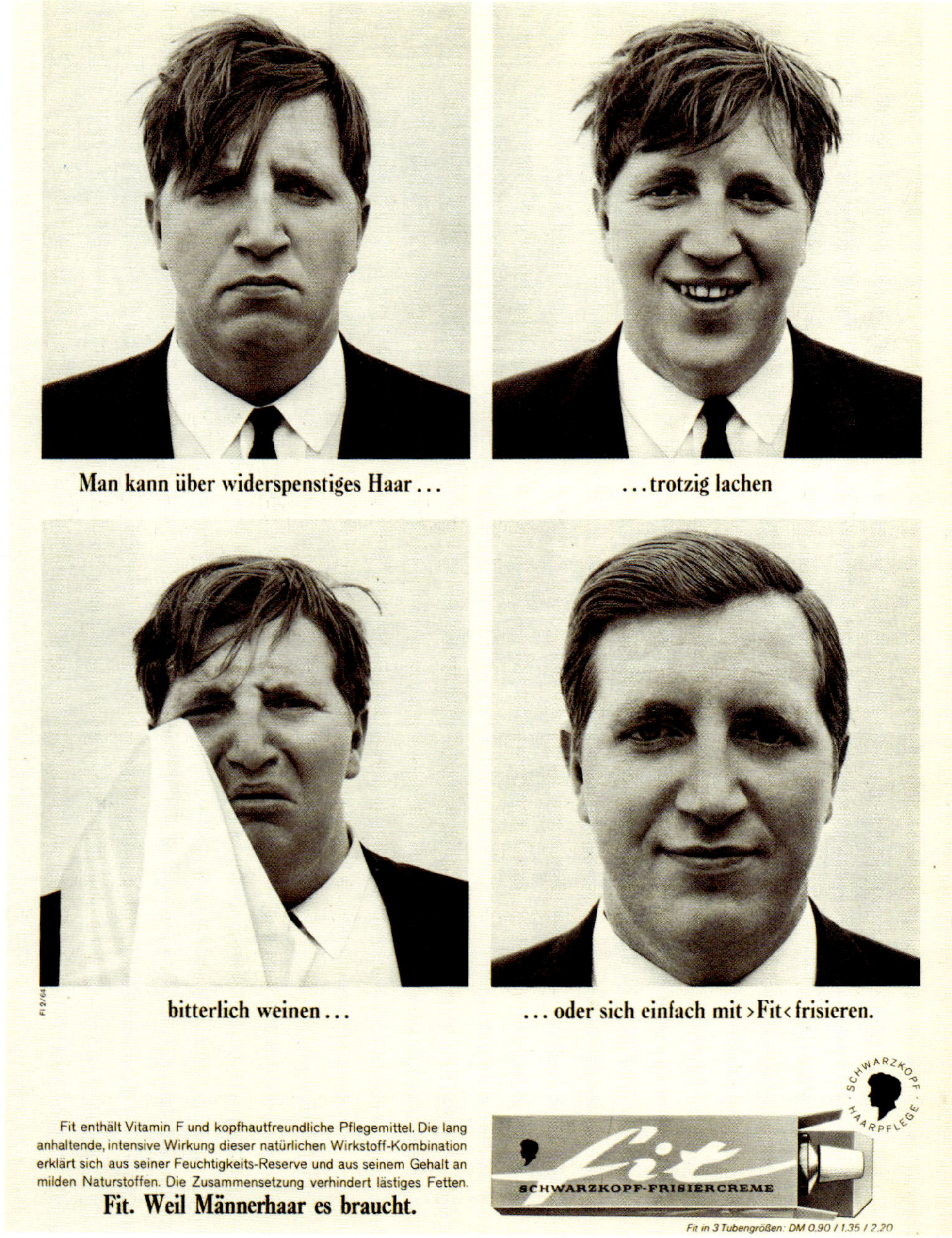

OBEN LINKS:
Abb. 134
Schwarzkopf
Frauenemanzipation? Den Kopf waschen! Immer noch »störrisch[?] Dagegen hilft *Flot.* Sofort«.
Aus: *Constanze* 18/1963

OBEN RECHTS:
Abb. 135
Schwarzkopf
Endlich sind auch die Männer gefordert! (... *Fit* zu kaufen.)
Aus: *Quick* 11/1964

Betont fröhliche Zeichnungen illustrierten die Mehrfachbelastung, denen verheiratete Mütter – der Normalfall um 1960 – ausgesetzt waren: die gepflegte Ehefrau, die liebevolle Mutter, die den Haushalt führende Einkäuferin, die unternehmungslustige Partnerin. »Wie machen es nur manche Frauen?« fragte die Anzeige bewundernd, allerdings nur, um zur Erhaltung des Status quo ein neues Haarspray anzubieten, damit »Nebel, Sprühregen, Wasserdampf in Küche und Bad Ihrer Frisur nicht mehr schaden«. Tagsüber aktiv, bis in die Nacht hinein attraktiv, war die nun erhöhte Forderung an die Frauen – dank *Taft.*

Da hatte es Sepp Maier deutlich leichter, er erhielt für die ständige Erfüllung der *Schwarzkopf*-Forderung an die Männer, *fit* zu sein, als Nationaltorwart schon genug Geld und Renommee und nun auch noch für diese Werbung; eine Idealbesetzung also in dieser symbiotischen Beziehung zwischen Wirtschaft und Idol.

1962, der schwarze Kopf war nun internationale Handelsmarke geworden, begann die Firma *Schwarzkopf,* wie viele andere, mit einer groß angelegten Imagekampagne. Ihr Sortiment war so umfangreich geworden, daß es sinnvoll erschien, den Markennamen in den Mittelpunkt von

Anzeigen zu rücken. Wissenschaft und Forschung waren im Foto mit weiblicher Schönheit verbunden, der schwarze Kopf wurde zum Gütesiegel einer Zukunft, die von einem positivistischen Glauben an die Technik getragen wurde.

Auch in den folgende Jahrzehnten stand produktbedingt das Frauenbild im Mittelpunkt der *Schwarzkopf*-Werbung. Den »störrisch« Emanzipierten stellte sie *Flot* zur Verfügung (Abb. 134) – den Männern natürlich *Fit* (Abb. 135) –, den sexuell Befreiten bot sie 1968 *Schauma Vital-Shampoo,* das »wäscht Leben ins Haar!« (Abb. 136), und in den neunziger Jahren hieß es: »Konzentrieren wir uns auf das Wesentliche [...] Love your hair«. Das bedeutete, alle Produkte ständig weiterzuentwickeln, weiterhin Marktnischen zu suchen, die gut eingeführte Marke im Rampenlicht zu halten und in der Werbung optisch up to date zu bleiben. Daneben galt es, die englische Sprache zu pflegen, schönes Haar an schönen Frauen im Foto vorzuführen und den Interessierten angemessen Sachinformation anzubieten. Wer so ›im Fluß‹ blieb, der brauchte zukünftige Veränderungen nicht zu fürchten.

OBEN LINKS:
Abb. 136
Schwarzkopf
Die ›sexuell befreiten‹ Frauen der Siebziger werden aktiv. Das hat auch *Schwarzkopf* registriert und bietet ein *Vital-Shampoo,* das »wäscht Leben ins Haar!«
Aus: *Eltern* 3/1968

OBEN RECHTS:
Abb. 137
Schwarzkopf
Das Erfolgsgeheimnis des Traditionskopfes: er hat immer die schönsten Partnerinnen.
Aus: *Marie Claire* 6/1994

10 Mit Pathos in den Untergang – Werbung im »Dritten Reich«

»Ein Appell an das deutsche Volk! Alle guten Geister scheinen unser deutsches Vaterland verlassen zu haben – Mord, Raub und Sittenlosigkeit, wohin man blickt, moralische Notzucht und Vergewaltigung durch radikale Elemente, Unterdrückung des Willens zur Arbeit und zur Ordnung! Dabei der noch immer gehässige Feind vor den Toren«. Mit dieser durchaus realistischen Schilderung begann im September 1920, gut ein Jahr nach Abschluß des Versailler Vertrags, – nein kein staatlicher Aufruf an die erste Bürgerpflicht, auch kein literarischer Aufschrei gegen die Ungerechtigkeit der Welt, sondern eine Anzeige – für einen schriftlichen Kursus zur Selbsterziehung.

Tatsächlich hatte mit der Abdankung Kaiser Wilhelms II. am 9. November 1918 in Deutschland eine Phase politischer Instabilität begonnen, deren Ursachen im Ersten Weltkrieg lagen. Noch während seines Verlaufes, im August 1917, hatten in Wilhelmshaven mehrere hundert Matrosen gemeutert und Friedensverhandlungen gefordert; ihre Anführer, die beiden Heizer Albin Köbis und Max Reichpietsch, waren daraufhin zum Tode verurteilt worden. Gut ein Jahr später hatte dann aber mit einem weiterer Aufstand, dem der Kieler Matrosen, die sogenannte Novemberrevolution begonnen, die zur Abdankung des Kaisers geführt hatte.

Noch am Tag des Rücktritts, gegen 14 Uhr, hatten die Mehrheitssozialisten unter dem neuen Reichskanzler, Friedrich Ebert, die *Deutsche Republik* proklamiert. Das gleiche hatte auch Karl Liebknecht, der Führer des linksorientierten *Spartakusbundes,* zwei Stunden später getan, indem er die *Freie Sozialistische Republik* ausgerufen hatte. Er sollte zwei Monate später, nach dem Spartakusaufstand im Januar 1919, zusammen mit Rosa Luxemburg von Freikorpsoffizieren ermordet werden.

Ende 1920, als die eingangs zitierte Anzeige erschien, machten sich die harten Bestimmungen des Versailler Vertrages, den Deutschland nach dem verlorenen Krieg diktiert bekommen hatte, bereits überall bemerkbar. Die enormen Reparationszahlungen, die geleistet werden sollten, machten eine wirtschaftliche Gesundung fast unmöglich; überall wuchsen Widerstand und öffentlicher Protest gegen die Forderungen der Siegermächte. Die im Reichstag vertretenen Parteien waren völlig zerstritten, besonders die rechten Oppositionsgruppen hetzten gegen die »Novemberverbrecher« und die »Erfüllungspolitiker«. Auch das klang in der zitierten Anzeige an: »Erkennt ihr denn nicht, daß nur [...] männliche Ruhe und Besonnenheit [...], nicht aber hysterisches Parteigehetz uns retten kann. Aus euch selbst, aus der Tiefe eures deutschen Volksgeistes heraus sollt ihr empfinden, daß ihr ein einig Volk von Brüder sein müßt [...] wenn ihr den Brand ersticken wollt, der uns zu verzehren droht. [...] Drum deutsches Volk erwache! Ein Kampf ohne gleichen steht dir bevor«.

Derweil beschlossen in München die Mitglieder der *Deutschen Arbeiterpartei,* zu denen auch der verhinderte Maler Adolf Hitler gehörte, ihre Umbenennung zur *Nationalsozialistischen Deutschen Arbeiterpartei,* kurz *NSDAP.* Schon drei Jahre später versuchten sie, durch einen Putsch nach dem Vorbild der italienischen Faschisten an die Macht zu kommen, was aber am Widerstand der Münchner Polizei scheiterte. Im Gefängnis hatte der zu fünf Jahren Festungshaft verurteilte Hitler dann Zeit, sich in dem später millionenfach verbreiteten, aber nur sehr selten gelesenen Programmbuch »Mein Kampf« über seine Ziele auszulassen. 1925 gründete er die *NSDAP* neu und schuf gleichzeitig die paramilitärischen Verbände *SS* (»Schutz-

OBEN:
Abb. 138
Werberat der deutschen Wirtschaft
Wo es sonst nichts mehr zu bewerben gab, wurden Anzeigenkampagnen für die Werbung als solche lanciert.
Aus: *Welt und Haus* 2/1940

GEGENÜBER:
Abb. 139
Solidox
Die Werbung gleicht sich dem herrschenden Stil an. Wie gehabt?
Aus: *Berliner Illustrierte Zeitung* 41/1937

Kampf dem Volksübel Zahnstein!
7 von 10 Menschen leiden an Zahnstein, und bedroht ist jeder! Ein leichter brauner Belag hinter den Zähnen, damit beginnt es. Aber mit gelockerten Zähnen, ja selbst mit Zahnausfall kann es oft enden.
Darum: Kampf dem Zahnstein – einfach durch regelmäßiges Zähneputzen mit der neuen Zahnpasta Solidox. Ohne den Zahnschmelz auch nur im geringsten anzugreifen, entfernt Solidox allmählich den Zahnstein und verhindert seine Neubildung. Denn Solidox enthält als einzige Zahnpasta in Deutschland Sulforizin-Oleat nach Dr. Bräunlich, das wissenschaftlich anerkannte, klinisch erprobte Mittel gegen Zahnstein.
Wer seinen Zähnen die Pflege geben will, die sie immer blendendweiß, fest und gesund erhält, nehme von jetzt ab Solidox, das vollendete Zahnpflegemittel.
SOLIDOX
ZAHNPASTA
GEGEN ZAHN STEIN
In Deutschland enthält nur Solidox Zahnpasta Sulforizin Oleat nach Dr. Bräunlich — und darauf beruht ihre einzigartige Wirkung gegen den gefährlichen Zahnstein.
SOLIDOX
die Zahnpasta für alle
gegen Zahnstein
Normaltube 40 Pfennig
Doppeltube 60 Pfennig
In allen Fachgeschäften erhältlich!
SO7-231

OBEN LINKS:
Abb. 140
Trilysin
Trilysin illustriert das Motto der Zeit: Jedes Problem läßt sich lösen, wenn nur die Bereitschaft zum Gewalteinsatz groß genug ist.
Aus: *Berliner Illustrierte Zeitung* 14/1941

OBEN RECHTS:
Abb. 141
Philips
Eindruck schinden durch Monumentalisierung – die Sache selbst, nicht ihre positive Nutzbarkeit für die Menschen wird hier ›hochgehalten‹.
Aus: *Die Kunst für Alle* 1/1943

staffel«) und *SA* (»Sturmabteilung«). In der von der Arbeitslosenkrise bestimmten Reichstagswahl 1930 erzielte er große Erfolge, die sich 1932 wiederholten, und wurde 1933 zum Reichskanzler ernannt. Allerdings erreichte er bei den kurz darauf stattfindenden Wahlen zum achten deutschen Reichstag trotz massiven Wahlterrors der *SA* nicht die absolute Mehrheit. So mußte er sich seine absolute Machtstellung später im »Ermächtigungsgesetz« vom Reichstag absegnen lassen, der allerdings nicht komplett war; viele Abgeordnete befanden sich in ›Schutzhaft‹ der *SA*.

Im September 1933 wurde von den regierenden Nationalsozialisten das »Gesetz über Wirtschaftswerbung« erlassen. Sein erster Paragraph lautete: »Zwecks einheitlicher und wirksamer Gestaltung unterliegt das gesamte öffentliche und private Werbungs-, Anzeigen-, Ausstellungs-, Messe- und Reklamewesen der Aufsicht des Reichs. Die Aufsicht wird ausgeübt durch den Werberat der deutschen Wirtschaft«.[10.1] Knapp ein Jahr später erwarben die Nationalsozialisten im Zuge einer »Neuordnung des Deutschen Werbewesen« die Aktienmehrheit der damals größten Anzeigenvermittlungsgesellschaft, der *ALA*. [10.2]

Die *ALA* war 1914 von konservativen Kreisen der westdeutschen Großindustrie gegründet worden, ursprünglich zur Verbesserung der Auslandbeziehungen der deutschen Wirtschaft; Geschäftsführer war der Geheime Finanzrat Dr. Alfred Hugenberg, Direktor bei *Krupp*. Als während des Ersten Weltkriegs die Beziehungen zum Ausland abbrachen, wurde die Gesellschaft in »Allgemeine Anzeigen GmbH«, kurz *ALA*, umbenannt; Ziel war eine kontrollierende Verwaltung der Interessen der deutschen Großindustrie. Innerhalb kurzer Zeit wuchs der Einfluß dieses Unternehmens stark an, und als man sich 1918 mit einem der ältesten Anzeigenvermittler der Branche, der *Haasenstein & Vogler AC* (Abb. 10) zusammentat, war eine unheilvolle Machtkonzentration entstanden. Offen wurden national-konservativ ausgerichtete Blätter bei der Anzeigenvergabe bevorzugt, und nicht wenige Stimmen sprachen

Abb. 142
Die Privaten Versicherungsunternehmen
»Die Fahne hoch, die Reihen fest geschlossen«
Aus: *Berliner Illustrierte Zeitung* 5/1937

von inhaltlicher Einflußnahme. 1922 gehörten der *ALA* 75 Zeitungsgesellschafter und 300 Gesellschafter aus Handel und Industrie an, die es durchaus gerne sahen, wenn in den von ihnen durch Werbung unterstützten Zeitungen deutsch-nationales Gedankengut verbreitet wurde.

Es ist leider nur zu gut verständlich, daß sich die Nationalsozialisten so rasch wie möglich dieses perfekten, konkurrenzlosen Manipulationsmediums bemächtigten, das übrigens bei der Übernahme nicht die geringste Gegenwehr zeigte – ganz nebenbei erhielten sie noch eine reichlich sprudelnde Geldquelle.

Zu den zahlreichen Aktionen, mit denen sich Hitler in den folgenden Jahren über bestehende internationale Verträge hinwegsetzte, gehörte der »Anschluß« Österreichs im März 1938. Nur kurze Zeit später erfolgte der ›kleine Anschluß‹ der »Österreichischen Anzeigen-Gesellschaft A.G.« an die deutsche *ALA*. Die Abbildung 146 zeigt eine frühe ›gemeinsame‹ Werbung, sie erschien im August 1938 ganzseitig in der *Münchner Illustrierten Presse*.

Die umfangreiche Selbstdarstellung schien halb Sensationsmeldung, halb Rechtfertigung der »Heimholung ins Reich« zu sein. Wo es inhaltlich möglich war, ist »Österreich« durch »Ostmark« ersetzt, die dann vordergründig mit dem »Altreich« verglichen wurde: »Das Altreich kaufte« Ostmark-Waren, von dort »kamen fast 240% mehr Gäste« nach Wien als noch im Jahr zuvor, in der Ostmark waren »61% aller Wälder in Privathand!« – im Altreich »nur 35%«.

Ob diese Zahlen stimmten, läßt sich kaum mehr nachprüfen; allerdings war es Hitler gelungen, durch riesige staatliche Investitionen in die Rüstungsindustrie und in den Straßenbau die Arbeitslosenzahlen deutlich zu verringern. So wurde auch in dieser *ALA*-Werbung das Hauptaugenmerk auf die in dreieinhalb Monaten erreichten »54 % weniger Arbeitslose[n] in der Ostmark« gelegt.

Als könnte jemand auf die Idee kommen, daß all das schon aus dem Propagandaministerium stammte, wurde im Anzeigentext Wert auf die Feststellung gelegt, daß das »Aufgabenfeld der *Ala* [. . .] die Werbung« sei. Das war sicher ein sinnvoller Hinweis, lenkte er doch ab von der Gretchenfrage an alle Anzeigen, danach, was da eigentlich angeboten wurde.

Der Werberat verwaltete nicht nur die Anzeigenabwicklung, er griff auch rigoros in die Gestaltung von Anzeigen ein und achtete darauf, daß »die Werbung in Gesinnung und Ausdruck deutsch« war und »das sittliche Empfinden des deutschen Volkes, insbesondere sein religiöses, vaterländisches und politisches Fühlen und Wollen nicht verletzt« wurde.[10.3] So entstanden Anzeigen, die zwar keine politischen Inhalte transportierten, sich aber formal dem Auftreten der Nationalsozialisten so eng anglichen, daß sie auf den ersten Blick wie Propaganda wirkten (Abb. 139–141).

Die Zahncreme *Solidox* war, ganz sozial eingestellt, »für alle« da. In grauenvollem formalen wie inhaltlichen Pathos beschwor sie den »Kampf dem Volksübel Zahnstein« – als ginge es ums Überleben der Deutschen. Dieser Eindruck wurde sicher bewußt erweckt; denn wer täglich mit Anzeigen konfrontiert wurde, in denen Kleinkariertes zum Gesetz erhoben war, der wurde der Möglichkeit beraubt, sich ein eigenes relativierendes Urteil zu bilden. Eine ausreichende Menge solcher Eindrücke, begleitet von den entsprechenden Tönen, war geeignet, den Angeschrienen völlig das Augenmaß und den Überblick verlieren zu lassen.

Im August 1937, als die Anzeige erschien, wurde in München gerade die Wanderausstellung »Entartete Kunst« eröffnet. Werke von Künstlern wie Paul Klee, Max Ernst und Ernst Barlach wurden als »artfremd« oder »ungesund« diffamiert. Viele Künstler hatten das Land bereits verlassen; wer sich noch in Deutschland aufhielt, war schweren Repressionen ausgesetzt. Die Nationalsozialisten forderten eine neue »deutsche« Kunst, in der männliche Kraft und mütterliche Weiblichkeit verherrlicht wurden.

Das gewünschte »gesunde Volksempfinden« spiegelte zum Beispiel die Anzeige Abbildung 140 aus dem Jahr 1941. Einerseits symbolisierte sie die Bereitschaft zur Gewalt(-samen Ausweitung des germanischen Lebensraums), andererseits bildete sie die kraftvolle Hand des Lenkers (und geliebten Führers, dem alle Entscheidungen überlassen wurden) ab. Inhaltlich war die Darstellung der geballten Faust in keiner Weise gerechtfertigt, es wurde lediglich, wie so oft, die Gelegenheit zur Verbreitung der These genutzt, daß sich jedes Problem lösen lasse, wenn nur der Kraftaufwand groß genug sei.

Rein formales Pathos, wenn auch auf einem höheren ästhetischen Niveau, demonstrierte eine Anzeige der *Philips Valvo Werke* im Jahr 1943. Völlig losgelöst von allen irdischen Problemen, schwebt eine Elektronenröhre in den Wolken. Die Faszination, die von moderner Technik ausging, wurde genutzt zu einer Überhöhung, einer Monumentalisierung in der Darstellung. Nicht die besonderen Qualitätsmerkmale des beworbenen Produkts oder die positive Nutzbarkeit für den einzelnen Menschen waren Maßstab dieser Lobpreisung, die Sache als solche wurde ›hochgehalten‹, sie sollte um ihrer selbst willen bewundert werden. Nicht von ungefähr

OBEN:
Abb. 143
Fichtel & Sachs
Die Hitler-Jugend und das »technische Wunder von *F&S*« – auf Großdeutschlandfahrt.
Aus: *Atlantis* 4/1942

GEGENÜBER:
Abb. 144
Chlorodont
Aus dem Dunkel der Vorzeit ersteht die *Chlorodont*-eigene Geschichtsschreibung.
Aus: *Illustrierter Beobachter* 1938

NAMEN ENTSTEHEN

NAMEN VERGEHEN

Chlorodont

BLEIBT BESTEHEN

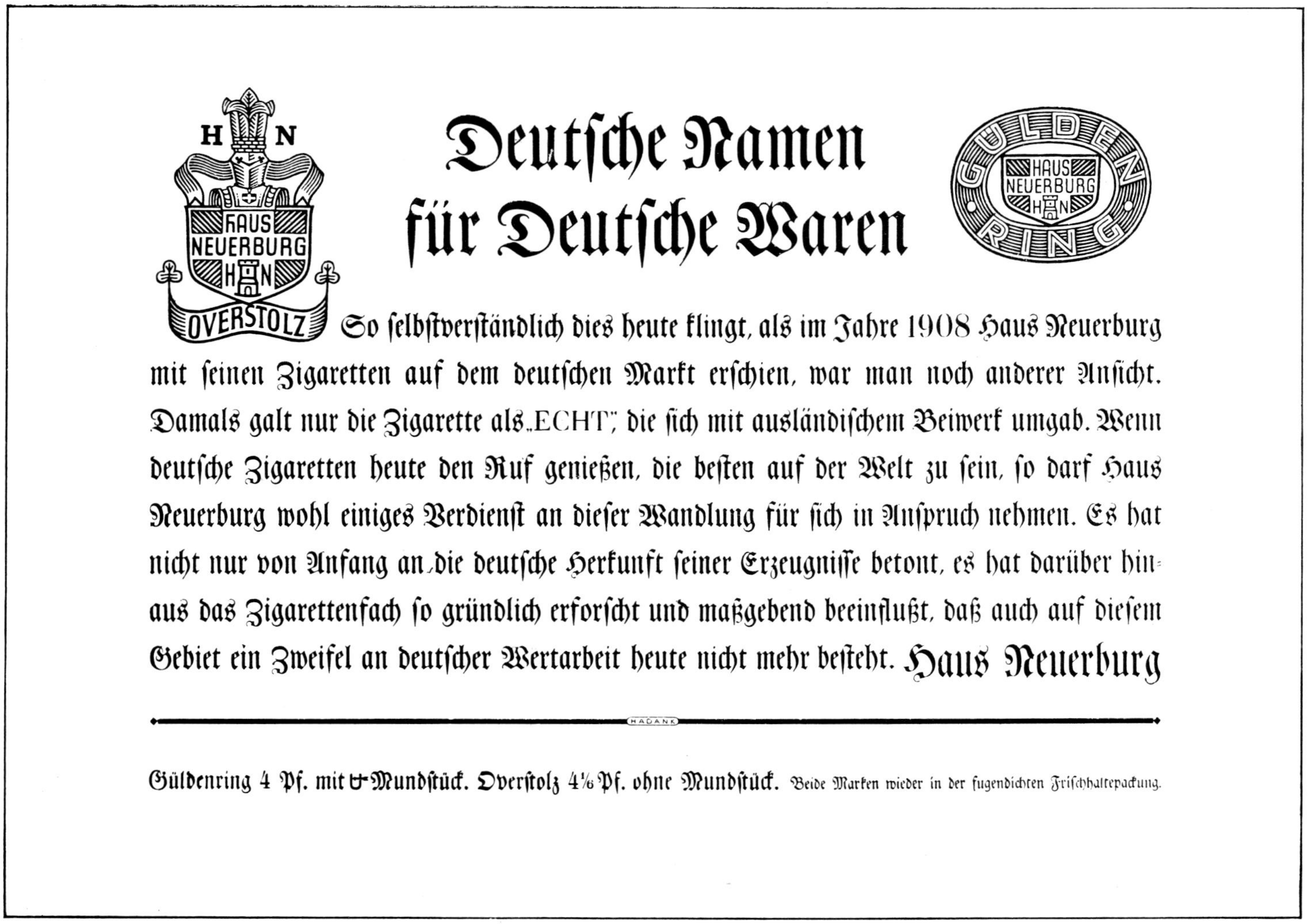

OBEN:
Abb. 145
Haus Neuerburg
Nicht nur die Zigaretten von ausländischen Herstellern sollen vom Markt verschwinden, sondern auch die mit nicht-deutschen Namen.
Aus: *Sankt Georg* 10/1941

GEGENÜBER:
Abb. 146
ALA
Hugenbergs Medienkontrollorgan war ein gefundenes Fressen für die Nationalsozialisten.
Aus: *Münchner Illustrierte Presse* 36/1938

nutzte die Werbung in diesem Fall eine Technik, die dem Holzschnitt sehr ähnlich ist. Er war in besonderem Maß geeignet, gleichzeitig Vereinfachung und Ausdruckssteigerung zu bewirken.

Unter den bildhaften Umsetzungen der nationalsozialistischen Ideale nahm die wehrhafte Männerhand eine herausragende Stellung ein und war daher in der staatlich überwachten Anzeigengestaltung besonders beliebt. »Die Fahne hoch, die Reihen fest geschlossen«, sang die *SA*; der »frei geschlossene Bund gegen Unglück und Sorge gibt jedem Einzelnen Kraft«, verkündete eine Werbung der *Privaten Versicherungsunternehmungen in Deutschland* im Februar 1937. Beides wurde ungefähr gleich zutreffend durch den kernigen Händedruck in der Anzeige Abbildung 142 illustriert. »25 Millionen Volksgenossen« waren ein gewaltiges Klientel, das die *Privaten Versicherungsunternehmungen* nicht verlieren wollten, und sich daher ganz offiziell in den Dienst der gemeinsamen ›großen‹ Sache stellten.

Wie weit sich eine an sich harmlose Zahnpastamarke unter Druck von ihren ursprünglichen Zielen (Abb. 120, 121) entfernen konnte, zeigt eine Werbung von *Chlorodont* aus dem Jahr 1938 (Abb. 144). Vor einem diffusen, an Urschlamm erinnernden Hintergrund, man könnte sagen, ›aus dem Dunkel der Vorzeit‹, erstand in vier wie aus Stein gehauenen Zeilen die Zahnpasta-eigene Weltgeschichte: »Namen entstehen / Namen vergehen / *Chlorodont* / bleibt bestehen«. Nicht zufällig ließe sich der Eigenname durch das Wort »Deutschland« ersetzen. Auch wenn sich die hier beworbene Marke aufgrund der großen Zahl geschalteter Anzeigen mit Recht darauf verlassen konnte, von fast allen Zeitschriftenlesern als Zahncreme erkannt zu werden, so ist doch das völlige Fehlen

Ein Beispiel:

In 3½ Monaten 54% weniger Arbeitslose in der Ostmark!

Ein gewaltiger Erfolg!
Die Ostmark hatte bei der Rückkehr ins Reich **mindestens** 600000 Arbeitslose. Davon konnten **bis zum** 30. Juni wieder 325373 in Arbeit und Brot **kommen.** Das sind 54%! Allein im Juni **verringerte** sich die Zahl der Stellungsuchenden um 76101 oder um 21,7%. In Wien fanden im Juni 36268, in Graz 10375, in Linz 7852, in Wiener-Neustadt 5072 Arbeitslose wieder eine Stellung.

*

Gmünd liegt am günstigsten
In Gmünd ging die Zahl der Arbeitslosen im Juni d. J. mit 55,5% am stärksten zurück. Innsbruck hatte einen Rückgang von 49,5%, Klagenfurt von 33,5%, Bregenz von 31%, Linz von 29,3%, Salzburg von 28,6% und Graz von 26,8% zu verzeichnen. In Wien betrug die Abnahme 17,9% (36268 Arbeiter und Angestellte).

*

Hochbetrieb im Baugewerbe!
Die überall in Angriff genommenen Bauten machen sich bereits auf dem Arbeitsmarkt sehr stark bemerkbar. Im Baugewerbe konnte die Zahl der Arbeitslosen im Juni d. J. um 30,4% zurückgehen. Die Stein-, Ton- und Glas-Industrie hatte eine Abnahme von 32,4%, die Holzindustrie von 26,8% zu verzeichnen.

*

Rekordziffern in der Landwirtschaft!
Wie sehr die Ostmark bereits mitten in der Erzeugungsschlacht steht, zeigt die starke Abnahme der Arbeitslosenziffer im Juni. Mit 37,6% hat die Land- und Forstwirtschaft (einschließlich Gärtnereien) die stärkste Arbeitslosenabnahme in diesem Monat erreicht.

*

240% mehr Gäste als im Vorjahre!
Wien wurde im Juni d. J. von 65545 Gästen besucht. Im gleichen Monat des Vorjahres waren es nur 41433. Aus dem Altreich kamen fast 240% mehr Gäste als im Juni 1937. Auch die Besucher aus Belgien, Luxemburg, Schweden, Norwegen und Jugoslawien haben wieder zugenommen.

*

Die Hotels können wieder mehr Personal einstellen!
Das Hotel-, Gast- und Schank-Gewerbe hat im Juni d. J. 2651 Neueinstellungen vorgenommen. Gegenüber dem Vormonat bedeutet das eine Abnahme der Arbeitslosigkeit von 15,2%. In der Nahrungs- und Genußmittel-Industrie fanden 2057 (14,5%) und in der Textil-Industrie 1503 (7,6%) Personen wieder eine Stellung.

*

Die neuen Ostmark-Gaue
Am 1. Juni 1938 wurde die Ostmark in 7 neue Gaue eingeteilt: Gau Kärnten mit 7 Kreisen und 299 Ortsgemeinden, Gau Niederdonau mit 21 Kreisen und 1766 Ortsgemeinden, Gau Oberdonau mit 14 Kreisen und 504 Ortsgemeinden, Gau Salzburg mit 5 Kreisen und 135 Ortsgemeinden, Gau Steiermark mit 17 Kreisen und 1204 Ortsgemeinden, Gau Tirol mit 9 Kreisen und 356 Ortsgemeinden, Gau Wien mit 9 Kreisen und 98 Ortsgemeinden.

Der kleinste Gau — die meisten Einwohner!
Gebietsmäßig ist der Gau Wien, mit 1218 qkm = 1,4% der Gesamtfläche der Ostmark, der kleinste Gau, hat aber die meisten Einwohner, nämlich 2086847. Das sind 30,9% der Gesamtbevölkerung. Der Gau Niederdonau dagegen mit 20861 qkm = 24,9% der Gesamtfläche ist der größte Gau der Ostmark. Im Gau Niederdonau wohnen 1477831 Einwohner = 21,9% der Gesamtbevölkerung.

*

Gau Niederdonau hat die meisten Häuser
31,5% aller Häuser stehen im Gau Niederdonau (253820), 19,1% im Gau Steiermark (153859). Es folgen dann Gau Oberdonau mit 16,8%, Gau Wien mit 11,2%, Gau Tirol mit 9,1%, Gau Kärnten mit 7,9% und Gau Salzburg mit 4,4% der gesamten Häuser der Ostmark. Gau Niederdonau hat zwar die größte Zahl der Häuser, bleibt allerdings mit 21% aller Wohnparteien weit hinter Wien mit 37,5% zurück.

*

Mehr Frauen — als Männer in allen Gauen!
52% der österreichischen Bevölkerung sind weiblich, 48% männlich. Alle Gaue haben mehr Frauen als Männer. Am stärksten ist der Frauenüberschuß in Wien (54,6%), im Gau Oberdonau, im Gau Salzburg und im Gau Tirol (je 51,1%). Gau Niederdonau mit 50,5%, Gau Steiermark mit 50,8% und Gau Kärnten mit 50,9% haben die wenigsten Frauen.

*

61,2% aller Wälder in Privathand!
So sieht es in der Ostmark aus. Im Altreich nimmt der Privatwald nur 35% der Gesamtwaldfläche ein. Die Ostmark hat nur 12,5% Staatsforste. Unter staatlicher Verwaltung liegen 2,1% der Gesamtwaldfläche. 8,4% sind Gemeindewälder, 6,3% Fideikommißwälder, 4,2% Genossenschaftswälder und 4,1% Wälder der Kirchen.

*

Das Altreich kaufte im Juni 481 Steyr-Wagen
Im Mai waren es sogar 562. Der April mit 208 Wagen gegenüber 49 Wagen im März, 21 im Februar und 18 im Januar lag ebenfalls günstig. An Puch-Motorrädern wurden im Januar und Februar je 5, im März 15, im April 38, im Mai 176 und im Juni 565 Maschinen nach dem Altreich verkauft.

*

Wieviel überalterte Wagen laufen in der Ostmark?
26,1% aller Autos, die in der Ostmark laufen, wurden vor 1929 und nur 35,9% in den Jahren 1934—1937 gebaut. Bei Annahme einer 8jährigen Verwendungsdauer sind 45% aller Wagen überaltert!
Von den Krafträdern wurden 39,6% vor 1929 und nur 27,1% in den Jahren 1934—1937 hergestellt. Die Krafträder sind also zu 60% veraltet.
Bei den Lastkraftwagen beträgt die Ersatzbedürftigkeit sogar 71%. Von den Lastwagen wurden 48,8% vor 1929 und nur 13,3% in der Zeit von 1934—1937 gebaut.

*

Diese Nachrichten sind ein kleiner Ausschnitt aus dem Material, das die Ala bei ihrer täglichen Arbeit verwendet. Das Aufgabenfeld der Ala ist die Werbung. Und dazu gehören heute gründliche Marktkenntnisse.

Jedem, der Werbung betreibt oder betreiben möchte, kann die Ala helfen. Ob Sie gelegentlich eine Anzeige aufgeben oder ob Sie einen Werbefeldzug durchführen wollen, wir beraten Sie objektiv, schnell und erfolgsicher. Die zahlreichen Erfolgskontrollen, die wir durchführen, ermöglichen es uns, das Werbemittel zu nennen, das für Sie am zweckmäßigsten ist. Wir sagen Ihnen, wie es eingesetzt werden muß, damit es den erhofften Nutzen bringt.

Als Werbungsmittler schaffen wir den Plan für die Etat-Verteilung, arbeiten die Kostenanschläge aus, übernehmen die Auftragserteilung, überwachen die Abwicklung, besorgen die Kontrolle und die gesamte Abrechnung. Selbst wenn die Ala für Sie mit Hunderten von Auftragnehmern in der ganzen Welt verhandeln und abrechnen muß, Sie brauchen sich nur mit einem Kostenanschlag, einer Bestätigung und einer Rechnung zu befassen.

Wichtig aber ist: Ihre Zusammenarbeit mit der Ala verursacht Ihnen keinerlei Kosten! Ganz gleich, ob Sie in Tages- oder Wochenzeitungen werben, in Unterhaltungsblättern oder Fachzeitschriften, an Litfaß-Säulen oder Verkehrsmitteln, durch Filme oder Diapositive, ob im Inland oder im Auslande — wir vermitteln Ihre Aufträge vollkommen kostenlos zu den Originalpreisen der Verleger und Pächter. Die Ala kann für Sie kostenlos arbeiten, weil wir unsere Vergütung von den Auftragnehmern erhalten. (Portozuschläge werden nur bei bestimmten Gelegenheits- und Auslandsanzeigen erhoben.)

Die Ala spart Ihnen Zeit, weil sie Ihnen Arbeit abnimmt. Und die Ala spart Ihnen Geld, weil sie die Kosten dieser Arbeit selbst trägt.

Die Ala ist der große Werbungsmittler Deutschlands. Die Ala will auch Ihr Treuhänder sein!

ALA

Anzeigen-Aktiengesellschaft

Berlin W 35, Bremen, Breslau 1, Chemnitz, Dortmund, Dresden-A. 1, Essen 1, Frankfurt a. M., Hamburg 1, Hannover M, Kassel, Kiel, Köln 1, Königsberg i. Pr., Leipzig C 1, Lübeck, Mannheim, München 2 M, Nürnberg 1, Stettin 1, Stuttgart

ALA

ALA — Österreichische Anzeigen-Gesellschaft A. G.
Wien I, Wollzeile 16

ÖAG

Die FIAT in Deutschland

Die FIAT hat in Deutschland eine ausgedehnte Organisation deutscher Arbeit geschaffen. Ursprünglich bestand nur eine Handelsniederlassung zwecks Vertrieb der FIAT-Automobile im Reich, wo der Markt auf Grund der zahlreichen großen Siege der FIAT-Wagen bei internationalen Rennen, dem überzeugenden Beweis für die Qualität der Erzeugnisse, günstig lag. Es ist aber ein fundamentaler Grundsatz des FIAT-Programmes, dort, wo schon eine lebensfähige nationale Industrie vorhanden ist, sich auf der Linie technischer Zusammenarbeit und nicht nur auf jener der bloßen Einfuhr zu bewegen. So ist die FIAT schon bald von der reinen Einfuhr der Fertigerzeugnisse abgegangen und hat sich in der **NSU Automobil-Aktiengesellschaft, Heilbronn,** also in der bekannten alten Freien Reichsstadt Württembergs, schon vor Jahren eine Stätte industrieller Tätigkeit geschaffen. Deutschland hat nun seiner Kraftfahrzeugindustrie einen hervorragenden Aufschwung gegeben, sich mit einem Schlage in die erste Linie gestellt und seine Produktion — den weitsichtigen Worten des Führers entsprechend — dem Volke zugewandt. Von der Aufwärtsentwicklung des neuen Deutschlands unter seinem Führer überzeugt, hat auch die FIAT durch Vertiefung ihrer Gemeinschaftsarbeit mit der NSU Automobil-Aktiengesellschaft, Heilbronn, und weitgehenden Einsatz lokaler Arbeitskräfte ihren Beitrag zur deutschen Gesamtproduktion geliefert. Gegenüber dem wenigen, was heute noch eingeführt wird, stehen in weitaus größerem Umfange die ständigen Einkäufe der FIAT in Maschinen und Erzeugnissen, worin die deutsche Technik dank ihrer konstruktiven Genialität eine überragende Weltstellung einnimmt. Darüber hinaus bevorzugt aber auch noch die FIAT bei der Deckung ihres erheblichen sonstigen Bedarfes an Roh- und Halbfabrikaten aller Art schon immer den deutschen Markt, was dem so wichtigen deutschen Export besonders zugute kommt. Hierdurch erklärt sich u. a. auch, daß selbst die von FIAT nach Deutschland heute noch eingeführten Mengen teils deutschen Ursprungs sind und teils mit deutschen Maschinen bei der FIAT bearbeitet wurden.

Aber nicht nur im Heilbronner Bezirk, wo durch die NSU Automobil-AG. Hunderte von Volksgenossen Arbeit und Brot finden, trägt die FIAT zur Wirtschaftsbelebung bei, sondern sie dient auch mit ihrer ausgedehnten Handelsorganisation der deutschen Arbeit, indem sie in jeder wichtigen Stadt des Reiches Filialen oder selbständige Vertreter hat. Dazu ist die FIAT derzeit noch im Begriffe, ihre Berliner Hauptniederlassung durch Schaffung eines Neubaues zu vergrößern und mit ihrem diesbezüglichen Bauprogramm, das über ihre eigenen Erfordernisse hinausgeht, einen weiteren Beitrag zur deutschen Wirtschaft zu leisten.

Die FIAT, eine der markantesten Vertreterinnen italienischer Arbeit, die in fast 40jähriger Entwicklung mit ihren 57 000 Arbeitern, mit ihren 15 Werken in Turin und anderen Städten den Fortschritt der gesamten motorischen Entwicklung Italiens zu Land, zu Wasser und in der Luft in sich vereinigt, ist stolz auf ihre deutschen Niederlassungen und betrachtet ihre blühende Organisation im Reich als einen konkreten Ausdruck der fruchtbringenden politischen, wirtschaftlichen und technischen Zusammenarbeit zwischen zwei großen Völkern, welche der Führer und der Duce zueinander geführt haben zum Zwecke der Förderung menschlicher Kultur und Arbeit.

Die Aufnahmen zeigen das Fabrikanwesen und Ausschnitte aus den Montageräumen der NSU Automobil-Aktiengesellschaft, Heilbronn a. N.

gebrauchsorientierter Argumentation ungewöhnlich. Das in der Werbung häufig angewandte Prinzip, sich dem herrschenden Stil anzugleichen, hatte zu diesem Ergebnis geführt – in einer Radikalität, wie sie dieser Zeit zu eigen war.

Viele Unternehmen näherten sich in ihrer Werbung der Ikonographie der Nationalsozialisten enger an, als offiziell erlaubt war; in einer Verordnung der »Reichsregierung der *NSDAP*« vom 15. Oktober 1933 war die Verbindung von Wirtschaftswerbung mit *NS*-Zielen und Emblemen verboten. Neben dem Wort »Propaganda« war auch »Rasse« untersagt, da »nicht erwünscht sei, daß dieser Begriff [...] zum Beispiel bei der Wirtschaftswerbung › zu einem gedankenlos gebrauchten Schlagworte herabgewürdigt wäre«.[10.5] Doch wurden diese Bestimmungen häufig unterlaufen, vor allem, wenn das beworbene Produkt selbst einen inhaltlichen Bezug zu politischen Dingen herstellte.

Wenn sich die Werbung konkret mit Fragen des politischen Alltags auseinandersetzte, erreichte sie eine zusätzliche Qualität. Die *Fichtel & Sachs AG* bewarb 1942 ihr *Torpedo-Freilauf mit F&S-Ketten-*

GEGENÜBER:
Abb. 147
Fiat
Ein »konkreter Ausdruck der fruchtbringenden [...] Zusammenarbeit zwischen zwei großen Völkern, welche der Führer und der Duce zueinander geführt haben zum Zwecke der Förderung menschlicher Kultur«.
Aus: *Illustrierter Beobachter* 19/1938

OBEN LINKS:
Abb. 148
Auto Union
Auto Union ist mit dabei, ein Aktivposten an der Front.
Aus: *Elegante Welt* 6/1942

OBEN RECHTS:
Abb. 149
Auto Union
Hitler half der *Auto Union,* die *Auto Union* unterstützte die Nationalsozialisten.
Aus: *Die Woche* 49/1942

OBEN:
Abb. 150
Osram
Auch *Osram*-Lampen waren beim ›Blitzkrieg‹ »mit dabei!«
Aus: *Illustrierter Beobachter* 18/1944

GEGENÜBER:
Abb. 151
Mercedes-Benz
»Taten von Weltgeltung« werfen ihre Schatten voraus.
Aus: *Illustrierter Beobachter* 15/1938

schaltwerk unter Hinweis auf seine mechanischen Vorzüge: »das technische Wunder« (Abb. 143). Sie beließ es aber nicht bei diesem Gebrauchshinweis, sondern zeigte zwei Mitglieder der Hitlerjugend mit deutlich erkennbarem Hakenkreuz auf dem Uniformhemd, die sich, folgt man dem Anzeigentext, »auf Großdeutschlandfahrt« befanden.

Wie schon im Ersten Weltkrieg hatten es ausländische Firmen auch im Verlauf der nationalsozialistischen Herrschaft zunehmend schwerer. Wenn sie nicht, wie zum Beispiel *Opel*, enteignet worden waren, versuchten sie, mit Anzeigen ihre Daseinsberechtigung in Deutschland nachzuweisen, die fast anbiedernd wirkten (Abb. 147). Oder, und das war sicher der häufigste Fall, sie wurden unter starkem Druck zum Verkauf ihrer Firmen gezwungen; nur in den seltensten Fällen wurden dabei angemessene Entschädigungen bezahlt. Viele traditionsreiche jüdische Unternehmerfamilien verloren auf diese tragische Weise ihren gesamten Besitz.

Die übrigbleibenden rein deutschen Hersteller brüsteten sich in der Werbung mit ihrer untadeligen Abstammung, wie das *Haus Neuerburg* im Jahr 1941; das hatte »von Anfang an die deutsche Herkunft seiner Erzeugnisse betont« (Abb. 145). Dieses Unternehmen ging aber noch einen prägnanten Schritt weiter. Da es auf dem Markt zahlreiche Zigarettenmarken gab, die zwar von deutschen Herstellern stammten, aber internationale Markennamen trugen, forderte *Haus Neuerburg* nun: »Deutsche Namen für Deutsche Waren« – in der sicher nicht ganz unberechtigten Hoffnung, sich auf diese Weise Vorteile gegenüber den unliebsamen Mitanbietern verschaffen zu können.

Große Firmen, die international tätig waren, standen besonders in der Gefahr, ihre deutsche Sache zur nationalsozialistischen zu erklären. 1938 warfen in einer *Mercedes-Benz*-Anzeige die deutschen »Taten von Weltgeltung« ihre Schatten über Europa. In fataler Weise schienen in dieser Illustration die Annexionspläne Hitlers vorweggenommen zu sein.

Mercedes-Benz profilierte sich hier nicht nutzungsorientiert, sondern appellierte an das Wir-Gefühl der Deutschen und die großdeutschen Expansionsgelüste. Nicht der erfolgreiche Einsatz auf Deutschlands Straßen machte den beworbenen Wagen wertvoll, sondern sein Triumph auf internationalem Parkett. In zahlreichen Anzeigen demonstrierte das Großunternehmen, das von Hitler erfolgreich unter Druck gesetzt worden war, seine Bereitschaft, sich unterzuordnen.[10.5] Diese Bekenntnisse lauteten dann: »Das Wahrzeichen einer Gemeinschaft, die dem Fortschritt dient«, »*Mercedes-Benz* – Symbol Deutscher Qualitätsarbeit«, »Der Sieg der Qualität« oder »Weiter Vorwärts für die Deutsche Kraftfahrt!«

Deutlich schwerer hatten es ausländischen Autofabrikanten, selbst wenn sie wie *Fiat* offiziell aus einem befreundeten Land stammten (Abb. 147). Aber das italienische Unternehmen hatte schon länger ein deutsches Standbein, nachdem es 1929 die neuen Fertigungsstätten und den Markennamen der in finanzielle Schwierigkeiten geratenen Heilbronner Firma *NSU* übernommen hatte. Darauf hob die Werbung verständlicherweise ab und verzichtete, wie in der Fotolegende, auch schon mal ganz auf die Erwähnung des eigenen Namens. Zunächst wurden die Deutschen und ihr Führer ordentlich gelobt: »Deutschland hat nun seiner Kraftfahrzeugindustrie einen hervorragenden Aufschwung gegeben und seine Produktion – den weitsichtigen Worten des Führers entsprechend – dem Volke zugewandt«. Eigennutz wurde abgestritten von dem italienischen Hersteller, »wo [. . .] Hunderte von Volksgenossen Arbeit und Brot finden«; man sei lediglich bemüht, »einen weiteren Beitrag zur deutschen Wirtschaft

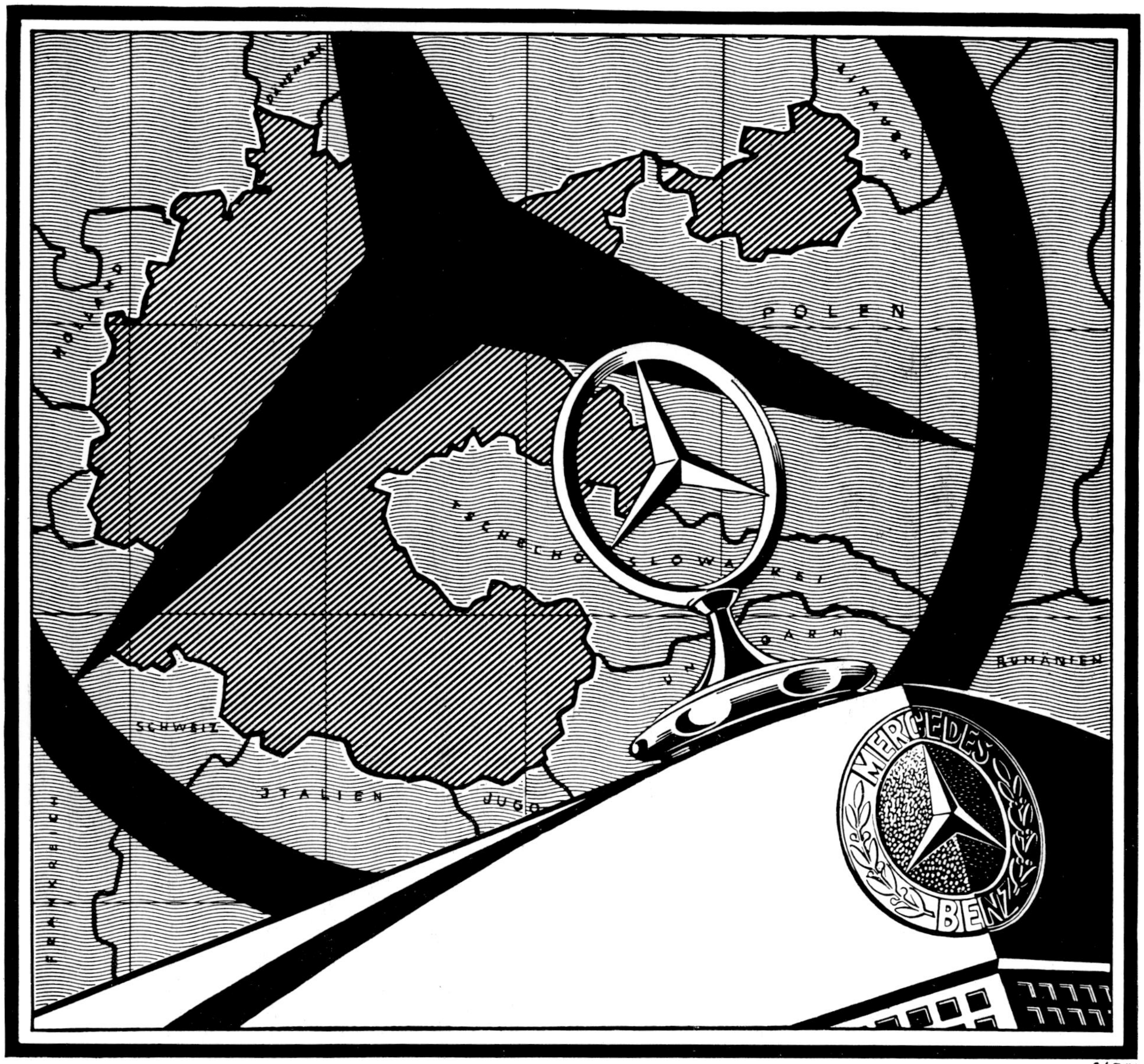

267/H

Taten von Weltgeltung

waren und bleiben unser Prüffeld · Der Erfolg: Spitzenleistungen als preiswerte Serienerzeugnisse!

Auszug aus unserem Bauprogramm 1938:

Personenwagen: u. a.
Typ 170 V (1,7 Ltr.) . . ab RM **3750.-**
Typ 230 (2,3 Ltr.) . . ab RM **5875.-**
Typ 320 (3,2 Ltr.) . . ab RM **8950.-**
ab Werk

Lastwagen: u. a. 1,5 to Nutzlast
als Fahrgestell mit Vergasermotor RM **3490.-**
als Fahrgestell mit Dieselmotor . . RM **4990.-**
7fach bereift
ab Werk

2 to Nutzlast
als Fahrgestell mit Vergasermotor RM **4040.-**
als Fahrgestell mit Dieselmotor . . RM **5650.-**
7fach bereift
ab Werk

MERCEDES-BENZ

Verkaufstellen und Vertretungen an allen größeren Plätzen des In- und Auslandes

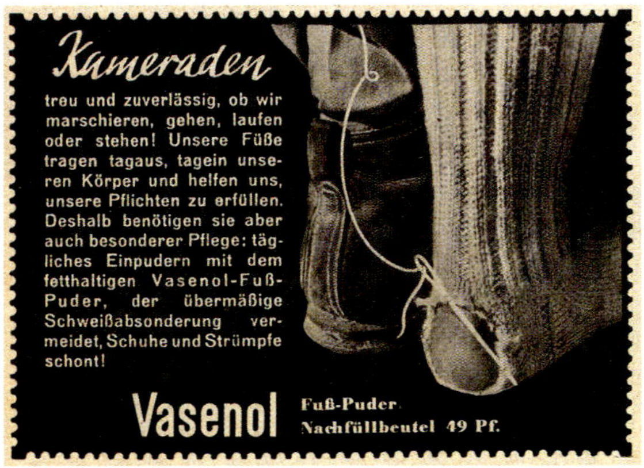

OBEN LINKS:
Abb. 152
Agfa
Ein kleiner Beitrag der deutschen Wirtschaft zur Aufrechterhaltung der Kampfmoral.
Aus: *Hamburger Illustrierte* 30/1944

OBEN MITTE:
Abb. 153
Vasenol
Die Füße sind die Säulen des Soldatentums, sie »helfen uns, unsere Pflichten zu erfüllen«.
Aus: *Berliner Illustrierte Zeitung* 49/1939

OBEN RECHTS:
Abb. 154
Voigtländer
Trotz aller Strapazen des Krieges: »mit Kanonen [auf Kameras] zu schießen, ist eine ausgesprochene Lieblosigkeit«.
Aus: *Berliner Illustrierte Zeitung* 44/1940

zu leisten«. Und schließlich ginge es doch eigentlich nur um die gemeinsame große Sache, die »fruchtbringende politische, wirtschaftliche und technische Zusammenarbeit zwischen zwei großen Völkern, welche der Führer und der Duce zueinander geführt haben zum Zwecke der Förderung menschlicher Kultur und Arbeit«.

Was daraus noch alles entstehen sollte, ließ sich 1938, als die *Fiat*-Anzeige erschien, schon ahnen. Hitler hatte seine Person mit diktatorischen Vollmachten ausstatten lassen, eine Scheindemokratie installiert, die Gewerkschaften abgeschafft, seine Anhängerschaft militarisiert und ging mit unmenschlicher Grausamkeit gegen seine Gegner und die zu Staatsfeinden erklärten Juden vor. Nebenher rüstete er beharrlich auf, baute die Wehrmacht neu und größer auf und – überfiel am 1. September 1939 Polen, der Zweite Weltkrieg hatte begonnen.

In der Werbung fanden sich schon bald Hinweise auf den Krieg, und das nicht nur als angegebene Ursache für Lieferschwierigkeiten. Bestimmte Güter hatten nun sogar Hochkonjunktur, und das demonstrierten sie auch.

1942 warb die *Auto Union* für ihre gesamte Produktpalette mit Bildern vom Kriegseinsatz ihres *Horch* Kübelwagens, nach dem Motto ›Wir sind aktiv mit an der Front‹ (Abb. 148, 149).

Sie war Hitler besonders verpflichtet, da er sie in den dreißiger Jahren mit Millionenbeträgen subventioniert und damit ihre weltweiten Rennerfolge möglich gemacht hatte. Damals hatten nach der langen Vorherrschaft italienischer Automarken plötzlich spannende Duelle von *Mercedes-Benz* und *Auto Union* die Rennstrecken der Welt beherrscht.

Schon im Ersten Weltkrieg hatten Fotoapparate, wie gesehen, laut Werbung zur soldatischen Grundausrüstung gehört. Das erinnerte die Firma *Dr. Schleussner*, »der Welt älteste fotochemische Fabrik«, sicher noch gut. Daher bewarb sie ihren *Adox-21* mit einer ganzen Serie von »Die Heimat knipst .. .. die Front freut sich«-Anzeigen, denen im Grunde kein Kommentar hinzugefügt zu werden braucht (Abb. 155).

In der ersten von zwei bewußt lustigen Zeichnungen »knipst« eine fröhliche Mutter drei blonde Kinder, die mit einem Spielzeugpanzer auf einen kleinen Hund schießen; unter den anwesenden Spielzeugsoldaten hat es ganz offensichtlich schon Verluste gegeben. Die Front, an die die Fotos geschickt wurden, sah natürlich hocherfreut, wie die nachwachsenden Kameradinnen und Kameraden schon so rechtzeitig für kommende Aufgaben konditioniert wurden. Den abgebildeten Soldaten ging es ebenfalls prächtig, ein frisch gerupftes Huhn versprach eine anständige Mahlzeit, und auch im Feld ließ sich bei einer guten Zigarette manch erinnerungsträchtiges Pläuschchen halten.

Ganz so lustig ging es in der *Osram*-Anzeige Abbildung 150 aus dem Kriegsjahr 1944 nicht mehr zu. Die ebenso grausame wie verlustreiche Luftschlacht um England hatte die Bedeutung der Fliegerstaffeln deutlich reduziert; die Lufthoheit war längst an die Alliierten verloren, selbst die sogenannte Geleitzugsbekämpfung im Atlantik war abgesetzt worden. Trotzdem verbreitete die Lampenfirma in den Medien ihre eigene Darstellung von den Aktivitäten: »*Osram*-Lampen sind mit dabei!« Es gehört nicht viel Phantasie dazu, diese Anzeige als eine frühe, etwas simple Version einer Kriegsberichterstattung anzusehen, wie sie knapp fünfzig Jahre später in internationalen Fernsehprogrammen üblich werden sollte.

Wenn es ihre Produkte ermöglichten, ›begleiteten‹ die Hersteller in ihrer Werbung die Soldaten, die an die Front zogen oder bereits dort stationiert waren. Das Schicksal der abwesenden Männer war das aktuellste Thema der Zuhausegebliebenen, und darauf setzten die Firmen.

Zu einer »Brücke zwischen Front und Heimat« stilisierte das Unternehmen *Agfa* 1944 die mit Hilfe seiner Filme möglichen Familien-»Photos«. Und sicher gab es zahlreiche Väter, die nur auf diesem Wege von den Wachstumsfortschritten ihrer Sprößlinge unterrichtet wurden (Abb. 152).

Aufgrund ihrer Erfahrungen im Ersten Weltkrieg (Abb. 85) wußten die Hersteller des Fußpuders *Vasenol,* daß die Füße die tragenden Säulen des Soldatentums waren: »Füße tragen tagaus, tagein unseren Körper und helfen uns, unsere Pflichten zu erfüllen«. Ihre Anzeige bediente sich des salbungsvollen Tons, der Soldaten gegenüber benutzt wurde, bevor sie an die Front geschickt wurden: »Kameraden treu und zuverlässig, ob wir marschieren, gehen, laufen oder stehen!« (Abb. 153). Aber dann geht es doch nicht um die Kämpfenden, sondern um den Fußpudereinsatz. Und der wird auch ganz anders begründet: er vermeide »übermäßige Schweißabsonderung und schone so »Schuhe und Strümpfe«!

Ganz aktuell gab sich eine Anzeige der Firma *Voigtländer* im September 1940; sie berichtete von der besonderen Eignung ihrer Kameras im Krieg – allerdings nicht als Zeitzeugen, sondern als Lebensretter: »Sie fing den Granatsplitter ab, der *ihm* galt« (Abb. 154). An der Front wurde viel geschossen, nur eben weniger mit Fotoapparaten, mehr mit Gewehren und Granatwerfern. Aber auch auf diesem Gebiet bewährte sich die *Voigtländer* hervorragend, was ihr entsprechend gedankt wurde: »wird ihm die erste *Bessa* von der Brust weggeschossen, dann kauft er sich eben die zweite« – wenn er noch kann.

In welch makabren Grenzen die Wirtschaft Kritik am Krieg übte, offenbarte der Anzeigentext in einem Nebensatz. Daß die Soldaten und ihre Ausrüstung »so allerhand aushalten mußten«, lag am Krieg, aber auf Kameras »mit Kanonen [. . .] zu schießen, [sei] eine ausgesprochene Lieblosigkeit«.

Um die Moral der Truppe sorgte sich 1940 der Hersteller der Halstabletten *Wybert,* der zusammen mit den Lesern in einer vierteiligen Bildergeschichte die Solda-

Abb. 155
Adox
Kein Kommentar nötig.
Aus: *Münchner Illustrierte Presse* 30/1940

Abb. 156
Wybert
Wybert – damit das Lied auch nach einem langen Marsch noch »frisch und fröhlich« klang.
Aus: *Berliner Illustrierte Zeitung* 41/1940

ten auf ihrem Weg begleitete (Abb. 156). Eigentlich waren die Lutschbonbons für Sportsleute, Sänger und Raucher als »Vorbeugungsmittel gegen Husten Heiserkeit Katarrh«, nun jedoch wurden sie an der Front gebraucht, da wurde auch gesungen. Aber nach dem »lange[n] Marsch« war mancher »Hals rauh und trocken [...] vom Staub«. Hier konnte nun die heimische Industrie ihren kleinen Beitrag leisten – und nebenher ein wenig Umsatz machen.

An der Heimatfront zeigten sich inzwischen erste Versorgungsengpässe. Vor allem Luxuswaren verschwanden aus den Regalen der Kaufhäuser und bedurften folgerichtig keiner Werbung mehr. Der Präsident des Werberates der deutschen Wirtschaft, Heinrich Hunke, veröffentlichte die Erwartung, daß »jeder die kriegsbedingten Verhältnisse bei der von ihm veranlaßten und durchgeführten Werbung besonders sorgfältig berücksichtigt«. Was nicht hieß, daß keine Anzeigen mehr geschaltet werden sollten; ganz im Gegenteil, die Werbung sollte »zwar eingeschränkt, aber im übrigen ungebrochen durch die Schwierigkeiten hindurchgeführt« werden.[10.6] So kam es bis zum Kriegsende zu einer erstaunlich großen Zahl von Anzeigen, die – im Grunde kontraproduktiv – lediglich auf momentane Lieferschwierigkeiten hinwiesen (Abb. 165, 166). Doch zunächst versuchten viele Unternehmen mehr oder weniger geschickt, sich um die zu verkündenden Engpässe herum zu lavieren.

In einer mehrdeutigen Anzeige entschuldigte der Hersteller von *Underberg* die Tatsache, daß sein Bitterlikör »etwas seltener geworden« sei, mit dem Hinweis auf die durch »fremde Stoffe irgendwie« drohende Veränderung seines »tadellose[n] Erzeugnis[ses]«. Wer Reinheit wollte, mußte Verzicht lernen, auf »keinen Fall« durfte hier Schwäche gezeigt werden. Die Anzeige spiegelte in prekärer Weise – auf jeden Fall in der Wortwahl – die Politik der Nationalsozialisten, selbst wenn es nur die Folgen der wirtschaftlichen Isolierung waren, die zu den Fertigungsproblemen des Alkoholherstellers geführt hatten.

Daß die bestehenden Schwierigkeiten noch 1940 humorvoll dargestellt werden konnten, belegen zahlreiche Werbungen, ein Beispiel dafür ist eine Anzeige für *Lebewohl,* »das berühmte, von vielen Ärzten empfohlene Hühneraugen-*Lebewohl*« (Abb. 158). Tatsächlich bestand hier eine Möglichkeit, sich etwas spöttisch und relativ offen über den akuten Mangel an Benzin auszulassen. In einer witzigen Umkehrung der beliebten Einst-und-Jetzt-Vergleiche wurde die längst vergangene Epoche bequemen Autofahrens zur Zeit der halb so schlimmen »Hühneraugenqualen«. »Aber heute ohne Gas« – leider noch *mit* den bekannten Zehenschwielen – »macht's mit »Lebewohl«*) erst Spaß!«

Am häufigsten waren es betont lustige Reime, die über die akuten Schwierigkeiten hinweghelfen sollten. So ließ zum Beispiel die Firma *Voigtländer* über ihren Rollfilm dichten: »Wer Glück hat und kriegt *Bessapan* / der strenge sich auch etwas an / daß jedes Foto wirklich sitzt / damit der keinen Film ›verknipst!‹«.

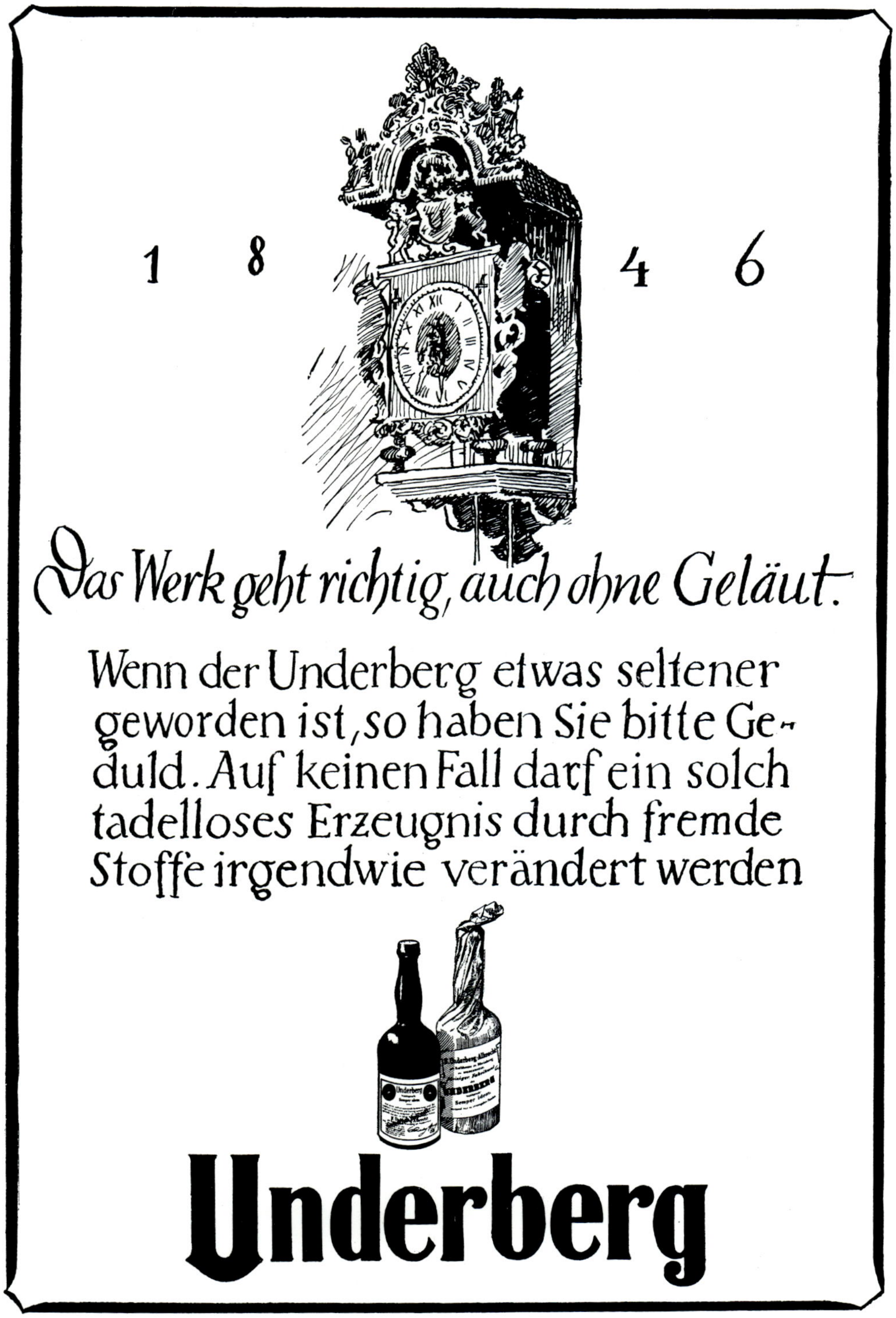

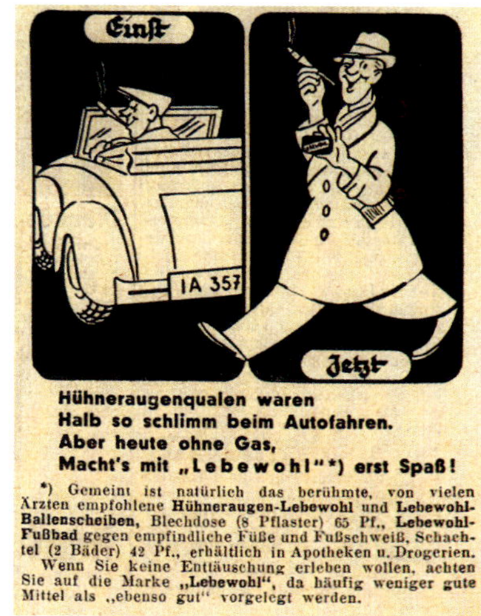

OBEN LINKS:
Abb. 157
Underberg
Von der Reinheit deutscher Erzeugnisse und der drohenden Veränderung durch »fremde Stoffe«.
Aus: *Berliner Illustrierte Zeitung* 2/1941

OBEN RECHTS:
Abb. 158
Lebewohl
Mit Humor ließ sich so manche Notlage recht offen schildern.
Aus: *Münchner Illustrierte Presse* 38/1940

Nur selten wurde in diesen eher unernsten Versen auf die Ursachen für die Verknappungen verwiesen, wie es der Likörhersteller *van Enst* 1944 tat: »Kein Schnäpschen? Alter Schwede / Verkneif dir deinen Wunsch / Was nützt dir dein Gerede / Von Himbeergeist und Punsch! / Frucht dient zu andren Dingen / Aus Gründen, die du kennst, / Erst siegen und vollbringen / Dann wiederum *van Enst*«. Meist transportierten die Reime die Hoffnung auf eine bessere Zukunft, verbunden mit der Bitte um Geduld: »Beim Taufakt an des Schiffes Bug / Man einst 'ne Flasche Sekt zerschlug / Heut' lehrt Bescheidenheit Dich sparen / Den Sekt vorsorglich aufbewahren / Wenn erst des Mangels Sorgen flieh'n / Dann gibt's auch wieder: *Burgeff Grün*«.

Die Heimatfront steht!

Auch die Heimat ist Front. Sie ist das Rückgrat der kämpfenden Männer draußen. In dieser Front ist jeder mobilisiert, jeder ist aufgerufen, seinen Mann zu stehen, auch die Frauen, unentbehrliche Helfer für die Erfüllung so mannigfacher notwendiger Aufgaben. Hier werden die Waffen geschmiedet, die Verwundeten gepflegt, neue Soldaten ausgebildet und die Kinder im heroischen Geiste unserer Zeit erzogen. Jeder ist verpflichtet, seine ganze Kraft daranzusetzen, um das innere Gefüge des deutschen Lebens und der Wirtschaft vor Erschütterungen zu bewahren.

Eine solche dauernde unverminderte Hingabe an die schweren Aufgaben der Zeit stellt hohe Anforderungen an die körperliche und seelische Widerstandskraft. Daraus erwächst eine erhöhte Verantwortung für die eigene Gesundheit. Wir haben keine Zeit, krank zu sein. Wir brauchen eine starke und gesunde Heimatfront. Der Arzt und die pharmazeutische Wissenschaft wachen über der Erhaltung der deutschen Volks- und Wehrkraft. Alle Arzneimittel, die zur Sicherung und Stärkung der Volksgesundheit notwendig sind, werden nach wie vor hergestellt. Deutschland besitzt einen reichen Schatz an Heilmitteln, die die Bewunderung der Welt erregen. Sie kommen jetzt in erster Linie dem deutschen Volk zugute: den Soldaten an der Front, den Frauen und Kindern und den Arbeitern in der Heimat.

Jeder trage dazu bei, daß die Heimatfront unerschütterlich steht, indem er sich für seine Gesundheit verantwortlich fühlt und rechtzeitig den Arzt und die Arzneimittel seines Vertrauens zu Hilfe holt.

BAYER

ARZNEIMITTEL

Diesen relativ bescheidenen Mutmachern standen großformatige Anzeigen bedeutender »deutscher« Unternehmen gegenüber, die mit Durchhalteparolen die Stimmung im Land zu beeinflussen versuchten. Der pathetische Appell von Bayer stammt aus der *Berliner Illustrierten Zeitung* vom November 1939 (Abb. 159).

Der Überschrift »Die Heimatfont steht!« – halb Forderung, halb Feststellung – lag die Überzeugung zugrunde, daß auch »die Heimat [...] Front«, »das Rückgrat der kämpfenden Männer draußen« sei. Wie in einer Vorwegnahme der Goebbelschen Forderung nach dem totalen Krieg sollte jeder einzelne zur »unverminderte[n] Hingabe an die schweren Aufgaben der Zeit« verpflichtet werden.[10.7] Alle Deutschen sollten sich auf den Einsatz ihres Lebens vorbereiten, für den »neue Soldaten ausgebildet« und die »Kinder im heroischen Geiste unserer Zeit erzogen« wurden.

Selbst das weltbekannte Pharmazieunternehmen *Bayer* stellte »seine ganze Kraft« in den Dienst der Sache – nicht der Menschen, denn es ging um die »Erhaltung der deutschen Volks- und Wehrkraft«.

Seit Beginn der vierziger Jahre machten sich in Deutschland auch bei Lebensmitteln Versorgungsengpässe bemerkbar. Hitlers Größenwahn hatte die deutschen Truppen inzwischen Dänemark, Norwegen, dann Holland und Belgien überfallen und später in Frankreich einmarschieren lassen. Die gesamte innerdeutsche Produktion wurde mehr und mehr auf »kriegsbedingte« Güter umgestellt. Nachdem schon die Luxusartikel aus dem Angebot verschwunden waren, begann man nun auch, Grundnahrungsmittel zu rationieren, Lebensmittelmarken wurden eingeführt.

Zur Verfügung stehende Ersatzstoffe wie *Migetti* wurden in der Werbung als »kräftige Nährkost« vorgestellt und sehr gelobt: eine »Mahlzeit, die gut schmeckt«. (Abb. 160). »Fleischlos und doch gut!«, hieß es; es sättige, »weil es Eiweiß, Kohlehydrate und Kalk« enthielt. Ein ähnlicher »Rohstoff« war »*Milei,* der zuverlässige Ei-Austauschstoff«, aus Milch »von kerngesunden Kühen« und Molke. Als nahrhafter »Brotaufstrich und Speisewürze« wurde *Vitam-R,* ein »Hefeextrakt von würzigem, bratenähnlichen Geschmack« beworben.

GEGENÜBER: Abb. 159 *Bayer*
Durchhalteparolen für die Heimatfront; damit der Krieg auch da zupacken konnte, wo »neue Soldaten ausgebildet und die Kinder im heroischen Geiste unserer Zeit erzogen« wurden.
Aus: *Berliner Illustrierte Zeitung* 46/1939

OBEN LINKS: Abb. 160 *Migetti*
Was »Eiweiß, Kohlehydrate und Kalk enthält«, das muß doch gut sein.
Aus: *Die Kunst für Alle* 12/1942

OBEN MITTE: Abb. 161 *Deinhard*
Wer nichts hatte und auch nichts kaufen konnte, bekam später alles gratis.
Aus: *Die Kunst für Alle* 11/1942

OBEN RECHTS: Abb. 162 *Kraft*
Manche profitierten von der Lebensmittelverknappung: *Velveta,* die »Ecke der klugen Hausfrau«, ersetzte den Käse und die Butter, die's sowieso nicht gab.
Aus: *Berliner Illustrierte Zeitung* 47/1940

Es gab auch Hersteller, die von der Mangelsituation zu profitieren wußten. Die Firma *Kraft* zum Beispiel machte 1940 in einer Anzeige die folgende Rechnung auf: Käse und Butter waren knapp und kosteten wertvolle Lebensmittelmarken, warum also nicht einfach auf beide verzichten und gleich die »*Velveta*-Ecke der klugen Hausfrau nehmen. Sie war »ergiebig und spart die Butter!«, hieß es und »so gesund wie Obst, Gemüse, Vollkornbrot!«

Für den Sekthersteller *Deinhard* mußte Adam Riese herhalten, als es galt, eine Alkoholrechnung der besonders unrealistischen Art zu verschleiern, nach dem Motto: Wenn du nichts hast, womit du nichts kaufen kannst, bekommst du eines Tages alles gratis (Abb. 162). Das kam selbst den Engeln im Himmel seltsam vor. Und die Menschen auf der Erde hatten sowieso andere Sorgen als möglichst preiswerten Sektgenuß. Sie hätten für den Frieden manchen preislichen Zuschlag in Kauf genommen.

Je prekärer die allgemeine Versorgungslage wurde, je unnötiger die werblichen Hinweise auf irgendwelche nicht mehr erreichbaren Güter, desto häufiger griff der von den Nationalsozialisten kontrollierte Werberat der Deutschen Wirtschaft lenkend ein. In einem 1940 ausgeschriebenen Wettbewerb wurden Grafiker und Texter aufgefordert, eine Anzeige für Werbung auch in mageren Zeiten zu gestalten.[10.8]

Der Gebrauchsgrafiker H. Both malte, der Texter Peter Haas reimte, und es reichte für den zweiten Platz – ein erster wurde nicht vergeben: »Lieber Käufer, bleibe heiter, / wenn die Ware heute rar; / munter ruft die Werbung weiter: / einmal bin ich wieder da!« (Abb. 138). Die Reime »rar-da« waren vergleichsweise ungeschickt gesetzt, auch wurde nicht ganz klar, wer da eigentlich »wieder da« sein würde, die Werbung oder die Ware. Nur eins machte die Anzeige ganz deutlich: warum kein erster Preis vergeben worden war.

Mit zahlreichen Aufrufen zu Altmaterialsammlungen – dem »Führer ein Opfer bringen« – versuchte der Werberat die akute Rohstoffknappheit in Deutschland zu mildern. Gefragt war fast alles: Papier, Wolle, Metall, Kleidung, Decken, Gemüsereste, Leder, Skier für die in Rußland stationierten Soldaten, selbst Menschenhaar. In vielen Läden standen Sammelbehälter für Tuben mit der entsprechenden Aufforderung: »Um leere Tuben bitte ich / Der Staat braucht sie für sich und Dich / Auch and're Marken dürfen's sein / Wir alle steh'n für eines ein: Kampf dem Verderb«. Kleinanzeigen warben mit der Abbildung unglücklicher Kartoffeln für das Pellen: »Schälverluste vermeiden!«, und einmal im Monat sollte Eintopf auf den Tisch: »Das Eintopfessen ist Bekenntnis zur Gemeinschaft!« (Abb. 163, 164).

Je länger sich der Krieg hinzog, je mehr Staaten sich gegen den deutschen »Gröfaz« stellten – zum Schluß waren es 48 – desto schlechter wurde die Versorgungslage, desto unsinniger die immer noch geschalteten Werbungen. Die Abbildungen 165 und 166 zeigen zwei normale Werbeseiten der Zeitschrift *Kunst* aus den Kriegsjahren 1943 und 1944. Nur zwei der sechzehn Anzeigen machten relativ normal auf sich aufmerksam, der Rest mußte die Angebote unter Hinweis auf höhere Ziele und den damit verbundenen Krieg mehr oder weniger offen wieder zurücknehmen.

OBEN LINKS:
Abb. 163
Werberat der deutschen Wirtschaft
›Kartoffel guckt schon ganz gequält, noch mancher Koch sie trotz Not schält.‹
Aus: *Berliner Illustrierte Zeitung* 17/1944

OBEN RECHTS:
Abb. 164
Vom *Werberat der deutschen Wirtschaft* dazu veröffentlichter Spruch:
»Der Hauptzweck des Eintopfs ist, daß keiner die Gemeinschaft vergißt.«
Aus: *Der Türmer* 2/1938

GEGENÜBER:
Abb. 165
Verschiedene Hersteller
»Panzer oder Parfüms? [...] die Frage ist auch schon beantwortet, während des Krieges verzichten wir«.
Aus: *Die Kunst* 3/1944

Hast Du 2 Paar
Hassia- oder
HassiaSana-Schuhe,
trage sie täglich
abwechselnd.

HassiaSana Schuhe

SEIT

1827

BEWÄHREN SICH AUF ALLEN FACHGEBIETEN

ARZNEIMITTEL · CHEMIKALIEN
REAGENZIEN

DER CHEMISCHEN FABRIK

E. Merck

D A R M S T A D T

PANZER oder
PARFÜMS?

Unsere guten deutschen Parfüms bringen wichtige Devisen ein. Mit Devisen werden rare Rohstoffe für unsere Rüstung gekauft. Und damit ist die Frage auch schon beantwortet: während des Krieges verzichten wir auf

MOUSON LAVENDEL
Mit der Postkutsche

Alte Uhrmacherei um 1600
(Nach einem niederländischen Stich)

Der sparsame Verbrauch von Kohle, Gas und Strom ist eine wichtige Voraussetzung für den Endsieg.
Fast ebenso wesentlich ist die Erhaltung unserer Gebrauchsgüter. So auch unserer Uhren, die heute, wie früher, ein kostbarer Besitz sind.
Hüten Sie deshalb Ihre Uhr vor allzu schroffem Witterungswechsel, vor Kinderhänden, vor Stoß und Fall. Versuchen Sie auch nicht, etwaige Schäden selbst zu beheben.

Kienzle

KIENZLE - UHREN
heute noch wertvoller

Das Siemensglas
zur Hausfrau spricht:
Halt rein die Rille,
dann halte ich dicht.

SIEMENS-GLAS

Wo die Front im Sumpf verläuft, ist der Mückenschleier nicht mehr zu entbehren. Hier tut Kunstseide unseren Soldaten spürbar wohl. Dafür, ja in der Rüstung überhaupt, wird viel Kunstseide gebraucht. Das verpflichtet uns, jedes kunstseidene Erzeugnis sorgsam zu pflegen, damit es länger hält. Z. B. Strümpfe beim Waschen nicht wringen, sondern nur leicht ausdrücken!

GLÄSER Immun

Hast Du in Deiner Bar zu Haus
Noch einen echten **Güldenhaus,**
Sei's **Whisky** oder **Gin, Likör** -
Mein lieber Freund, ich rate sehr,
Behandle solche Qualitäten
Sorgsam - wie alte Raritäten.

Güldenhaus

BREMEN
STAMMHAUS GEGR. 1810

GOLDFISCH

Die elegante Frau zog von jeher die modische Goldfisch-Wäsche vor und behandelt sie deshalb heute im Kriege besonders sorgfältig.

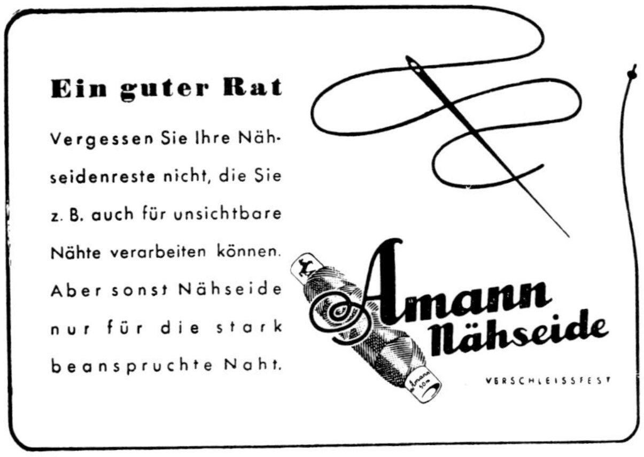
Ein guter Rat
Vergessen Sie Ihre Nähseidenreste nicht, die Sie z. B. auch für unsichtbare Nähte verarbeiten können. Aber sonst Nähseide nur für die stark beanspruchte Naht.
Amann Nähseide
VERSCHLEISSFEST

2. Junghans-Rat
Behüten Sie Ihre Junghans-Taschen- oder Armbanduhr vor schroffem Temperaturwechsel. Er begünstigt Federbruch
Schon eine kalte Nachttischplatte kann ihn auslösen, wenn die Uhr körperwarm darauf gelegt wird. Eine kleine Unterlage aus Holz, Filz oder Stoff hilft ihn vermeiden und die sonst nötige, aber heute schwierige Reparatur.
Wer seine Junghans schont und pflegt hat sie noch langer
P 516 D

Herr Hamster sagt:
„Ich könnte es ja mal brauchen.."
Solche Zeitgenossen lieben wir! Unsere wertvollen Präparate sind heute ausschließlich für Verwundete und Genesende oder zur Wiederherstellung der vollen Arbeitsfähigkeit da.
BAUER & CIE / BERLIN

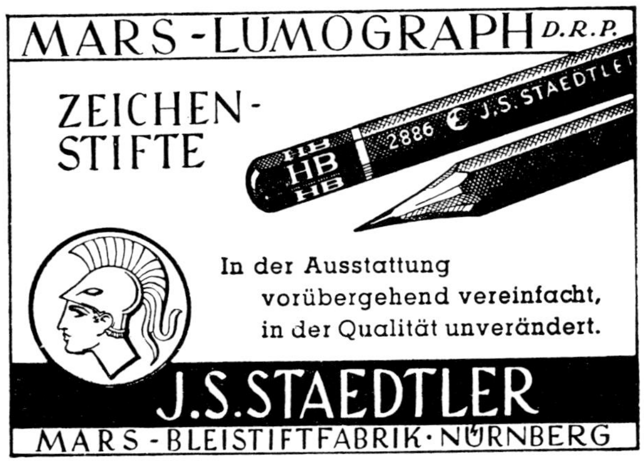
MARS-LUMOGRAPH D.R.P.
ZEICHEN-STIFTE
HB 2886 J.S. STAEDTLER
In der Ausstattung vorübergehend vereinfacht, in der Qualität unverändert.
J.S. STAEDTLER
MARS-BLEISTIFTFABRIK · NÜRNBERG

KHASANA
SPARSAM
gebrauchen und nicht nur verbrauchen. Befolgen Sie diesen zeitgemäßen Rat auch bei Benutzung der
Körperpflegemittel
PERI UND KHASANA
Dr. Korthaus
PERI

MACHOLL
WEINBRAND · LIKÖRE · ENZIAN
tragen künftig den Namen
MONACHIA
MÜNCHEN

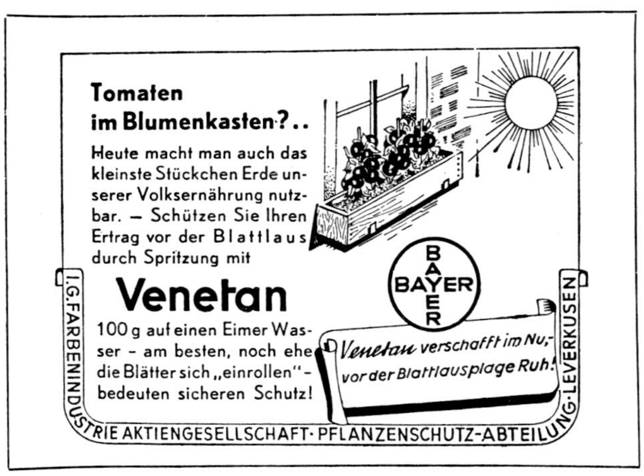
Tomaten im Blumenkasten?..
Heute macht man auch das kleinste Stückchen Erde unserer Volksernährung nutzbar. – Schützen Sie Ihren Ertrag vor der Blattlaus durch Spritzung mit
Venetan
100 g auf einen Eimer Wasser – am besten, noch ehe die Blätter sich „einrollen"– bedeuten sicheren Schutz!
BAYER
Venetan verschafft im Nu, vor der Blattlausplage Ruh!
I.G. FARBENINDUSTRIE AKTIENGESELLSCHAFT · PFLANZENSCHUTZ-ABTEILUNG · LEVERKUSEN

DIESE MÜHE WIRD SICH LOHNEN, WILLST DU DEINE STRÜMPFE SCHONEN:
Von unten hochrollen!
FTO
Strümpfe

Die Bleistiftfabrik *Staedtler* wies auf die »vorübergehend vereinfacht[e]« Ausstattung ihrer Zeichenstifte hin, betonte aber: »in der Qualität unverändert«. Der Pharmakonzern *Bayer* bot, scheinbar bescheiden geworden, den Tomaten im Blumenkasten Schutz vor Blattläusen, da man »auch das kleinste Stückchen Erde unserer Volksernährung nutzbar« machte.

Die Firma *Amann Nähseide* gab den guten Rat: »Vergessen Sie ihre Nähseidenreste nicht«, warnte aber zugleich: »Nähseide nur für die stark beanspruchte Naht«.

Die meisten Hersteller warben für zumindest sorgsamem Umgang mit ihren Produkten. *FTO*-Strümpfe sollte man von »unten hochrollen! Diese Mühe wird sich lohnen, willst Du Deine Strümpfe schonen«. Der »2. *Junghans*-Rat« lautete: »Behüten Sie Ihre *Junghans*-Taschen- oder Armbanduhr vor schroffem Temperaturwechsel. Er begünstigt Federbruch«. Wer zwei Paar Schuhe besaß, sollte sie »täglich abwechselnd« tagen – besonders wenn es *HassiaSana*-Schuhe waren? Bei der eleganten Frau, die »von jeher die modische *Goldfisch*-Wäsche« vorzog, wurde automatisch davon ausgegangen, daß sie *die* »im Kriege besonders sorgfältig« behandelte. Zur Sauberkeit riet die Firma *Siemens,* damit das Eingemachte länger konserviert blieb: »Halt rein die Rille, dann halte ich dicht«. Selbst für Alkohol, soweit er überhaupt noch vorhanden war, galt die goldene Regel: »Behandle solche Qualitäten / Sorgsam – wie alle Raritäten« – jedenfalls, wenn's ein echter *Güldenhaus* war.

Die Sparsamkeit wurde bei *Dr. Karthaus* zum »zeitgemäßen Rat«, der auch »bei der Benutzung der Körperpflegemittel *Peri* und *Khasana*« befolgt werden sollte: »Sparsam gebrauchen und nicht nur verbrauchen«.

Einen Schritt weiter ging die Firma *Bauer:* Ohne ihre Produkte genauer vorzustellen, beschimpfte sie in ihrer Anzeige einen gewissen Herrn Hamster, der sagte: »Ich könnte es ja mal brauchen«. »Solche Zeitgenossen lieben wir! Unsere Präparate sind ausschließlich für Verwundete« und andere Kriegsstützen.

Noch schneller kam das Haus *Mouson Lavendel* auf den Punkt. Jeder Kunde hatte die Wahl: »Panzer oder Parfüms?« Wohlgeruch oder »Rohstoffe für unsere Rüstung«? Aber damit war die Frage »auch schon beantwortet: während des Krieges verzichten wir«. Direkt an die Rüstung und daher nicht in den Handel lieferte der Kunstseidehersteller *Gläser Immun* und erklärte sogleich warum: »Wo die Front im Sumpf verläuft, ist der Mückenschleier nicht mehr zu entbehren. Hier tut Kunstseide unseren Soldaten spürbar wohl«.

Am deutlichsten unter den hier Versammelten vertrat die Firma *Kienzle* den nationalsozialistischen Kurs. Sie sah neben dem »sparsame[n] Verbrauch von Kohle, Gas und Strom« auch in der Erhaltung von Gebrauchsgüter wie Uhren eine »wichtige Voraussetzung für den Endsieg«: »Hüten Sie deshalb Ihre Uhr vor allzu schroffem Witterungswechsel« – was sich vor allem die Soldaten an der Front sicher hinter die Ohren schrieben.

Zumindest eines machen diese Anzeigen ganz deutlich: die Werbung hatte sich längst vom Wirtschaftsinformationsdienst zum willfährigen Instrument einer nationalsozialistischen Propaganda gewandelt – *nur* durch die übliche Nutzung eines *herrschenden* Stils.

Mit einer geradezu hilflos realistischen Anzeige soll dieses dunkle Kapitel abgeschlossen werden; es gab nichts mehr, was die schöne Scheinwelt der Werbung hätte vortäuschen können. Aus dem hochtrabenden »Kampf dem Volksübel Zahnstein« (Abb. 139) war nun der von der blanken Not getriebene »Kampf dem Verderb« geworden (Abb. 167). Das letzte Stück Brot sollte nun helfen, *die* Leben zu retten, die dem größenwahnsinnigen deutschen Regime noch nicht zum Opfer gefallen waren.

GEGENÜBER:
Abb. 166
Verschiedene Hersteller
»Solche Zeitgenossen lieben wir!«
... wollen allen Ernstes etwas kaufen, ohne es dringend zu benötigen. Da mußte die Werbung ja einschreiten.
Aus: *Die Kunst* 1/1943

OBEN:
Abb. 167
Werberat der deutschen Wirtschaft
Not rein, Pathos raus: die Werbung zeigte – mal ungewollt ehrlich –, wozu der deutsche Größenwahn geführt hatte.
Aus: *Berliner Illustrierte Zeitung* 37/1944

RECHTS:
Abb. 168
Verschiedene Hersteller
Daß die neuen photographischen Apparate »Kein Spielzeug« waren, mußte erst einmal nachgewiesen werden.
Aus: *Ilustrirte Zeitung* 27.10.1888

GEGENÜBER OBEN LINKS:
Abb. 169
Voigtländer
So benutzte man also die Spiegelreflex von *Voigtländer,* das »Non plus ultra aller photogr. Kameras«.
Aus: *Velhagen & Klasings MH* 2/1907

GEGENÜBER OBEN RECHTS:
Abb. 170
Hüttig
Für »ganz unauffällig zu machende Aufnahmen« – eine zukunftsträchtige Marktnische.
Aus: *Die Kunst* 11/1909

11 Vom photographischen Apparat zur Elektronik-Kamera

Im zweiten Jahrzehnt des vorigen Jahrhunderts begannen Josef Nicéphore Niepce und Louis Jacques Mandé Daguerre mit der Entwicklung eines fotografischen Verfahrens, das als Daguerreotypie in die Geschichte einging. Trotz seines enormen Erfolges entpuppte es sich für eine weite Verbreitung der Fotografie jedoch als Sackgasse – die verwendeten Silber- und Kupferplatten waren Unikate, sie erlaubten keine Kopien.

Erst der Engländer William Henry Fox Talbot ebnete mit seinen Chromsilber-, später Bromsilberschichten auf Papierbasis den Weg zu beliebig vielen Abzügen von den inzwischen negativen Platten. Parallel dazu entwickelte sich die schon zur Jahrtausendwende bekannte *Camera Obscura* zur echten ›Lochkamera‹, und gegen Ende des achtzehnten Jahrhunderts warben bereits eine ganze Reihe von Kameraherstellern um die Gunst des noch zögernden Publikums.

Die Abbildung 168 zeigt drei Werbungen für »Photographische Apparate«, die alle Merkmale früher Kamerareklamen offenbaren, sie stammen aus der Leipziger *Illustrirten Zeitung* vom 27. Oktober 1888. Zunächst ging es darum, die – »Neu! Neu!« – neuen Apparate seriös vorzustellen: »Kein Spielzeug«. Dazu bildete die Firma *Sachs* aus Berlin den von ihr »construirten Touristenapparat i. Cabinetform« fast anzeigefüllend ab. Der Hinweis für die Reisenden sollte wohl den Eindruck einer gewissen Immobilität des Standgerätes aufheben, das sich, laut Anzeigentext, bereits für »Portraits Landschaften u. Architekturen« eignete.

Dagegen wirkte die Vorführung der Handhabung des neuen Apparats bei *Carl Plaul* geradezu fortschrittlich. Ohne Mühe bediente der abgebildete feine Herr das leicht transportable Gerät. Auch die ›technischen‹ Angaben klangen aktueller: »für Moment- und Zimmer-Aufnahmen«. Es wurde so der Eindruck erweckt, die beiden größten Probleme der frühen Fotografie – lange Verschlußzeiten und mangelnde Lichtstärke – seien damit erfaßt, genannt und einer Lösung zugeführt.

Dem waren die »Spiegel-Reflex-Kameras« der Firma *Voigtländer,* die im Jahr 1907 beworben wurden, schon ein deutliches Stück näher (Abb. 169). Der übergroß abgedruckte Firmenname kennzeichnete die Anzeige eindeutig als Markenwerbung, die von der Bekanntheit des angebotenen Produkts ausging. Sehr viel genauer als in der *Plaul*-Werbung wurde im Bild die Handhabung des relativ großen Gerätes vorgeführt, und statt allgemeiner Hinweise auf die verschiedenen Einsatzmöglichkei-

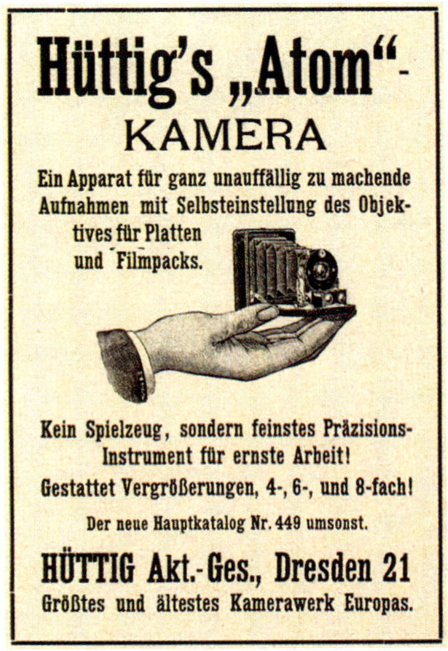

ten bot der Text technische Erklärungen. Für die, denen diese Details nichts sagten, war eine – groß gedruckte – abschließende Wertung der *Voigtländer*-Geräte hinzugefügt, sie seien schlicht »das Non plus ultra aller photogr. Kameras«.

Nicht den besten, aber vielleicht den kleinsten Fotoapparat wollte die *Hüttig Akt.-Ges.* mit ihrer »Atom«-Kamera »für ganz unauffällig zu machende Aufnahmen« im Jahr 1909 anbieten (Abb. 170). Der Hinweis darauf, daß es sich nicht um »Spielzeug«, sondern um »feinstes Präzisionsinstrument für ernste Arbeit« handelte, war scheinbar immer noch angebracht. Sicher aber war es angesichts der vorgeführten geringen Ausmaße der Kamera sinnvoll, auf die Vergrößerungsmöglichkeiten »4-, 6-, und 8-fach!« hinzuweisen. Für die die Größeneinschätzung ermöglichende Darstellung der Hand zeichnete, ein seltener Fall, kein Künstler oder Graveur verantwortlich, sondern die *Hüttig AG* – bewußt? – selbst.

Nach den zahlreichen Darstellungen des Kameragebrauchs in der Werbung ging der Grafiker Ivo Puhonny 1914 in einer Anzeige für *Perutz* als einer der ersten einen kleinen Schritt weiter (Abb. 171). Er zeigte nicht nur den Fotografen, sondern auch das fotografierte Objekt – allerdings noch nicht zur Vorführung einer mit Hilfe bestimmter Technik erreichbaren besonders schönen Aufnahme, sondern um die ausgefallene Werbeargumentation zu illu-

UNTEN:
Abb. 171
Perutz
Endlich taucht auch das fotografierte Objekt in der Werbung auf. Allerdings läuft es noch vor der Kamera davon, die Gefahr der Verwendung schlechter Platten ist zu groß.
Aus: *Zeitschrift des Deutsch-österreichischen Alpenvereins* 7/1914

RECHTS: Abb. 172
Schlesicky-Ströhlein
Der »beste Begleiter jedes Soldaten« für »Kriegserlebnisse« und andere Abenteuer. Aus: *Kölnische Zeitung* 6.5.1915

strieren. Der komische Vogel, der da dem Fotografen davonläuft, soll nämlich mit dem Hinweis auf die verwendeten *Perutz-Platten* zur Umkehr bewegt werden.

Wie schon gesehen, empfahlen verschiedene Kamerahersteller den ›Vaterlandsverteidigern‹ im Ersten Weltkrieg Fotoapparate fürs Marschgepäck. Der »Lieferant deutscher Höfe und Behörden« *Schlesicky-Ströhlein* wollte da nicht zurückstehen und bewarb 1915 seine »Waffenrock-Kamera« als »beste[n] Begleiter jedes Soldaten«: »Leicht im Gewicht« (Abb. 172). Die zum Größenvergleich abgebildete Hand scheint wiederum etwas überdimensioniert, bedenkt man die Rollfilmgröße von »6 x 6 und 9 x 6 cm«. »Einfach« war nicht nur die »Handhabung« der Kamera, folgt man dem Werbetext, sondern auch die Anzeigenargumentation: »Technisch und optisch vollkommen, daher beste *Bilder* aller Kriegserlebnisse«.

1924 entschied Ernst Leitz II, die von Oskar Barnack entwickelte *Leica* in Serie zu bauen. Sie wurde bald zu einer der berühmtesten Kameras der Welt. Eine Anzeige aus dem Jahr 1925 zeigt ein Motiv des bekannten Plakatmalers Ludwig Hohlwein, das in vereinfachter, auf Schwarzweiß-Kontraste reduzierter Form auch als Kleinanzeige geschaltet wurde (Abb. 173). Der Illustration gelang es, recht locker das Vergnügen zu verdeutlichen, das die neue »Kleinfilmkamera« auch dem Fachmann bereiten konnte.

Die »lebendigen Motive« der Zeit hatte die Firma *Voigtländer* 1938 im Visier (Abb. 174). Noch wurde nicht auf dem Schlachtfeld gekämpft (Abb. 154), aber mit der *Bessa* ließ sich auch im Frieden schon mal »scharfschießen«. Und was da im Mittelpunkt des Interesses selbst bei »Schüler[n] eine Selbstverständlichkeit«

UNTEN: Abb. 173 *Leitz*
Der Welterfolg macht auch dem Fachmann Spaß.
Farbithografie von Ludwig Hohlwein aus dem Jahr 1925 (Ausschnitt)

war, offenbarte der Inhalt des Fadenkreuzes: die Aktivitäten der Nationalsozialisten. Auch in dieser Anzeige ist das abgedruckte Foto noch nicht Demonstration des Erreichbaren, sondern Teil der vorgeführten Fotoaktion.

Andere Unternehmen wie die *Zeiss Ikon AG.* Dresden, die ihre berühmte *Contax* nicht mehr in den Handel liefern konnte, weil sie nur noch ›kriegswichtiges‹ Material herstellen durfte, versuchten mit reiner Präsenzwerbung im Bewußtsein der Käufer zu bleiben (Abb. 175). Folgerichtig enthielt eine solche Anzeige 1942 neben der abgebildeten Kamera, ihrer Bezeichnung und dem Markennamen nur noch den Hinweis auf bessere Zeiten: »Jetzt beraten lassen, im Frieden kaufen«.

Nach dem Zweiten Weltkrieg änderte sich die Werbung für Fotogeräte grundlegend, es machte sich hier wie in so vielen Bereichen der Einfluß der amerikanischen Wirtschaft bemerkbar. Nicht mehr die Kamera selbst, auch nicht das Fotografieren, sondern die mit Hilfe des beworbenen Produkts gesteigerte Lebensqualität stand nun im Mittelpunkt der Anzeigen. »Wir fahren an die See«, hieß es im Sommer 1955 in einer Werbung für *Agfa-Camera* und *Agfa-Film,* – ›und haben hinterher viele so »prächtige Fotos« wie das abgebildete, wenn wir mit *Agfa* fotografieren‹ (Abb. 176).

OBEN LINKS:
Abb. 174
Voigtländer
Diese »lebendigen Motive« verführten zum »scharfschießen«.
Aus: *Berliner Illustrierte Zeitung* 21/1938

OBEN RECHTS:
Abb. 175
Contax
Hoffen auf bessere Zeiten.
Aus: *Atlantis* 4/1942

OBEN LINKS:
Abb. 176
Agfa
Wichtig »fürs Album« waren nun neue unbeschwerte Erinnerungen.
Aus: *Stern* 30/1955

OBEN RECHTS:
Abb. 177
Linhof
Schon weit entfernt vom massenhaften Knipsen, die exklusive »Präzisionskamera«.
Aus: *Orion* 12/1953

So konnten und sollten die zurückliegenden Jahrzehnte vergessen werden, der Rückzug ins Private lenkte von den ungelösten Problemen ab. Heiles Familienleben demonstrierte das abgebildete Foto, unbeschwerte Urlaubsstimmung und eine lustige Zeichnung schufen neue Hoffnung. Kinder wie das abgebildete kleine Mädchen waren unbelastet, hatten keine Schuld auf sich geladen, das sollte festgehalten werden, neue Erinnerungen schaffen, die die alten überdeckten, sie waren »richtig fürs Album!«

Nicht alle setzten gleich auf einfachste Technik – preiswert, klein, »handlich schmuck« –, wie die massenhaft vertriebene *Agfa-Clack,* mußten sich dann aber als exklusive Luxusartikel auf poliertem Marmor präsentieren (Abb. 177). Keine Gebrauchshinweise, statt dessen Accessoires wie Porzellanfiguren und teure Tuche vermittelten bewußt den Eindruck einer teuren technischen Kostbarkeit an den ständig kleiner werdenden Kundenkreis.

Mit dem amerikanischen ›Lifestyle‹ verband sich die Siebziger-Jahre-Sexwelle

Abb. 178
Agfa
›So schön kann das Leben sein, wenn man es nur von der Konsumentenseite anpackt‹, ... will uns diese Werbesendung wohl sagen.
Aus: *Eltern* 5/1972

1972 in einer *Agfa*-Anzeige zur *LifeStory Agfacolor* (Abb. 178). Hoffnungslos amerikanisiert transportierte der Werbetext praktisch keine verwertbaren technischen Daten mehr. Wunderbar konkret formulierte er dagegen, was bei diesem einseitigen Verkaufsgespräch alles versprochen werden sollte: »Farbenfrohe Welt. Fröhliches Leben. Bunte Bilder. Life«. Da diese Inhalte jedoch recht weit vom banalen Erwerb fotografischen Materials entfernt waren, wurden sie mit dem Foto einer zärtlichen Begegnung zweier schöner junger Menschen illustriert. Ähnlich den teilweise genialen *VW-Käfer*-Anzeigen profilierte sich die Kleinstkamera *Minox* 1974 gegen den Trend (Abb. 179). Das war ihr möglich, da ihr Renommee – kein Spion ohne *Minox* – zeitweise konkurrenzlos war. Allerdings mußte sie dafür den ehemaligen *VW*-Slogan »Think small« spielerisch umkehren: »big« war sie nun wirklich nicht, aber gerade daher vielseitig einsetzbar.

Unaufhaltsam übernahmen in den siebziger Jahren mehr und mehr japanische

OBEN LINKS:
Abb. 179
Minox
Alle (Spione) lieben den *Minox*-Grundsatz »Make small«.
Aus: *ADAC Motorwelt* 5/1974

OBEN RECHTS:
Abb. 180
Canon
Gar nicht japanisch, sondern international präsentiert sich der »Welterfolg« von Canon.
Aus: *Zoom* 4/1979

GEGENÜBER:
Abb. 181
Olympus
Ein vielschichtiges Angebot an Designfreaks, Technikspezialisten, Erotikfans und – die Fotografen.
Aus: *Playboy* 12/1981

sche Hersteller die Kameramärkte der Welt. Ganz im Bewußtsein dieser Stärke präsentierte die japanische Firma *Canon* 1979 ihren Verkaufsschlager *AE-1:* »Der Welterfolg« (Abb. 180). Klug wurde jeder Hinweis auf nationale Herkunft vermieden: das perfekte internationale Konsumobjekt durfte keinerlei Neid wecken. Das gleiche galt 1981 für die *Olympus XA2.* Nur hatten sich inzwischen die Anforderungen an internationale Werbekampagnen so verschärft, daß die *XA2*-Anzeige nun praktisch alles enthielt, was zum Thema Fotowerbung bisher aufgetaucht war: genaue Darstellung der Kamera, leicht stilisierte Vorführung ihres Gebrauchs, Abbildung eines besonders spekulativen Fotos, Nutzung des nackten weiblichen Körpers zur Aufmerksamkeitserregung und vieldeutige Anzeigentexte – eine Kamera war eben schon lange nicht mehr nur ein »photographischer Apparat«.

OBEN LINKS:
Abb. 182
Faber-Castell
Körperliche Anstrengung ist die Quelle des traditionellen Handwerks.
Aus: *Velhagen & Klasings MH* 6/1925

OBEN RECHTS:
Abb. 183
Faber-Castell
Die Schornsteine rauchten, die industrielle Fertigung lief auf Hochtouren, und *A. W. Faber* entwickelte sich zum weltweit agierenden Unternehmen.
Aus: *Velhagen & Klasings MH* 8/1912

12 Von Frühindustriellen und Grafen – *Faber-Castell*

Ein Familienunternehmen, das auf eine mehr als zweihundert Jahre alte Firmengeschichte zurückblicken kann, ist der in Stein bei Nürnberg beheimatete Schreibwarenhersteller *Faber-Castell.*

Schon im siebzehnten Jahrhundert sind in Nürnberg Bleistiftmacher urkundlich erwähnt. Das dortige für Handwerksangelegenheiten zuständige Rugsamt hatte eine Klage von Vertretern des ordentlichen Schreinerhandwerks zu verhandeln, die die Herstellung der Holzfassungen für Bleistifte für sich beanspruchten – es waren zur Aufnahme von Graphitstangen genutete Holzscheite mit passenden Deckeln zusammenzufügen, zu verleimen und in eine insgesamt runde Form zu bringen.[12.1] Das Gericht entschied für die Bleistiftmacher, und 1730 wurden sie ein eigenständiges Handwerk, mit eigener Ordnung, unabhängig von den Schreinern.

Die zahlenmäßige Beschränkung der Herstellungsbetriebe führte bei ihnen jedoch wie in vielen anderen Gewerben bald zu arbeitslosen Handwerkern, die sich, ohne eine Chance auf eine Meisterstelle, außerhalb Nürnbergs, nicht erreichbar für die städtische Rechtsprechung, als ›Stümpler‹ niederließen. So wurden die genannt, die ein Handwerk ohne Genehmigung, ohne Meister und ohne Aufsichtsbehörde ausübten. Auch in Stein an der Rednitz, nach damaligen Verkehrsverhältnissen etwa eine Stunde von Nürnberg entfernt, siedelten sich Handwerksbetriebe an, die einfachste Bleistifte unter arbeitsrechtlich unkontrollierten und damit teilweise günstigeren Bedingungen als in den Städten produzierten.

Tatsächlich war die Bleistiftherstellung ein englisches Monopol; vor allem das dort verwendete, 1564 entdeckte reine Graphit war für die deutschen Stiftemacher unerreichbar. Sie waren gezwungen, auf minderwertiges böhmisches Graphit zurückzugreifen und es durch verschiedene Verfahren zu verbessern. Noch lange wurden daher in Deutschland hergestellte bessere Stifte als »raare englische Bleistifte« angeboten.

Durch einen Schwager lernte der 1730 geborene Schreinergeselle Caspar Faber in Nürnberg das Bleistifthandwerk kennen, bevor er 1761 beschloß, sich ihm ganz zu widmen – das Bleistiftunternehmen *Faber-Castell* war geboren. Sein Sohn Anton Wilhelm Faber machte sich noch zu Lebzeiten des Vaters als Bleistiftmacher selbständig und erwarb dazu 1783 in Stein ein Grundstück. Dorthin verlegte er nach Caspars Tod, 1784, die gesamte Produktion, und 1809 beschäftigte er bereits zehn Arbeiter.

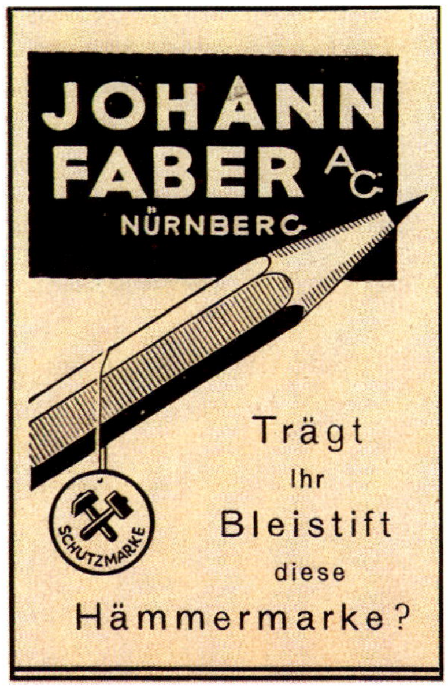

Der Enkel des Firmengründers jedoch, Georg Leonhard, der 1810 die Firma übernahm, hatte weniger unternehmerisches Glück. Er hatte schwierige Zeiten zu überwinden, die Kriege gegen Napoleon schwächten das deutsche Wirtschaftsleben, die immer größere ausländischen Konkurrenz und die zahlreichen Zollgrenzen innerhalb Deutschlands behinderten den freien Handel. All das und möglicherweise auch eine etwas anders gelagerte Persönlichkeit Georg Leonhard Fabers führten zu einem spürbaren Rückgang der Fertigungskapazitäten. Das änderte sich wiederum völlig, nachdem Lothar Faber, einer seiner drei Söhne, 1839 die Leitung der in Schwierigkeiten geratenen Fabrik übernommen hatte. Lothar, der als erster in der Generationenfolge die einem Firmenleiter entsprechende Ausbildung genossen hatte, baute *Faber-Castell* innerhalb von gut fünfzig Jahren zum erfolgreichen, weltweit agierenden Unternehmen aus. Eine Erweiterung des Schreibwarensortiments wurde von ihm ebenso energisch vorangetrieben wie der Aufbau zahl-

OBEN LINKS:
Abb. 184
Faber-Castell
»Polygrade Bleistifte« waren eines der Erfolgsrezepte von *A. W. Faber* – aber wieso eigentlich *Blei*stifte?
Aus: *Kosmos* 12/1930

OBEN RECHTS:
Abb. 185
Johann Faber
Bruder Johann stellte auch Bleistifte her, zeitweise sogar erfolgreicher.
Aus: *Velhagen & Klasings MH* 12/1924

OBEN LINKS:
Abb. 186
Faber-Castell
Jede Menge *Castelle,* zur Abgrenzung von der unliebsamen Verwandtschaft.
Aus: *Velhagen & Klasings MH* 8/1928

OBEN RECHTS:
Abb. 187
Faber-Castell
Große Stifte für große Kunst, in zeitgemäßer Verzierung.
Aus: *Die Kunst* 4/1930

reicher ausländischer Fertigungsstätten. Es war sicher sehr bitter für ihn, als 1893 sein einziger Sohn und designierter Nachfolger, Wilhelm, zu Grabe getragen wurde; nur knapp drei Jahre später starb er selbst.

Ihm folgte in der Firmenleitung 1898 der von seiner Frau als Teilhaber aufgenommene Mann einer Enkelin, Graf Alexander zu Castell-Rüdenhausen. Dieser ließ den Firmennamen mit dem des eigenen Adelsgeschlechts verbinden, und so entstand der Doppelname *Faber-Castell* – das Unternehmen hatte bis dahin *A. W. Faber* geheißen, nach dem Sohn des Firmengründers.

In den frühen Anzeigen von *Faber-Castell* tauchte neben dem Hinweis auf die besondere Qualität der angebotenen Bleistifte häufig der bildhafte Hinweis auf deren handwerkliche Fertigung auf; rauchende Fabrikschlote symbolisierten daneben die industriellen Ausmaße des Prozenten der schlicht »besten Bleistifte der Gegenwart« (Abb. 182, 183).

Seit 1905 wurden die meisten Bleistifte mit dem zusätzlichen Wort *Castell* und zwei seitlich ausgerichteten Schlössern gekennzeichnet. Das lag nicht nur am neuen Firmeneigner, sondern auch an der namensgleichen Konkurrenz aus Nürnberg und den USA. Beide Brüder des 1863 geadelten Lothar von Faber, Eberhard und Johann, hatten sich nämlich als Bleistiftproduzenten selbständig gemacht, möglicherweise, um dem Führungsanspruch des übermächtigen Bruders entgegenzuwirken. Vor allem Johann in Nürnberg war ein ebenbürtiger Mitanbieter, zeitweilig stellte er sogar mehr Stifte her als die Steiner (Abb. 185). In den dreißiger Jahren kam es dann zunächst zu einer Annäherung, später zu einer Übernahme der Firma *Johann Faber* durch *A. W. Faber-Castell.*

Auch die NewYorker Firma *Eberhard Faber,* ursprünglich *A. W. Faber*-Tochtergesellschaft, die den Ersten Weltkrieg als rein amerikanische Firma überstanden hatte, warb 1944 in Deutschland, jedoch ist zu vermuten, daß sie zu diesem Zeitpunkt deutsche Inhaber hatte (Abb. 189).

OBEN:
Abb. 188
Faber-Castell
Es tut sich was: ganz langsam löst sich *Faber* von seinem Ahnen Anton Wilhelm und rückt auf das *Castell* zu, aber immer noch werden ausschließlich Bleistifte beworben.
Aus: *Velhagen & Klasings MH* 11/1931

UNTEN:
Abb. 189
Eberhard Faber
Die Firma von Lothars Bruder Eberhard war erst deutsch, dann amerikanisch – nun wieder deutsch?
Aus: *Die Kunst* 4/1944

Wie die Anzeige Abbildung 188 belegt, rückten die Namen *Faber* und *Castell* zunehmend deutlich vom ursprünglichen Anton Wilhelm ab und aufeinander zu. In der breitenwirksamen Zeitungs- und Zeitschriftenreklame wurde aber immer noch fast ausschließlich mit Bleistiften geworben (Abb. 184, 186, 187). *Blei*-Stifte übrigens deshalb, weil das, was 1564 in Cumberland, England an besonders reinem Graphit gefunden worden war, lange Zeit für Blei gehalten wurde; wissenschaftliche Materialprüfung entwickelte sich erst im neunzehnten Jahrhundert.

Nach dem Zweiten Weltkrieg erschien *Faber-Castell* dem allgemeinen Trend entsprechend farbig, fast fröhlich, und, ganz im eigenen Sinne, gemalt (Abb. 190). Neue Adjektive – »brillant geschmeidig« – ergänzten das geänderte Erscheinungsbild; aus den Farbstiften wurde, nun amerikanisch, *Castell Color.* Allerdings war mit der weltweiten wirtschaftlichen Wiedereingliederung Westdeutschlands der Konkurrenzdruck gestiegen; mehr und mehr sah sich *Faber-Castell* genötigt – »Deshalb diese Anzeige«-, sein breites Angebot – »3.400 Artikel« – im öffentlichen Bewußtsein zu verankern: »Wir machen nämlich mehr als nur Bleistifte« (Abb. 191). Zunächst geschah das auf dem sicheren Hintergrund der jahrhundertealten Tradition: »Die meisten Leute sagen uns nach, daß wir die berühmtesten Bleistiftmacher sind«. Aber es wurden nun auch offen die Nachteile einer solchen Prominenz angesprochen: »Also wird es Zeit, daß unser Ruf unseren Fortschritt einholt«.

Doch auf Dauer schien das nicht ausreichend zu sein; nach über zweihundert Jahren nahm *Faber-Castell* im Jahr 1969 demonstrativ und öffentlich Abschied von dem Image, das die Firma zu einem der

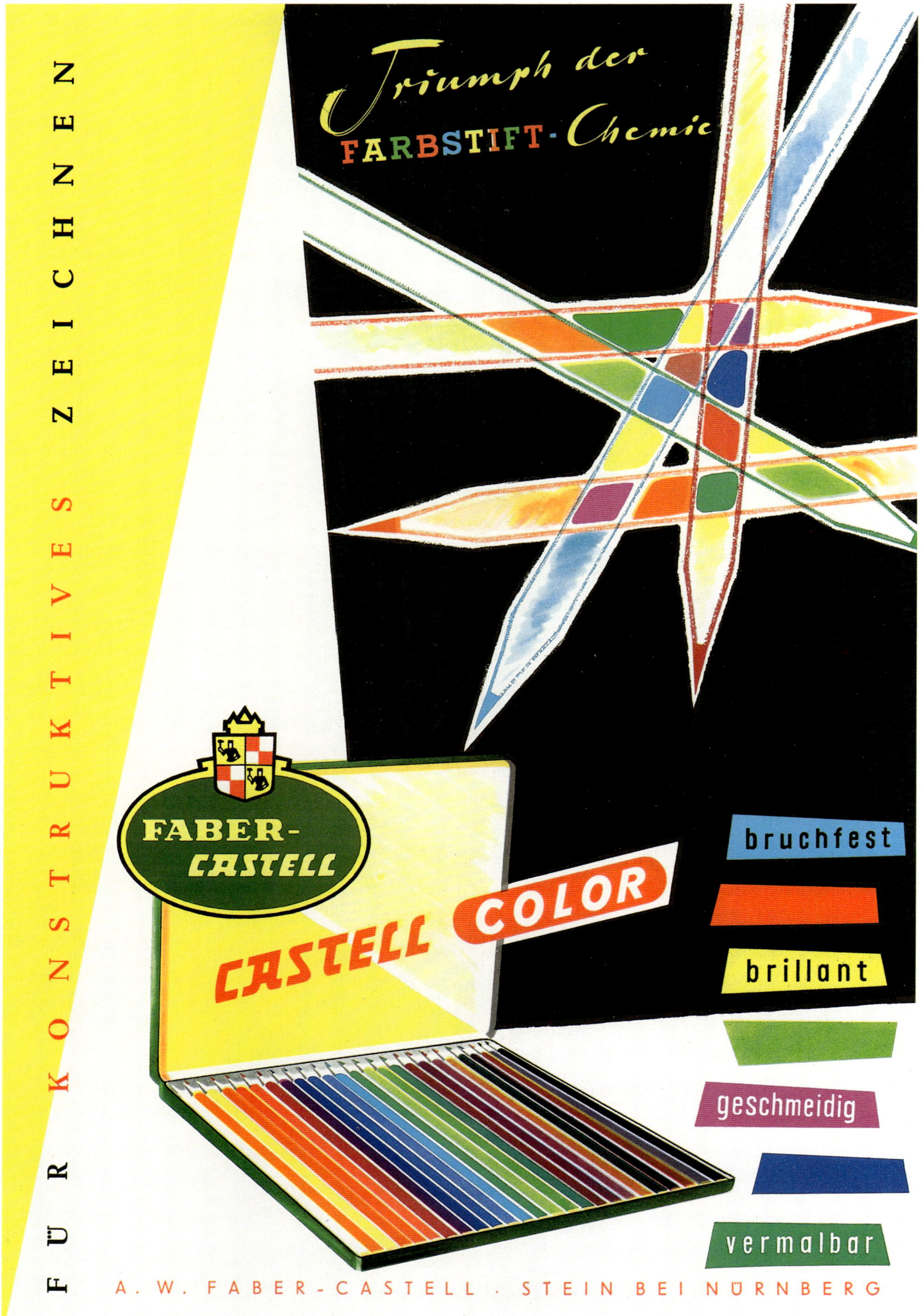
Triumph der
FARBSTIFT-Chemie
FÜR KONSTRUKTIVES ZEICHNEN
FABER-CASTELL
CASTELL COLOR
bruchfest
brillant
geschmeidig
vermalbar
A. W. FABER-CASTELL · STEIN BEI NÜRNBERG

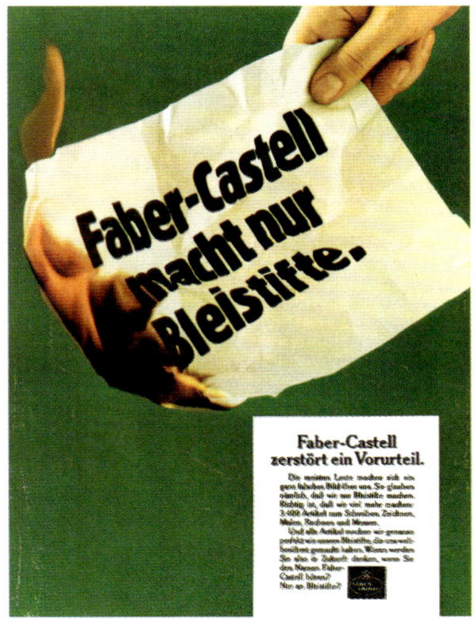

ältesten Unternehmen Deutschlands hatte werden lassen (Abb. 192). Unter dem starken Konkurrenzdruck hatte es sich als zu großer Nachteil erwiesen, daß so viele Kunden hinter dem traditionsreichen Namen lediglich den Bleistifthersteller sahen. Der Sortimentsumstellung auf neue Märkte – *Faber-Castell* stellte zum Beispiel schon 1949, als erste deutsche Bleistiftfabrik, Kugelschreiber her – folgte nun die notwendige Anpassung des eigenen Images, das öffentliche an die ›Zukunft Denken‹ - in der Werbung. Und die hatte nun nicht nur eine neue Nachricht möglichst effektiv zu verbreiten, sondern vor allem ein in über zweihundert Jahren schwer und behäbig gewordenes Vorurteil aus der Welt zu schaffen – eine schwere Aufgabe.

GEGENÜBER:
Abb. 190
Faber-Castell
Ein befreiter, fast fröhlich-bunter Schritt weg vom Diktat des grünen Bleistifts.
Beilage aus: *Innendekoration* 5/1955

OBEN LINKS:
Abb. 191
Faber-Castell
Vergangenheit und Zukunft eines Schreibwarenunternehmens treffen in aller Öffentlichkeit aufeinander.
Aus: *Westermanns MH* 4/1969

OBEN RECHTS:
Abb. 192
Faber-Castell
Es sind drastische Maßnahmen nötig, um zweihundert Jahre aus dem öffentlichen Bewußtsein zu löschen.
Aus: *Epoca* 3/1969

zur
650-Jahrfeier
der Stadt
Moers
MOERS RUFT
NIEDERRHEINISCHE WIRTSCHAFTSSCHAU 14.-23. Juli

13 Mit Schwung ins Wirtschaftswunder

Am 7. Mai 1945 unterzeichnete Generaloberst Alfred Jodl im Auftrag der deutschen Reichsregierung in Reims die bedingungslose Kapitulation der deutschen Wehrmacht. Nach siebzig Monaten endeten damit die Kampfhandlungen des Zweiten Weltkrieges, des bis dahin schrecklichsten Krieges der Geschichte, der unvorstellbares Leid über die beteiligten Völker gebracht hatte. 55 Millionen Menschen fielen ihm zum Opfer, davon über 25 Millionen Zivilisten; 35 Millionen wurden verwundet, zwei Millionen vermißt. Die Nationalsozialisten hatten fast sechs Millionen Juden in Konzentrationslagern umgebracht.

Der Hauptschuldige, Adolf Hitler, hatte sich zu diesem Zeitpunkt der Verantwortung schon durch Selbstmord entzogen. Im sogenannten Nürnberger Prozeß wurden später zwölf Personen als »Hauptkriegsverbrecher« vom Internationalen Gerichtshof zum Tode verurteilt, vorwiegend hohe Funktionäre der Nationalsozialistischen Partei.

Nicht nur in Deutschland waren zahlreiche Städte zum Teil stark zerstört, die Versorgungslage der Bevölkerung war katastrophal – vor allem in den ersten Nachkriegsjahren. Die industrielle Produktion war zum Stillstand gekommen, akuter Lebensmittelmangel und fehlende Transportmöglichkeiten stellten die Menschen vor fast unlösbare Probleme. Da viele Männer gefallen, vermißt oder noch in Gefangenschaft waren, waren es vornehmlich die Frauen, die neben ihrer eigenen auch die Existenz ihrer Kinder sowie der älteren Angehörigen sichern mußten. Zu den Pflichtarbeiten ›Enttrümmern‹ und ›Wiederaufbau von Industrieanlagen‹ wurden sie herangezogen, ohne jedoch dafür die gleiche Entlohnung wie die beteiligten Männer zu erhalten. Viele Menschen waren gezwungen, sich durch Schwarzhandel und Tausch das Notwendigste zu verschaffen, Kaffee und Zigaretten wurden zur Ersatzwährung – häufig ging es ums nackte Überleben.

Entgegen früheren Plänen, zum Beispiel dem des amerikanischen Staatssekretärs Henry Morgenthau, der die völlige Entmilitarisierung, Demontage und Aufteilung Deutschlands vorsah, liefen schon 1947 erste Aufbauhilfen an – aus Amerika und Großbritannien. Der wirtschaftliche Vorkriegsstatus sollte wieder erreicht, geplante Demontagen nur noch in geringem Umfang durchgeführt werden.

Der zunehmenden Konfrontation mit der UdSSR begegneten die USA mit einer verstärkten finanziellen Unterstützung Westeuropas und damit auch der westdeutschen Besatzungszonen. Europa sollte als Bollwerk gegen expansive kommunistische Tendenzen zum leistungsfähigen Handelspartner und Absatzgebiet für amerikanische Waren entwickelt werden. Das bedeutete nicht nur eine wirtschaftliche Stärkung Deutschlands – aufgrund des Marshallplans wurden 1,3 Milliarden Dollar an Devisenhilfe geleistet –, sondern auch eine schrittweise Entlassung in die politische Souveränität. Selbst die militärische Unterstützung, später die Wiederbewaffnung, wurde in diesem Rahmen beschlossen – der sogenannte »kalte Krieg« hatte begonnen.

Für die Menschen in Deutschland hatte jedoch der 21. Juni 1948 zunächst größere Bedeutung. Im Zuge der von den westlichen Alliierten durchgeführten Währungsreform erhielt jeder Deutsche zuerst 40 DM, später noch einmal 20 DM; Firmen bekamen für jeden Arbeitnehmer 60 DM als Investitionskredit. Bankguthaben wurden 100 zu 6,5 abgewertet, Sach- und Produktivvermögen blieben unangetastet.

GEGENÜBER:
Abb. 193
Niederrheinische Wirtschaftsschau
Die niederrheinische Tiefebene in perfekten Fünfziger-Jahre-Schwüngen. Farblithografie von 1950

OBEN:
Abb. 194
Stollwerck
Standardtänze, gute Umgangsformen und tadellose Manieren in einer intakten, aber völlig unpolitischen Formation waren als Gesellschaftsspiel jetzt besonders gefragt.
Aus: *Programmheft der Bühnen der Stadt Köln* 1955/56

Abb. 195
Gossen
Elipsenförmige Seifenblasen, die sich jeder Berechenbarkeit entziehen.
Aus: *Orion* 7/1957

Fast blitzartig füllten sich die bis dahin leeren Schaufenster der Geschäfte, es war ganz offensichtlich weitaus mehr ›gehamstert‹ worden als vorher angenommen. Die wirtschaftliche Gesamtsituation in Westdeutschland stabilisierte sich in der Folge zunehmend.

Knapp ein Jahr danach trat das vom Parlamentarischen Rat ausgearbeitete Grundgesetz in Kraft, die Bundesrepublik Deutschland wurde damit gegründet; zum ersten Bundeskanzler wurde am 15. September 1949 der Kandidat der CDU, Konrad Adenauer, gewählt. Seine auf wirtschaftliche Stabilisierung ausgerichtete Politik war in der Tendenz eher restaurativ, eine Aufarbeitung der Vergangenheit fand praktisch nicht statt. Der Einfluß Amerikas, seiner Kultur, seiner Werte nahm ständig zu; Filme, Literatur, Kunst aus Übersee gerieten immer mehr ins öffentliche Blickfeld. Englischsprachige Musik, vor allem der amerikanische Rock n' Roll eroberte die Herzen der westdeutschen Jugendlichen. Am ersten Weihnachtsfeiertag 1952 erlebte das Fernsehen seine öffentliche Wiedergeburt (nachdem es schon 1936 in 27 Berliner ›Fernsehstuben‹ die Olympiade übertragen hatte).

In dieser Phase war Werbung im ursprünglichen Sinn, also zur Verkaufsförderung und Umsatzsteigerung, nicht notwendig; die Nachfrage übertraf die Produktion sowieso bei weitem. Konkurrenzkämpfe entfielen daher ebenso wie differenzierte Werbestrategien, der Nachweis der Wiederverfügbarkeit von Waren war Hauptziel der Anzeigen. Hier lag auch ihre wichtigste, weit über die eigentliche Aufgabe hinausgehende Mission: Hoffnung auf Verbesserung zu transportieren, ja, als realer Beleg der fortschreitenden wirtschaftlichen Erholung zu erscheinen, zum Beipiel in Form von Plakaten als verschönernde Farbklekse in den zerstörten Städten. Die Anzeigen entsprachen in keiner Weise den tatsächlichen Verhältnissen, ihre meist idealisierenden Darstellungen schufen eine materialistische Gegenwelt, in der die Erinnerung an die schreckliche Vergangenheit erfolgreich durch einen neuen Zukunftsglauben ersetzt werden konnte. In dieser Hinsicht waren sie aktiv beteiligt an der Verdrängung der nationalsozialistischen Ära und verhinderten eine Aufarbeitung ihrer Ursachen.

Was die Gestaltung der Nachkriegsanzeigen anbetraf, so schuf die Unabhängigkeit von ökonomischen Zwängen die notwendige Freiheit zur Bildung völlig neuer optischer Erscheinungsformen. Die waren nämlich dringend nötig, da die Sehgewohnheiten, auf die effektive Werbung zurückzugreifen gewohnt war, vor allem die der zurückliegenden fünfzehn Jahre, durch die nationalsozialistische Ikonographie bestimmt und damit unbenutzbar geworden waren.

Es mußte praktisch aus dem Nichts Neues kreiert und unerprobte Lösungen realisiert werden, was zu einer ungewöhnlichen Experimentierfreude und Vielfalt in der Werbegestaltung führte. Neue Techniken wie der Vierfarbdruck in den Illustrierten, weiterentwickelte Rasterverfahren im fotografischen Bereich und bessere Druckmaschinen boten den Grafikern zusätzliche Möglichkeiten.

Als herausragender formaler und sicher typischster Ausdruck der Fünfziger-Jahre-Werbung darf die sogenannte Nierenform angesehen werden. Auch wenn sie nicht immer in reiner Form auftrat, so ist die enorme Verbreitung in ihrer zwar kurzen aber heftigen Blütezeit – von etwa 1953 bis 1956 – bemerkenswert. Ihre Herkunft ist ebenso schwer zu klären wie die Gründe für ihre außergewöhnliche Akzeptanz. Diesbezüglich äußerte sich im Oktober 1955 ein Gutachten der *Gesellschaft für Marktforschung m.b.H. Hamburg* etwas

hilflos. Das Institut hatte vier verschiedene Seifenverpackungen einer neu einzuführenden Markenfeinseife getestet und dabei ein mit einer Nierenform geschmücktes Seifenmuster »S« mit großem Abstand vorne gesehen. Zu dem überraschend klaren Ergebnis vermerkten die Verfasser der Studie in einem Schlußkommentar: »Ausgehend von den überwiegend positiven Stimmen für das Muster S wäre zu überlegen, ob nicht eine Begutachtung der Muster durch einen geschulten Psychologen vielleicht die Gründe aufzeigen kann, die das hier festgestellte Ergebnis irgendwie erklären«.

Möglicherweise käme ein Tiefenpsychologe tatsächlich zu einem greifbaren Resultat, zum Beispiel dem, daß die umfassende Präsenz der Niere als reinigendes Organ in der Gestaltung der Lebenswelt der fünfziger Jahre eine Visualisierung des Wunsches nach Reinwaschung von der

Abb. 196
Mipolam
Ein überaus ästhetisches Angebot, in die oberen Etagen aufzusteigen.
Aus: *Innendekoration* 6/1954

No 4711.
für alle die wir lieben
DM 14.– bis 45.–
DM 18.– 25.–
DM 11.–
DM 3.50 bis 8.25
DM 6.75 9.50

Kollektivschuld der Kriegsgeneration darstellte. Andere Erklärungsversuche greifen etwas pragmatischer auf die in den Fünfzigern herrschende emotionale Stimmung zurück. Der enorme Arbeitseinsatz für den so sehr herbeigesehnten wirtschaftlichen Auf-*Schwung* erzeugte jene Dynamik, die von der wie in eine unkontrollierte Kreisbewegung geratenen Nierenform symbolisiert wurde. Daß auch in den USA Kurvenlinien zu dieser Zeit en vogue waren, wenn auch meist zur *streamline* gestreckt, sei hier nur am Rande erwähnt. Schließlich muß noch das Vorkommen dieser besonderen Form in der Kunst angesprochen werden; vor allem der Maler und Bildhauer Hans Arp war schon früher mit seinen von abstrakten, organisch fließenden Rundungen geprägten Skulpturen an die Öffentlichkeit getreten. Tatsächlich hatte er sich für seine schwungvollen, von ihm »konkret« genannten Naturformen von medizinischen Organmodellen inspirieren lassen.

Die auflagenstärkste Frauenzeitschrift der fünfziger Jahre – 1957 erreichte sie 8,5 Millionen Leserinnen und Leser – *Constanze*, begrüßte im Februar 1953 die ersten sogenannten »Nierentische« euphorisch: »Keine handwerkliche Verzierung stört das Gleichgewicht der Linien«, kein »angeklebter Schnörkel« und kein »falscher Putz«. Sie sprach von »praktisch, originell [. . .] abwaschbar und pflegeleicht«, das vorgestellte Design »hatte Sinn« und war vor allem »neu!« [13.1]

Im Sommer 1950 beging die Stadt Moers ihre »650-Jahrfeier« in Verbindung mit einer »niederrheinische[n] Wirtschaftsschau« unter dem Motto »Moers ruft« (Abb. 193). Der Grafiker Werner D. Zimmermann, ein ehemaliger *Bauhaus*-Schüler, entwarf dafür ein Plakat, das in weiten, fast abstrakten Schwüngen eine Landschaft darstellt. Ein blaues Band, das als der Fluß Rhein, an dem Moers liegt, zu identifizieren ist, wird von zwei weißen Kurvenlinien reizvoll umspielt. Zu den tatsächlichen Zuständen schuf dieses abstrakt idealisierende Bild den größtmöglichen Abstand und war in seiner klaren, freien Weite sicher ein willkommener Gegensatz zur ebenso hochtrabenden wie kleinkarierten formalen Strenge der Nazi-Proganda.

Einige ähnlich schwungvolle Linien beherrschen die *Stollwerck*-Anzeige Abbildung 194 aus dem Jahr 1955. Zu den wenigen Freuden des Fünfziger-Jahre-Alltags gehörten Tanzbälle – wenn die Männer zurückgekehrt waren. Diese ersehnten »frohe[n] Stunden« suchte der Kölner Schokoladenhersteller mit seinen nicht

GEGENÜBER:
Abb. 197
Mülhens/4711
»Nach der Fresswelle
kam die Luxuswelle.«
Aus: *Revue* 52/1955

OBEN LINKS:
Abb. 198
Delial
Ein Filter gegen »verbrennende«
Strahlen, damit nur »bräunende« und
»gesundheitsfördende« auf die Haut
einwirkten.
Aus: *Stern* 22/1956

OBEN MITTE:
Abb. 199
Triumph
Königin im Halbrock, dank *Triumph*.
Aus: *Film und Frau SH* 1/1953

OBEN RECHTS:
Abb. 200
Felina
Bei einer derart perfekten
Verkörperung aller Chauvi-Träume
brauchte sich niemand zu genieren,
. . . oder wie?
Aus: *Das Beste aus Reader's Digest*
5/1956

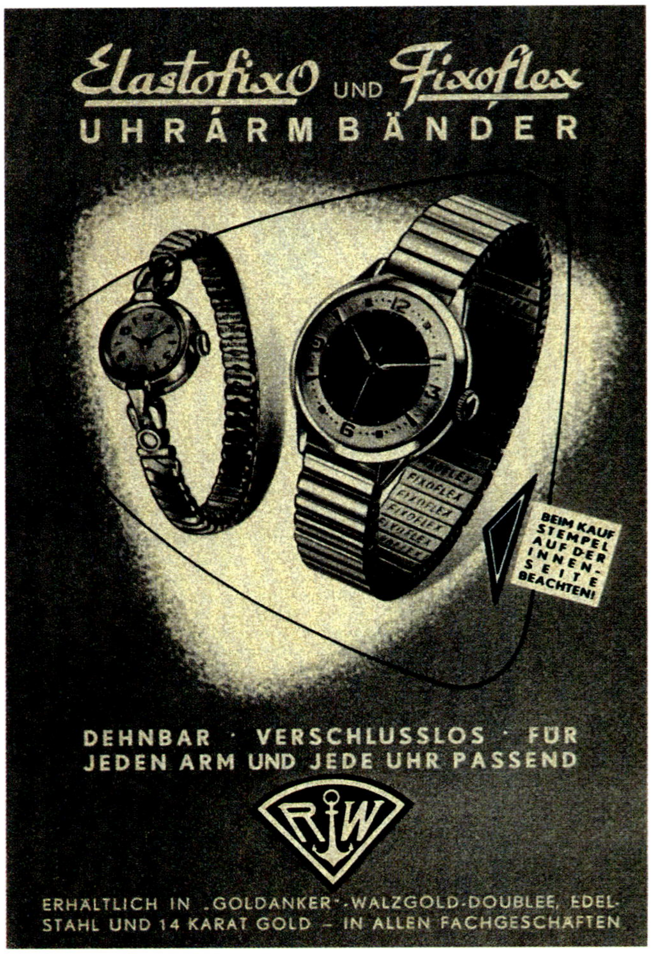

OBEN LINKS:
Abb. 201
RW-Anker
Uhrenarmbänder für sie und ihn.
Aus: *Das Beste aus Reader's Digest* 8/1957

OBEN RECHTS:
Abb. 202
Zentra
Die Uhr für *sie* ist apart und modisch, die für *ihn* ist wertvoll und automatisch.
Aus: *Das Beste aus Reader's Digest* 11/1958

weniger gefragten »Süßigkeiten« zu krönen. Unpolitische Standardtänze und gute Umgangsformen ersetzten kurz zuvor abgeschaffte ›Bräuche‹, der Herr senkt den Kopf und küßt der Dame die Hand; gleichberechtigt wie selten erscheint die Frau in dieser Anzeige. Mode wurde wieder bewußt erlebt, am besten schulterfrei, wie von den amerikanischen Filmstars vorgeführt. Das *Stollwerck*-Logo selbst gab sich noch nicht ganz so gepflegt, eher ein wenig martialisch, denn eichenlaubbekränzt waren eigentlich vor allem die – 1955 sicher noch zahlreich vorhandenen – NS-Embleme.

Daß die wirtschaftliche Erholung schon 1957 sehr weit fortgeschritten war, belegt eine Werbung der Firma *Gossen:* »Sixtry der dreifachmessende« Belichtungsmesser wurde unter dem Motto »3 = 1« in einer Anzeige mit zahlreichen Nieren und Elipsenformen vorgestellt (Abb. 195). Aus dem Halteband waren schwungvolle Kreislinien entwickelt, aus dem Gerät abgerundete Flächen, die sich jeweils – Seifenblasen ähnlich – nach oben schwebend wiederholten und auflösten. Sie vermittelten so einen insgesamt leichten, unbelasteten Eindruck, der einen klaren Kontrast zum Druck des kalten Krieges, zur Angst, atomarer Kriegsschauplatz zwischen den Blöcken zu werden, bildete. Wiederum im Gegensatz zur formalen Strenge der nationalsozialistischen Ikonographie stehend, schienen diese lockeren Silhouetten jede geometrische Berechenbarkeit, ja Faßbarkeit verhindern zu wollen.

Deutlich erkennbar, wenn auch stilisiert, war die Freitreppe, mit der die Firma *Mipolam* im Juni 1954 für ihre »Handlaufprofile« Werbung machte (Abb. 196). Keinerlei lobende Produktbeschreibung, nicht ein Hinweis auf Verkaufsstellen oder Preise, keine wiedererkennbare Artikelabbildung, nur einen fast theatralisch inszenierten Aufgang enthielt die Anzeige. Der aber bot alles, was die besondere Nachkriegssituation erforderte. In makello-

ser Ästhetik lud er ein zum Aufstieg in obere Etagen, aus dem Dunkel ins Licht, geführt von den rot abgesetzten Linien des Handlaufs, die die Stufen schwungvoll umspielen. Durch die dreidimensionale Wirkung der Zeichnung läuft die Treppe bis zum Standort des Betrachters und fordert ihn geradezu auf, sie zu benutzen. Die ganze Anzeige strahlt eine ästhetische Harmonie aus, die ihre Wirkung auf der emotionalen Ebene sicher nicht verfehlte.

Auf nicht ganz so hohem Niveau, dafür dicht am Konsumgeschehen – »Nach der Fresswelle kam die Luxuswelle« – blieb die Firma *Mülhens* im Weihnachtsgeschäft des Jahres 1955 (Abb. 197). Überladen – wie die abgebildete junge Frau, die hatte das alles offenbar schon gekauft – wirkt die ganze Anzeige: sechs Weihnachtspakete stehen den sechs *4711*-Artikeln gegenüber. Der Wunsch nach Überfluß war hier trefflich ins Bild gesetzt. Die beiden durch

Abb. 203
North State
Auf Reisen gibt man(n)
sich besonders ungezwungen.
Aus: *Das Beste aus Reader's Digest*
9/1952

Abb. 204
Matheus Müller
Das aktuelle formale Muster hält den ›großen deutschen Sekt‹ auf der Höhe der Zeit.
Aus: *Das Beste aus Reader's Digest* 12/1957

Beschneidung stark abgerundeten Hintergrundflächen ergaben wiederum im weitesten Sinn nierenähnliche Formen, allerdings ohne jeden gestalterischen Zusammenhang zu den beworbenen Produkten; die Anzeige nutzte lediglich ein aktuelles Muster ihrer Zeit.

Ähnliche Gründe dürften auch die Grafiker der Firma *Bayer* 1956 bei der Gestaltung der *Delial*-Werbung zum Einsatz der abgerundeten dunklen Hintergrundfläche bewogen haben (Abb. 198). Diese mußte optisch gestützt werden, wie die beiden aufrechten Geraden im rechten Bildrand belegen. Zu gleichmäßig war die Verteilung der einzelnen Bestandteile, zu viele verschiedene grafische Richtungen wurden gleichzeitig verfolgt, als daß die besondere Nierenform allein die Anzeige hätte dominieren können. Der Text erklärte vergleichsweise umständlich den Sinn und Effekt von Lichtschutzmitteln, und trennte dabei recht gewagt zwischen »verbrennenden« und »bräunenden« Strahlen, die gleichzeitig zu »gesundheitsfördernden« erkärt wurden.

Folgerichtig wurde auch eine »bräunende Lichtschutzcreme« angeboten, die allerdings, in der Dose, mehr den Eindruck einer heilenden Salbe vermittelte und so zu eher sparsamem Gebrauch anregte – daß sie vom Ellbogen der abgebildeten Frau und dem Firmennamen reizvoll durchbrochen wird. »Das neue Meister-Modell«, eindeutig noch ein strenger ›Figurformer‹, wird im Schlafzimmer vorgeführt, von einer jungen Frau im Halbrock, die einen etwas neckischen letzten Blick in den Spiegel wirft, bevor sie sich – vielleicht – ganz ankleidet. Denn sie hat ihren Schmuck schon angelegt, und frisiert und geschminkt ist sie ebenfalls.

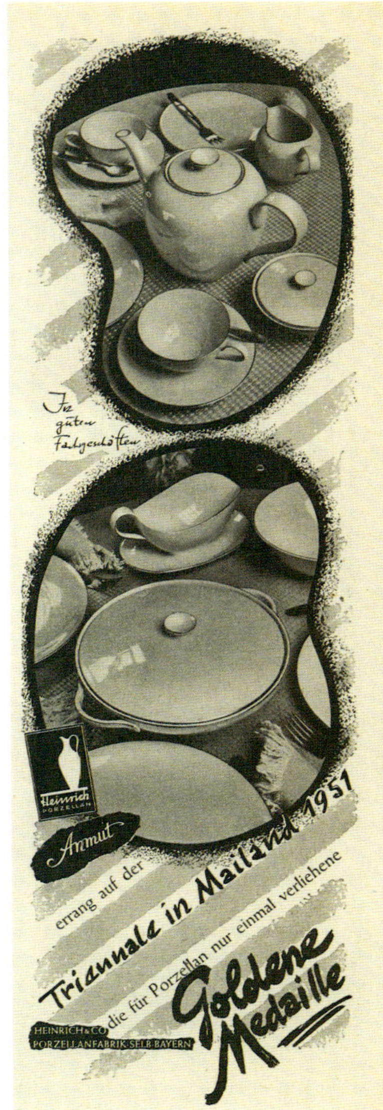

im Sinne aller Beteiligten ist diese Verpakkungsform fünfzig Jahre später fast völlig verschwunden.

Im Mai 1953 bewarb die Firma *Triumph* ihr Büstenhaltermodell »1953« mit Anzeigen wie der von Abbildung 199. Wiederum ist die Werbefläche zur Nierenform beschnitten, auf die nun jedoch die gesamte Gestaltung eingeht. Eine schwungvolle Rahmenlinie umfaßt die besondere Form und adelt sie mit der *Triumph*-Krone; was aber nicht verhindert,

Weitaus ›moderner‹ mag da drei Jahre später die Darstellung des Oberteils bei *Felina* gewirkt haben (Abb. 200). Ein ›lockerer Heber‹ fürs große Dekolleté und ein Hüftgürtel werden von einer selbstbewußt blickenden jungen Frau präsentiert, die es nicht zu stören scheint, daß sie von so vielen Zuschauern beim Telefonieren in Unterwäsche beobachtet wird. Was die inzwischen weiterentwickelten Dessous an ›Zurechtformung‹ nicht mehr leisteten, übertraf der Zeichner um ein Vielfaches

LINKS:
Abb. 205
Krautheim
Unbeschwert treibt das das niveauvoll präsentierte Tablett im Anzeigengewirr der Zeitungsseiten.
Aus: *Constanze* 18/1956

RECHTS:
Abb. 206
Heinrich
Gesamtkunstwerk mit Porzellan.
Aus: *Westermanns MH* 7/1952

OBEN:
Abb. 207
Heinrich
Sensibel ›beschnittene‹ Fotografien passen sich auch traditionellen Verkaufsobjebten nierenförmig an.
Aus: *Die Kunst und Dekoration SH* 7/1954

GEGENÜBER:
Abb. 208
Bellinda
Ein Hauch von Strumpf treibt durch die laue Frühlingsluft.
Aus: *Constanze* 8/1955

durch die übertriebene Figurverzerrung. Nun sollten die Frauen ihre Kurven nicht mehr mit Hilfe entsprechender Unterwäsche besonders zur Geltung bringen, die Trauben sind deutlich höher gehängt, sie sollten von Natur aus so aussehen wie Pin-up-Girls, auf die diese Darstellung die Frauen reduzierte.

Wie weit die wirtschaftliche Wiedereingliederung Deutschlands in den weltweiten Handel inzwischen fortgeschritten war, offenbarte ein Satz im Kleingedruckten: »Frauen in über 50 Ländern tragen *Felina*«.

Etwas von dem so offen zur Schau getragenen Selbstbewußtsein der amerikanischen Besatzungssoldaten symbolisierten die elastischen Metallarmbänder, wie sie 1957 in der Anzeige Abbildung 201 von der Firma *Rodi & Wienenberger* beworben wurden. Sie wirkten locker, waren extrem einfach in der Handhabung, »dehnbar«, vor allem »verschlußlos« und »für jeden Arm und jede Uhr passend«. Zwei abgerundete Dreiecke schufen der Anzeigenillustration einen Hintergrund, der stark an die zu dieser Zeit hochaktuellen Stoffdessins erinnert. Klar getrennt, gab es für *ihn* das große, stabile, einfacher gestylte Band mit dem hart klingenden Namen *»Fixoflex«*, für *sie* das zartere, schmuckähnlich verzierte, mit der melodiösen Bezeichnung *»Fixoflexo«*. Die zwei Worte verbanden geschickt ein Stabilität vermittelndes »Fix« mit dem Aspekt der ›Elastizität‹, beziehungsweise ›Flexibilität‹. Trotz der unterschiedlichen Profilierungen wurden aber beide Bänder völlig gleichberechtigt in »14 Karat Gold« angeboten – beim Geld endete offenbar die Verpflichtung zum Hinweis auf das richtige geschlechterspezifische Rollenverhalten.

Ähnliches galt für die Uhrenindustrie selbst, wie eine Anzeige für die *Zentra*, »die Uhr mit der bundesweiten Gemeinschafts-Garantie« ein Jahr später demonstrierte (Abb. 202). Das »Modell für den Herrn«, *Royal* genannt, war groß, eher konservativ im Design, dafür ein besonders stabiles »Original Schweizer Fabrikat«, dessen »Edelstahlgehäuse« mancher mechanischen Belastung standhielt. Damit er seine Termin korrekt einhalten konnte, hatte sie eine »Datumsangabe« und verfügte – »Männer müssen immer alles ganz genau wissen« – über einen Sekundenzeiger. Belastet werden durften die Herren der Schöpfung aber nicht durch ihre Uhren, daher besaßen sie einen automatischen »Selbstaufzug«. »Apart« war dagegen das Modell für *sie* »in neuer Linie«; das Gehäuse trug eine »Goldauflage«, das Zifferblatt war »von schlichter Eleganz« – in leicht geometrisierter Nierenform.

Die Geschlechterrollen spielten auch in einer *North-State*-Anzeige von 1952 eine dominierende Rolle (Abb. 203). *Sie* war eigentlicher Mittelpunkt der Illustration, aber mit welchen Nachteilen. Aufwendig herausgeputzt, mit allen Accessoires weiblicher Tugend versehen, sitzt sie mit angewinkelten Armen vergleichsweise steif; trotz der sommerlichen Ausstrahlung der südlichen Szene trägt sie Halstuch und Handschuhe. *Er* dagegen hängt bequem und breitbeinig in seinem Stuhl, betont lässig zeigt seine Zigarette nach unten, sein Anzug knittert und wirft Falten; *er* ist demonstrativ unabhängig von plumpen Äußerlichkeiten. ›Luxuriös wie ein US-Bürger Südeuropa bereisen‹, war das hier vorgeführte Wunschbild, und es ergab sich – im nierenähnlichen Bildausschnitt – aus dem Rauch einer der angeboteten amerikanischen Zigaretten.

Wie schon zu sehen war (Abb. 99), nutzte auch die Sektkellerei *Matheus Müller* die Nierenform in leicht ›modernisierter‹ Version für ihre Werbung. Die vergleichsweise progressiven Ecken waren schon 1957 zur optischen Aktualisierung des ›großen deutschen Sekts‹ notwendig, denn außer der nur indirekt vermittelten Steigerung zur »Auslese« wie die einfache

Frühlings-
Eleganz
...und
VATTER & PALME
Strümpfe
Kalkreuth
von
Bellinda

Seitdem sie UHU-Line hat,
sitzt ihre Bluse immer glatt,
auch profitiert ihr Mann dabei,
sein Oberhemd bleibt knitterfrei.
Der Mann so flott, die Frau so schick,
da weiß man auf den ersten Blick:
La 17
ahaa-auch UHU-Line!
UHU-WERK H. u. M. FISCHER · BÜHL/BADEN

Präsention der tradionellen Flasche eher in die Vergangenheit. Die Verse klangen inzwischen doch schon etwas betagt und was wenige Jahre später geändert wurde (Abb. 100), war hier noch üblich: die Kundschaft wurde geduzt (Abb. 204).

Im Sommer 1956 lancierte die Porzellanmanufaktur *Krautheim* eine grafisch ansprechende Anzeige für ein Teeservice (Abb. 205). Ganz dem Trend der Zeit sich fügend, vermied sie jeden rechten Winkel, schuf in lockeren Schwüngen eine schöne Verbindung zwischen Fotografie und Text und fand vor allem einen treffenden neuen Namen für Zeitgeist und Teeform: »Elan«. Von schwebender Leichtigkeit schien das freigestellte Tablett ohne jeden kompositorischen Halt ganz souverän im Anzeigengewimmel der Zeitschriftenseiten dahinzutreiben.

Dem *Krautheim*-Modell *Elan* durchaus ähnlich war das *Heinrich*-Service, das 1952 mit der Anzeige Abbildung 206 beworben wurde, und ungefähr gleich war auch die Fotoperspektive. Hier wurde die Nierenform in ihrer reinsten Ausprägung eingesetzt, ihr wurde alles andere untergeordnet. Im Gegensatz zur vorigen Anzeige ist hier das Porzellan angeschnitten, von einer in der Modellbezeichnung transportierten *Anmut* wurde nichts vermittelt; sie war überlagert von Streifen, Mustern, Pinselgetupftem, Handschriftlichem und Gerissenem. Zwei Jahre später bot *Heinrich* in Anzeigen sein »Gemmo-Porzellan« an (Abb. 207). Diesmal waren die Rundungen der Fotoausschnitte den vorgestellten Modellen angepaßt, lediglich das *Heinrich*-Logo störte wiederum etwas. Daß die Abbildung in diesem Fall so einfühlsam beschnitten wurde, lag möglicherweise an der Absicht, die Wirkung der besonderen – »in die Porzellane eingeschliffen[en]«, eher konservativen Dekors zu erhalten. Und tatsächlich strahlt die ganze Anzeige den erklärtermaßen angestrebten »eigenartig-vornehmen« Reiz aus.

Den Eindruck schwebender Leichtigkeit vermittelte eine Anzeige der Firma *Vatter & Palme* im Jahr 1955. Nylons zu tragen, bedeuteten in diesen Jahren die Erfüllung nahezu aller Wünsche (Abb. 208). ›Ein Hauch von Strumpf‹ war wohl das Ziel des Münchner Grafikers Kalkreuth, dem es in seiner Zeichnung gelang, einen niveauvollen Gegensatz zur plumpen Monumentalität der Nazis zu schaffen. Flatternde Schmetterlinge, kostbare Orchideenblüten, briefmarkenähnliche eingestreute Firmenlogos, mit leichter Hand eingefügte Handschrift, ein Strumpf der mal nicht an einem langen, schlanken Frauenbein knisternde Erotik zu verbreiten suchte, sondern durch die Luft zu wirbeln schien, all das ergänzte sich schlüssig zu einem Bild hoffnungsvollen »Frühlings-«Erwachens – nach einem langen dunklen Winter.

Ganz anders präsentierte *Uhu-Line* 1956 seine Wäschesteife ›am Objekt‹ (Abb. 209). Stolz demonstrierte eine attraktive junge Frau im Bild, wie schön frau sich fühlen kann, wenn die Bluse mit *Uhu-Line* gestärkt »immer glatt« ist. (Einige Jahrzehnte später sollte diese Vorliebe für Steife dem Wunsch nach ›natürlicher‹ Lokkerheit weichen; die Wirtschaft wußte sich dem schnell anzupassen und bot ›Weichmacher‹ an.)

Wie eine Fee aus der Flasche, zur Zeichentrickfigur aus einem Disney-Film beschnitten, erschien 1956 eine Rita-Hayworth-ähnliche Schönheit, um sich von *Triumph* figurkrönen zu lassen (Abb. 210). Deutlich davon abgesetzt, mehr zu ahnen als zu sehen, waren im grauen Hintergrund die Ursachen für diese Idealformen: »Dalia, Ilona, Diana«, in Kombination mit den noch größeren Schätzen »Achat, Diamant, Rubin, Brillant«. Was die Werbung nun nicht mehr ganz so offen zeigen mochte, waren die Begleiter des wiedererreichten Wohlstands: die Mühen bei der Erfüllung der ständig steigenden Anforderungen an Äußerlichkeiten.

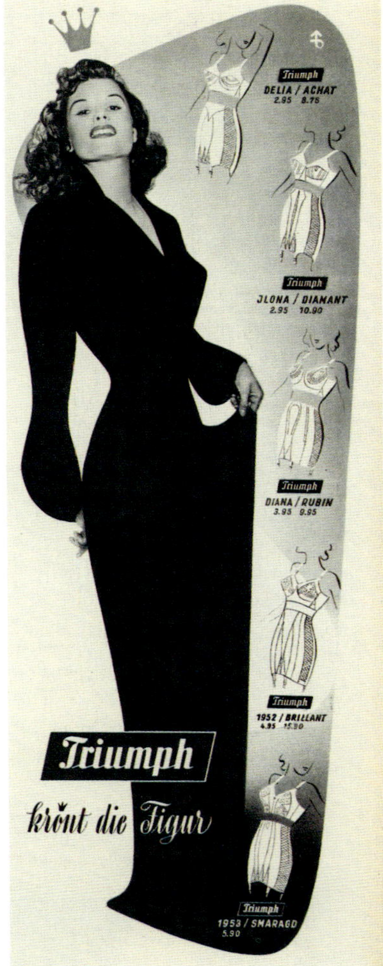

GEGENÜBER:
Abb. 209
Uhu
Steifes Angebot zur Steigerung der weiblichen Attraktivität.
Aus: *Constanze MH* 1956

OBEN:
Abb. 210
Triumph
Es war sicher ein *Triumph,* wenn frau die Figur der Hayworth erreichte.
Aus: *Constanze MH* 1956

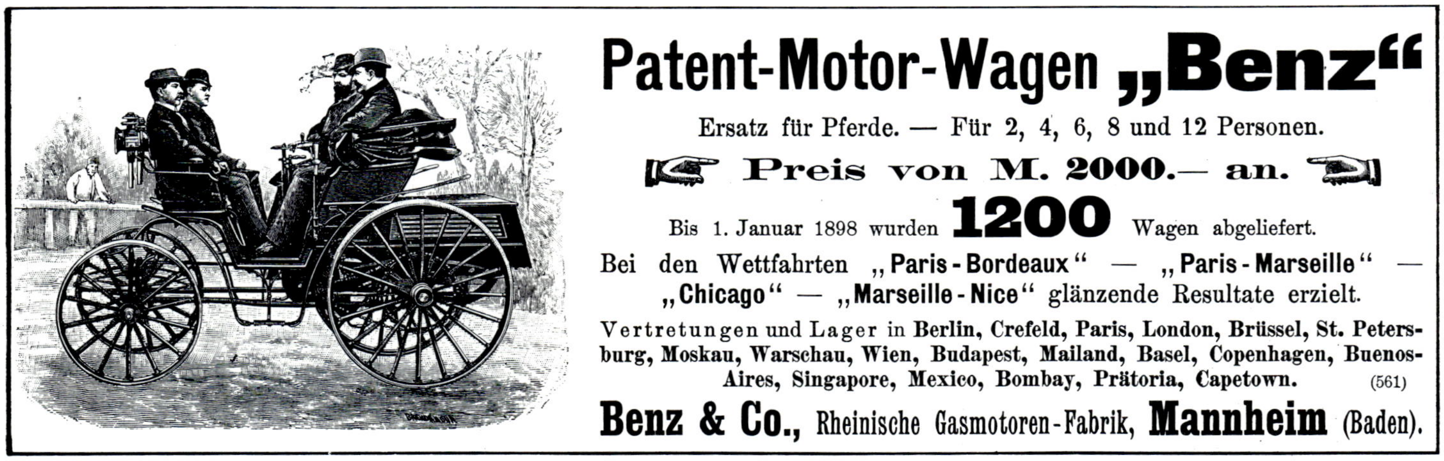

OBEN:
Abb. 211
Benz
»Ersatz für Pferde« –
noch war die Konkurrenz vierbeinig.
Aus: *Ilustrirte Zeitung* 28.5.1898

14 Nicht nur »Ersatz für Pferde« – Automobile

»In der Kraft- und Arbeitsmaschinen-Ausstellung finden seit gestern mehrere kurze Probefahrten mit dem patentirten Motorwagen der Firma *Benz & Co.* in Mannheim statt. Der Wagen ist eine viersitzige komfortable Kalesche mit umlegbarem Regendach und ruht auf drei Rädern, deren vorderes durch eine äußerst einfache Vorrichtung, wie bei den Tricycles gesteuert werden kann. Hinter dem Rücksitz im Wagenkasten ist ein kleiner zierlich gearbeiteter Benzinmotor angebracht. [...] Seine größte Fahrschnelligkeit ist die eines in scharfem Trabe fahrenden Fuhrwerks.« So beschrieben die Münchner *Neueste Nachrichten* 1888 eine öffentliche Präsentation des neuen »Patent-Motorwagens«.[14.1]

Carl Benz, Inhaber einer »Mechanischen Werkstätte«, hatte seit Beginn der siebziger Jahre an einer praktikablen Alternative zum 1877 patentierten *Otto*-Motor gearbeitet, dabei aber stets die Konstruktion eines kompletten ›Motorfahrzeugs‹ im Sinn gehabt. 1886 erhielt er als erster ein Patent für ein »Fahrzeug mit Gasmotorenbetrieb«, dessen Alltagstauglichkeit von seiner Frau zwei Jahre später in einem berühmt gewordenen Ausflug bewiesen wurde. Sie hatte ohne sein Wissen mit dem neuen Gefährt eine etwa 100 Kilometer weite Reise von Mannheim nach Pforzheim unternommen. Wenn man der Überlieferung glauben darf, war ihre größte Schwierigkeit der literweise Ankauf von ›Benzin‹ in den extra hierfür angesteuerten Apotheken.

Wie schon die eingangs zitierte Zeitschriftennotiz macht auch eine Anzeige der »Rheinischen Gasmotoren-Fabrik« *Benz & Co.* aus dem Jahr 1898 deutlich, daß sich der neue Wagen zunächst an der vierbeinigen Konkurrenz messen lassen mußte (Abb. 221). »Ersatz für Pferde«, hieß es, und das war neben der Angabe unterschiedlicher Transportkapazitäten das einzige Gebrauchsargument.

Wichtiger schien zu diesem Zeitpunkt das internationale Renommee zu sein, das die Anzeige zu vermitteln suchte. »Bei den Wettfahrten« in der ganzen Welt waren »glänzende Resultate erzielt« worden (nicht erste Plätze), folgerichtig befanden sich »Vertretungen und Lager« rund um den Globus. Die groß herausgestellten, bis zum »1. Januar 1898« ausgelieferten »1200 Wagen« waren tatsächlich vergleichsweise viel und machten *Benz & Co.* um die Jahrhundertwende zum größten Automobilproduzenten der Welt.

UNTEN:
Abb. 212
Daimler
»Vertreter gesucht« –
aber noch nicht für ›Motor-Wagen‹.
Aus: *Ilustrirte Zeitung* 7.10.1892

Abb. 213
Hansa-Lloyd
Als Autofahren noch ein Erlebnis für einige wenige war.
Aus: *Velhagen & Klasings MH* 8/1917

Der vielleicht ernsthafteste Konkurrent, die *Daimler-Motoren-Gesellschaft,* dachte damals noch nicht daran, ihm diesen Titel streitig zu machen. Gottlieb Daimler hatte 1885 ein Patent für eine »Gas- bzw. Petroleum-Kraftmaschine« erhalten, zunächst aber kein Interesse daran gezeigt, diese in die neuen ›Selbstfahrer‹ einzubauen. Er hatte Motoren für Schiffe, Lokomobile, Trambahnen, Industrieanlagen, Feuerspritzen, Last- und Lieferwagen gebaut, mit Luftschiffen experimentiert und war mehr als ausgelastet. So warb er 1892 nicht nur für seine »*Daimler*-Motoren«, sondern meldete in den großen Anzeigen gleichzeitig: »Vertreter gesucht« (Abb. 212).

Erst als sich das von ihm entwickelte Aggregat in zahlreichen Lizenzproduktionen außergewöhnlich bewährte – 1894 waren bei der ersten Zuverlässigkeitsfahrt ›Paris-Rouen‹ die ersten vier eintreffenden Automobile mit Benzinmotoren Lizenzprodukte des *Daimler*-Patents – begann er mit der Herstellung von Motorwagen.

Im Gegensatz zu Carl Benz baute er aber von Anfang an wenige – bis 1900 ganze 329 –, dafür schnelle und teure Automobile, die eine Zeitlang exklusiv an einen einzigen Kunden geliefert wurden, Emil Jellinek. Dieser Großabnehmer fuhr – und gewann – unter dem Namen seiner Tochter »Mercedes« vor allem in Frankreich Rennen, um die Siegerfahrzeuge im Anschluß an diese Wettbewerbe zu verkaufen. So kam es, daß der Name Mercedes bald in aller Munde war, und die *Daimler AG* ihre Fahrzeuge ausschließlich unter dieser Bezeichnung anbot. Es dauerte nur wenige Jahre, und der Mitanbieter aus Mannheim war überflügelt.

OBEN LINKS:
Abb. 214
Hanomag
Endlich ein Linkslenker, für den Großstadtverkehr und die Dame des Hauses.
Aus: *Velhagen & Klasings MH* 11/1929

RECHTS:
Abb. 215
Benz
Eindrucksvoll vorgeführt:
Benz = Automobil = Abenteuer Geschwindigkeit.
Aus: *Velhagen & Klasings MH* 12/1913

GEGENÜBER OBEN:
Abb. 216
GDA
Die *NAG*, Teil der *GDA*, durch die *AEG* zur *AAG*, ...
Aus: *Illustrirte Zeitung* 1921

GEGENÜBER UNTEN:
Abb. 217
DAK
... kaufte Teile der *DAK*.
Aus: *Illustrirte Zeitung* 1921

Unterdessen hatten in Deutschland zahlreiche Unternehmen mit dem Bau von Motorfahrzeugen begonnen; auf der ersten internationalen Motorwagenausstellung 1899 in Berlin stellten bereits 36 größtenteils deutsche Hersteller Personenwagen vor.[14.2] 1905 wurde in Varel die *Hansa-Automobilgesellschaft* gegründet, die 1914 mit der in Bremen ansässigen *Namag* zur *Hansa-Lloyd-Werke AG* fusionierte. 1917 warb sie mit einer Anzeige allgemein für ihre verschiedenen Motorfahrzeuge, einzige Werbeargumente waren die vorgeführte Wagenform und das durch die Zeichnung vermittelte Geschwindigkeitsgefühl (Abb. 213). Etwas, das in der Anzeige nicht deutlich wurde, entsprach den besonderen Verkehrsverhältnissen zu jener Zeit: der

Wagen war – wie fast alle anderen Fahrzeuge – ein Rechtslenker. Dem Straßenrand mußte noch deutlich mehr Aufmerksamkeit geschenkt werden als dem hin und wieder auftauchenden Gegenverkehr. (Nur wenige Jahre später sollte sich die *Hansa AG* als erster deutscher Autoproduzent mit der Konstruktion von Linkslenkern hervortun.)

1929, als die Firma *Hanomag* aus Hannover ihren »schönste[n] Kleinwagen« mit der Anzeige Abbildung 214 bewarb, waren noch längst nicht alle deutschen Personenwagen mit Linkslenkung versehen. *Hanomag* selbst bot seinen Kleinstkraftwagen *2/10 PS*, besser bekannt als »Kommißbrot«, zu diesem Zeitpunkt noch mit Rechtslenkung an. Der nun beworbene neue *4/16 PS* verfügte aber ganz offensichtlich schon über Steuerung für den Großstadtverkehr und wurde von einer Frau vorgeführt.

Eher wie eine Überland-Ralley wirkte dagegen die Situation, mit der *Benz & Co.* 1913 um Aufmerksamkeit für ihre Fahrzeuge warben (Abb. 215). In expressiver Holzschnittmanier gestaltet, zeigt die gelungene Anzeige einen Autoslalom um Strommasten bei höchster Geschwindigkeit. Die mitfahrende Frau sollte wohl belegen, daß es sich dabei trotzdem um ein angenehmes und einigermaßen sicheres Erlebnis handelte. Obwohl es dem Unternehmen schon länger nicht mehr besonders gut ging – Carl Benz mußte seine eigene Firma 1902 wegen der stark gefallenen Verkaufszahlen gar verlassen –, setzte die Werbung selbstbewußt den Namen *Benz* mit dem Automobil gleich.

Der Erste Weltkrieg beeinflußte die deutsche Automobilindustrie in vielfacher Hinsicht. Einerseits trieb der große Bedarf an Lastkraftwagen und ähnlichen kriegstauglichen Motorfahrzeugen die Entwicklung der Autotechnik gewaltig voran, anderseits entließ der Krieg Tausende von jungen Männern, die vorher nicht daran gedacht hatten, Autofahren zu lernen, als perfekte Chauffeure. Gleichzeitig wurden aber zivile Entwicklungen blockiert, beziehungsweise durch den allgemeinen wirtschaftlichen Niedergang unrentabel. Noch nach Kriegsende wirkte der *Versailler Vertrag* durch die Bestimmung, daß in Deutschland keine Flugmotoren über 20 PS mehr hergestellt werden durften, nachhaltig auf die Situation ein. Denn ein Großteil der Flugzeugbauer, die nun keine Beschäftigung mehr hatten, begannen mit dem Automobilbau. Der Luftfahrtingenieur Rumpler schuf den berühmten »*Rumpler*-Tropfen«, ein Auto in bis dahin nie gesehener »Strömungslinienform«. Das »*Rivo*-Luftschraubenauto« glich eher einem Boot auf Rädern mit einem hinten angebrachten überdimensionalen Propeller. Der Rekordflieger Böhm entwickelte ein sogenanntes »Atlantik-Einspurauto«, das im Grunde mehr ein Motorrad mit kleinen seitlichen Stützrädern war.

Für die vor dem Krieg erfolgreichen zivilen Autohersteller brachen jedoch harte Zeiten an. Immer häufiger sahen sie

OBEN LINKS:
Abb. 218
Auto Union
1939 war es üblich, mit großer Schnauze zu beeindrucken.
Aus: *Volk und Welt* 6/1939

OBEN RECHTS:
Abb. 219
Mercedes-Benz
Landschaft mit Betonbahn und Automobil – aber ohne Menschen.
Aus: *Münchner Illustrierte Presse* 28/1938

sich gezwungen, den Automobilbau ganz aufzugeben oder sich mit anderen Herstellern zusammenzuschließen. Die auf diese Weise entstandene *Gemeinschaft Deutscher Automobilfabriken, GDA,* versuchte in ihrer Werbung im September 1921, das Beste aus der Situation zu machen; »Spezialisierung in der Fabrikation – Gemeinschaft im Verkauf« lautete nun das Motto (Abb. 216). Die *Neue Automobil-Gesellschaft, NAG,* nach der Übernahme der *Allgemeinen Automobil-Gesellschaft, AAG,* durch die *AEG* entstanden, hatte sich mit den bereits vereinigten *Hansa-Lloyd* und *Brennabor* zusammengetan, um die Nachkriegskrise zu überstehen.

Ähnlich viele ehemals eigenständige Marken präsentierten sich im gleichen Jahr mit einer Anzeige als *»Deutscher Automobil-Konzern (DAK)«* (Abb. 217). *Dux, Presto, Magirus* und *Vomag* hatten sich hier zusammengeschlossen, trennten sich allerdings bald darauf wieder. *Presto* schluckte einige Jahre später die Marke *Dux*, um kurz darauf selbst von der *NAG* übernommen zu werden. Diese wiederum ging eine enge Beziehung mit dem LKW-Hersteller *Büssing* ein, was 1933 zu einer Fusion und schließlich zur Aufgabe der Personenwagenproduktion führte.

Neben *Daimler* und *Benz,* die schon im Dezember 1924 in großen Anzeigen ihre Vereinigung bekanntgegeben hatten, war die wahrscheinlich folgenreichste Verbindung verschiedener deutscher Automarken der Zusammenschluß der *Auto Union.* 1932 taten sich dazu die Firmen *DKW* (»Dampf-Kessel-(auch Kraft)-Werk«, oder »Das Kleine Wunder«), *Horch,* die daraus hervorgegangene, von August Horch gegründete Marke *Audi* und die Chemnitzer Firma *Wanderer* zusammen. Die bei *Audi* verwendeten vier Ringe erinnern noch mehr als sechzig Jahre später an die beteiligten Firmen.

Die Anzeige Abbildung 218 aus dem Jahr 1939 zeigte deutliche Merkmale des aufkommenden formalen Pathos dieser Zeit. Lediglich die eindrucksvolle Kühlerspitze des *Audi*-Sechszylinders ragte, auf elegante Schwarzweiß-Kontraste reduziert, übergroß ins Bild. Den strengen Rundungen war auch die 1922 von Arno Drescher und Hermann Gilbert entworfene Eins – für »Prima« – untergeordet, die das frühe Ziel der Zwickauer Firma veranschaulichen sollte. Angesichts derart beeindruckender Formen verbot es sich von selbst, detaillierter auf so profane Dinge wie Autotechnik einzugehen.

Deutlich wird der besondere Duktus jener Jahre auch in einer *Mercedes-Benz*-Anzeige von 1938 (Abb. 219). ›Landschaft mit Kraftwagen, Autobahn und Brücke bei extremer Weitsicht‹ ließe sich ihr Motiv inhaltlich beschreiben. Menschen hätten in dieser synthetischen Welt der klaren Formen nur gestört. Die Autobahn wurde nicht als Verkehrsweg vorgeführt, sie war nicht belebt, und kein weiterer Wagen störte die Szene. Sie war eine glatte Betonbahn, die in kalter Ästhetik ihr ebenso imposantes wie unnatürliches Design offenbarte. Für Adolf Hitler jedoch war es sicher gewinnbringend, seine Autobahnpläne auf so beeindruckende Weise vorgeführt zu sehen.

Wie schon erwähnt, bestand eine enge Verbindung der *Auto Union* zum Nazi-Regime; Hitler unterstützte ihren Rennstall finanziell und profitierte von dessen Erfolgen. Darauf hob eine Anzeige ab, die 1937 erschien (Abb. 220). Wieder war ein übergroßes Logo, die vier Ringe, zum Mittelpunkt, zur Ursache aller Strahlkraft erhoben. Der Text sprach von »Vorbild«, »Repräsentant«, »Reichsklasse« und »überlegen stark« und traf damit sicher den Tonfall seiner Zeit.

Der nobelste Vertreter unter den vier Marken der *Auto Union* war *Horch.* August Horch, der Firmengründer, hatte von 1896 bis 1899 bei Carl Benz als Konstrukteur gearbeitet, bevor er in Köln sein eigenes Unternehmen gründete. 1931 war mit der Fertigung des Zwölfzylinders begonnen worden, der zwei Jahre später mit der

OBEN LINKS:
Abb. 220
Auto Union
Vier Kreise strahlen um die Wette – und verlieren.
Aus: *Allgemeine Autozeitschrift* 2/1937

OBEN RECHTS:
Abb. 221
Auto Union
Der *Rolls-Royce* unter den deutschen Personenwagen definiert die Plätze: »Der Abstand von *Horch* bestimmt die Reihenfolge unter den Automobilen«.
Aus: *Altantis* 6/1933

OBEN LINKS:
Abb. 222
Hanomag
Sieht der nicht aus wie der . . . ?
Aus: *Volk und Welt* 2/1939

OBEN MITTE:
Abb. 223
Adler
Das ist aber nun wirklich der . . . !
Aus: *Velhagen & Klasings MH* 4/1939

OBEN RECHTS:
Abb. 224
Volkswagen
. . . und hier glaubt man trotzdem, ohne Angabe des Markennamens auszukommen.
Aus: *Auto Motor und Sport* 6/1969

Anzeige Abbildung 221 vorgestellt wurde. Ohne die besondere Zylinderzahl des beworbenen Autos zu erwähnen, siedelte sich die Marke im Text gleich ganz oben an: sie war der »Maßstab!« Ganz bescheiden und nicht weniger geschickt formulierte man den eigenen Anspruch: »Der Abstand von *Horch* bestimmt die Rangfolge unter den Automobilen«. Die Anzeige zeigte einen Teil des Wagens in eleganten, dekorativen Streifen, ohne jedoch kalt zu wirken, der Wagenführer war deutlich zu erkennen.

Bei *Wanderer* lief inzwischen ein Sechszylinder vom Band, der von dem in Stuttgart ansässigen Ingenieur Ferdinand Porsche konstruiert war. Von einem weiteren Modell aus Stuttgart, dem *W25K,* wurde nur ein Prototyp gebaut, der in seiner Stromlinie schon stark einem später sehr erfolgreichen Wagen ähnelte; er ging nach Kündigung des Vertrags in das Eigentum Porsches über. Der hatte inzwischen mit den Arbeiten an einem Einliterwagen begonnen, den er zunächst für *Zündapp,* später für *NSU* zu konstruieren gedachte. Beide Firmen hatten sich jedoch nach anfänglichen Zusagen aus den Verträgen wieder zurückgezogen, denn die wirtschaftlichen Rahmenbedingungen für risikoreiche Investitionen waren denkbar schlecht. Die gerade überstandene Weltwirtschaftskrise hatte Millionen von Arbeitslosen hinterlassen, und die deutsche Mark war im Ausland nichts wert.

Erst Adolf Hitler, der Porsche wegen seiner Erfolge bei der Konstruktion von Rennwagen bewunderte, erkannte in dem neuen Kleinwagen ein perfektes Propagandainstrument und griff zu. Er forderte einen vollwertigen Viersitzer, der auf den neu zu bauenden Autobahnen eine hohe Dauergeschwindigkeit erreichte, wenig Benzin verbrauchte und nicht mehr als 1000 Mark kosten durfte. Dafür finanzierte er eine großen Teil der Konstruktionskosten und zwang die deutsche Automobilindustrie, vor allem *Daimler-Benz,* für Porsche herzustellen, was er verlangte.

Andere wandelten derweil auf ähnlichen Spuren aerodynamischer Formgebung, wie die Anzeigen Abbildung 222 und 223 belegen, beide stammen aus dem Jahr 1939. Ein »wirtschaftlicher Reisewagen« mit »100 km/Std. Autobahn-Dauerleistung« bei nur »8,5 l/100 km Kraftstoffnormverbrauch« wollte der *Hanomag 1,3 Liter* sein; es läßt sich erahnen, daß Hitlers Forderungen allgemein bekannt waren. Zumindest in der unteren Wagenansicht ist die Ähnlichkeit dieser »Stromlinien-Karosse« zu einem einige Jahrzehnte später weltberühmten Fahrzeug frappierend. Nur die vordere Haube war etwas größer angelegt, da beim *Hanomag* dort der Motor untergebracht war.

Ähnlich wirkte auch der in der Anzeige Abbildung 223 vorgestellte *Adler 2,5 Liter.* Daß er nicht gerade ein Kleinwagen war, wurde wohl als Nachteil erkannt, dem die Werbung sogleich entgegenzutreten versuchte. Der *Adler* sei ein Auto, »das in sich alle die Punkte vereinigt, die einem Fahrzeug das Prädikat verleihen: Wirtschaftlich!« Die Überschrift »Mode ausgeschaltet!« klang ein wenig danach, als wolle man sich für die besondere Stromlinienform entschuldigen, die »von den seither üblichen Formen erheblich abweicht«. Auch dieses Fahrzeug sah dem von Ferdinand Porsche geplanten, von Hitler 1934 zum ersten Mal öffentlich geforderten »deutschen Volkswagen« sehr ähnlich, und wie beim »Kraft durch Freude-Wagen« verhinderte der Zweite Weltkrieg eine erfolgreiche Produktion.

Bei Kriegsende 1945 war die deutsche Automobilproduktion praktisch nicht mehr vorhanden, ihre Fertigungsstätten waren größtenteils zerstört, an einen Wiederaufbau war von den Alliierten zunächst nicht gedacht. Zu den ersten, die schon im Juli des Jahres mit Aufräumarbeiten und der Reparatur defekter Fahrzeuge beginnen durften, gehörten die Arbeiter von Volkswagen. Fast 65 000 Kübel-, Schwimm- und Stabswagen waren bis 1945 in der früheren »Stadt des KdF-Wagens« für Kriegszwecke montiert worden, viele davon wurden nun für die Besatzungssoldaten repariert. Nebenbei entstanden die ersten zivilen *Volkswagen,* und als ein neuer Unternehmensleiter, Heinrich Nordhoff, entschied, nur diesen einen Typ und in erster Linie für den Export zu bauen, begann eine Erfolgsstory ohne gleichen. In

OBEN:
Abb. 225
Mercedes-Benz
Der kleine Bruder des *300 SL* war ein echter Verkaufsschlager.
Aus: *Sankt Georg* 16/1956

UNTEN:
Abb. 226
Mercedes-Benz
Der *W196R* von *Mercedes-Benz* gewann gleich das erste Rennen der neuen Formel-1.
Aus: *Abendzeitung München* 7.7.1954

OBEN LINKS:
Abb. 227
Audi-NSU
Wer nicht mehr ganz oben mithalten konnte, versuchte, sich bei ›alternativen‹ Käuferschichten beliebt zu machen.
Aus: *Eltern* 10/1970

OBEN RECHTS:
Abb. 228
Audi-NSU
Opulent in Form und Farbe, stark, schnell und sportlich, das waren die Siebziger-Jahre-Autos; in Extremperspektive wortreich ran an die Kundschaft, das war die dazugehörige Werbung.
Aus: *Auto Motor und Sport* 13/1970

den USA profilierte während der fünfziger Jahre eine junge Werbeagentur den kleinen, inzwischen als *Käfer* bekannten Wagen mit Witz und Selbstironie gegen den Strich. Diese Werbekampagne war so erfolgreich, daß schon 1963 in den Vereinigten Staaten mehr *Volkswagen* verkauft wurden als in Westdeutschland. Viele ihrer Motive wurden international, also auch im Heimatland des *Käfers,* eingesetzt. Auf das grenzenlose Renommee ihres Produkts konnte noch im Jahr 1969 eine *VW*-Anzeige aufbauen (Abb. 224). Ein einfaches Foto zeigt völlig unspektakulär ein Auto, das von einem einzigen Satz ebenso simpel außerhalb jeder Konkurrenz gestellt wurde (ein sinnvolles Erfolgsrezept natürlich nur in Verbindung mit dem geeigneten Objekt). Erst zehn Jahre später sollte kurz vor 20 Millionen gebauten Exemplaren die Produktion des *Käfers* in Deutschland eingestellt werden.

Abb. 229
BMW
Sachlich, selbstbewußt und offen, ein Erfolgsrezept aus den sechziger Jahren.
Aus: *Bunte Illustrierte* 13/1966

Daimler-Benz versuchte in den fünfziger Jahren, an frühere Rennerfolge anzuknüpfen und so im Krieg verlorenes internationales Terrain zurückzugewinnen. Zunächst war es der Rennsportwagen *300 SL,* der mit Siegen in Le Mans und bei der Carrera Panamericana für Furore sorgte. Er konnte später in einer Straßenversion vor allem in den USA erfolgreich vermarktet werden.
In seinem Fahrwasser wurde auch der kleinere *190 SL* ein Verkaufsschlager (Abb. 225).
1954 wurde die neue 2,5-Liter-Formel-1 gestartet, *Mercedes-Benz* siegte mit seinem *W196R* gleich beim ersten Rennen in Frankreich. Die Werbung präsentierte stolz neben diesem Sieg den Grand-Prix-Erfolg vierzig Jahre zuvor (Abb. 226). Aber wie schon das Werbemedium, eine Tageszeitung, offenbart, waren Formel-1-Rennen zu reinen Pressesensationen geworden, ohne die ursprünglich praktische Bedeutung für die Autofahrer. Gut ein Jahr

Abb. 230
Ford
Auch das waren die Siebziger: es gab mehr *Capri*-Fahrer als langhaarige Hippies und linke Demonstranten.
Aus: *Bunte Illustrierte* 43/1971

später zog sich *Mercedes-Benz* vom Rennsport zurück. Was beide Anzeigen noch ohne Zusammenhang zum Autofahreralltag ›ausmalten‹, setzte *BMW* in den sechziger Jahren auf die Straße um (Abb. 229). Nach einer Berg- und-Tal-Fahrt ohne gleichen konsolidierten sich die bayerischen Autobauer mit einer modernen klaren Karosserielinie und starken Motoren. Die Werbung gab sich betont sachlich, auch selbstbewußt, aber nicht abgehoben. Die Münchner hielten überlegt die Türe für jeden offen – und hatten Erfolg damit.

Die siebziger Jahre brachten die fotografische Extremperspektive in der Werbefotografie und Möchtegern-PS-Boliden für alle. Während die einen nicht mehr oben mithalten konnten, und sich daher bei ›alternativen‹ Zielgruppen beliebt zu machen versuchten (Abb. 227), gelang es anderen, aufzusteigen (Abb. 228). Opulent in Form und Farbe; stark, schnell und sportlich; emotional und dicht ran an die Kunden, das waren die Gestaltungsgesetze der Stunde. (Zu-)Viel Text bot *Audi* 1970 in prall gefüllten Anzeigen, nicht immer ver-

Abb. 231
Porsche
Einen *Porsche* sieht man meist von hinten, daran will auch die Werbung nichts ändern.
Aus: *Geo* 5/1993

ständlich, eher unübersichtlich. Verwirrend wirkte auch die Aufreihung »*Audi NSU Auto Union*«, die einerseits an die vielen Väter des beworbenen Gefährts und anderseits an die unaufhaltsam fortschreitende Konzentrationswelle im deutschen Automobilbau erinnerte.

1969 landeten die deutschen *Ford*-Werke nach dem Vorbild des amerikanischen Mustang europaweit einen Verkaufsschlager, den *Capri*. Gab es bei den Kölnern schon länger »viel Auto fürs Geld«, so offerierte die *Ford*-Werbung nun viel Sportwagen mit noch mehr Leistung »schon ab DM 7975.-« (Abb. 230). Das Vertrauen der Verantwortlichen in die konkrete und damit zahlenmäßig eingrenzende Darstellung der Zielgruppe schien sich auszuzahlen. Millionen von Kunden waren bereit, dem Vorbild junger Ralleyfahrer zu folgen und dafür manche Einschränkung der Bequemlichkeit in Kauf zu nehmen. Ein dynamisches Image und eine Prise männlich-harter Sex waren eine beliebte Antwort auf langhaarige Hippies und linke Demonstranten.

Daß auch ein Traum auf realen Bildern basierte, erkannte noch rechtzeitig der »So baut man Sportwagen«-Hersteller *Porsche*. Mehr als bei anderen mußte es ihm darauf ankommen, sein hohes Ansehen zu erhalten. Die Exklusivität, die sich aus dem Preis ergab, durfte einerseits nicht aufgegeben werden, andererseits mußten neue Käuferschichten angesprochen werden. 1993 war, nach Jahren hochästhetisch offerierter Sportwagenfotografie, mal wieder der demokratische Einsatz im Straßenverkehr gefragt – *Porsches* sah man meist von hinten (Abb. 231). Indirekt und mit Understatement transportierte die Werbung, die in diesem Moment für die Zuffenhausener wichtiger war als je zuvor, den großen Pluspunkt ihres Autos: Schnelligkeit. Die war auch dringend nötig, um den Imagevorsprung zu halten und sich von der dicht auffahrenden fernöstlichen Konkurrenz wieder ein wenig abzusetzen.

OBEN:
Abb. 232
Zimmermann
Um die Kundschaft von den Barbieren wegzulocken, war schon »das Beste, was existirt« nötig.
Aus: *Illustrirte Zeitung* 14.4.1894

RECHTS:
Abb. 233
Pharmakon
»Mein starker Bart« wächst jetzt »viel langsamer nach«, und es »ist kaum mehr die Spur eines unangenehmen Geruches festzustellen«.
Aus: *Berliner Illustrierte Zeitung* 34/1936

UNTEN:
Abb. 234
Schapiro
Die »eigenthümliche Construction [...] dieses Apparates« kann im Oktober 1882 noch nicht detaillierter geschildert werden, die Konkurrenz schläft nicht.
Aus: *Illustrirte Zeitung* 18.11.1882

15 Für »die männlichste Sache der Welt« – Rasierapparate

»Die Frauen haben es ja von Zeit zu Zeit auch nicht leicht. Wir Männer aber müssen uns rasieren«, beschrieb schon Kurt Tucholsky seine tägliche Sorge um glatte Gesichtshaut. Mit der Einführung des Rasierapparats war der Druck auf die Herren der Schöpfung, sich gänzlich bartlos zu zeigen, deutlich stärker geworden. Nur selten dürfte der Einfluß einer technischen Entwicklung so allgemein sichtbar geworden sein wie in diesem Fall. Noch um die Jahrhundertwende galt ein Mann als gut rasiert, wenn er einmal in der Woche zum Barbier ging. Dort wurden Messer benutzt, die so scharf waren, daß sie nur von einigermaßen geschulten Händen ohne Verletzungsgefahr angewendet werden konnten. In den teilweise aufwendig eingerichteten Salons trafen sich die Männer von Welt, und sogenannte Rasierabonnements waren keine Seltenheit. Selbst Bartträger ließen sich, je nach der herrschenden Mode, regelmäßig Teile ihres Gesichts freilegen. Noch bis ins neunzehnte Jahrhundert war es durchaus üblich, daß Barbiere auch als Zahnärzte und Chirurgen tätig wurden.

Doch nicht immer herrschten hygienische Verhältnisse, wie sie in den behördlichen Verordnungen gefordert wurden, und nicht alle Meister und Gesellen beherrschten ihr Handwerk, wie es nötig gewesen wäre, um die Kundschaft zufriedenzustellen. Und so wurden, von den Barbieren heftig bekämpft, schon zu Beginn des achtzehnten Jahrhunderts mit Schutzkämmen versehene Messer erfolgreich »zur Selbstrasur« angeboten.

Mit der Erfindung der austauschbaren Klinge begann bald darauf der Siegeszug des »Rasirapparat[s]«, wie er 1882 zum Beispiel in einer simplen Textanzeige angeboten wurde (Abb. 234). Es handelte

OBEN:
Abb. 235
Siemens
»Hin und her schwingt die Klinge« und macht glatte Schnitte – in die Haut, wenn man den Apparat zu ruhig hält.
Aus: *Atlantis* 6/1934

sich dabei um einen Klingenhalter, der nach unten mit einem Handgriff versehen war und in den eine Klinge senkrecht zur Haut eingesetzt wurde. Ein direkt unter der Schneide angebrachter Kamm aus Blech sollte jede Verletzungsgefahr ausschließen, worauf die Werbung besonders einging. Ohne die Vorrichtung genauer zu beschrieben – sicher auch, um die Konkurrenz nicht vorzeitig zu informieren –, verkündete die Anzeige: »Eine Möglichkeit, sich beim Rasiren zu schneiden, ist infolge der eigenthümlichen Construction dieses Apparates *absolut ausgeschlossen*«. Ähnlich abgehoben schilderte auch der restliche Text das beworbene Produkt: »unübertroffen« war der Apparat, »mit einer nie gekannten Sicherheit und Schnelligkeit« konnte sich »jedermann ohne besondere Umstände selbst rasieren«. Was allerdings die Überschrift anbetraf, so sollte sich nur selten werbetextliches Wunschdenken derart schnell realisieren wie der Satz »Jedermann sein eigener Barbier!«

Eine Weiterentwicklung bedeutete der in der Abbildung 232 zwölf Jahre später angebotene »*Rosen*-Rasir-Apparat«. Da die Wirkung von Zeichnungen in der Reklame inzwischen bekannt war, zeigte die Anzeige den Rasiervorgang »Sonst« und »Jetzt« im Bild: statt zum Barbier zu gehen, konnte man(n) sich nun zuhause vor dem Spiegel selbst rasieren. Daneben führte eine weitere Abbildung detailliert vor, daß dieses »in allen Staaten« patentierte, mit »Präm. I. Preis gold. Medaille« ausgezeichnete Gerät als »einziger Apparat der Welt« über »ein Schaumbecken« zum Auffangen der Seife verfügte. Selbstverständlich war auch der *Rosen*-Rasierer völlig gefahrlos, »Schneiden unmöglich«, seine Brauchbarkeit war »absolut«; er war schlicht »das Beste, was existirt«, kostete allerdings nun auch mehr als das Dreifache: »M 10,-«.

1895 begann der Amerikaner King Camp Gilette mit den Arbeiten an einem zweischneidigen Naßrasierer, wie er noch hundert Jahre später üblich sein sollte. 1901 erhielt er dafür in den USA ein Patent, mit dem er ein Unternehmen zur

UNTEN:
Abb. 236
Braun
Den armen »Rasierteufel«-geplagten Männern sollte endlich geholfen werden, »ein Elektro-Trockenrasierer [mußte] ins Haus!«
Aus: *Film und Frau* 12/1952

Abb. 237
Remington
In typischer Fünfziger-Jahre-Bewegung empfiehlt sich »der neue *Contour*« für die Italienreise.
Aus: *Das Beste aus Reader's Digest* 9/1955

Herstellung von Rasierapparaten begründete. Die in seiner Firma entwickelten Klingen waren aus sehr dünnem Walzstahl, extrem scharf und denkbar einfach auszuwechseln. Sein Gerät wurde zu einem beispiellosen Erfolg, bereits 1904 wurden mehr als 90 000 Rasierapparate und über 12 Million Klingen verkauft. Zu einem Absatzschub führten die im Ersten Weltkrieg eingesetzten Gasmasken, sie schlossen nur bei einwandfreier Rasur ganz dicht; *Gillette* lieferte allein im Jahr 1918 über 3,5 Millionen Rasierer an die amerikanischen Soldaten.

Trotz zahlreicher Patente wurden vor allem in Deutschland bald vergleichbare Geräte hergestellt, die zum Teil unter ähnlich klingenden Namen angeboten wurden. Mit »Genette«, »Wienett«, »Generette« oder »Spiralette« bemühte sich die

OBEN:
Abb. 238
Punktal
Zukunftsweisend und einzigartig zu diesem Zeitpunkt: die Kombination aus »2 verschieden arbeitenden Schersystemen«.
Aus: *Neue Illustrierte* 9/1954

Konkurrenz, an *Gillettes* Erfolg anzuknüpfen. Erst 1932 ging die Firma *Siemens* einen Entwicklungsschritt weiter und stattete den gängigen Naßrasierer mit einem kleinen im Griff untergebrachten elektrischen Gleichstrommotor aus, der aus einer Taschenlampenbatterie gespeist wurde. So bewegte sich in der *Sirama,* wie die *Siemens-Rasier-Maschine* genannt wurde, die eingelegte Klinge selbständig hin und her. Zwar schützten kammartige Vorrichtungen vor den scharfen Schneiden, wurde die *Sirama* jedoch gegen die Haut gedrückt, ohne sie zu bewegen, dann entstand ein glatter Schnitt. Trotzdem war das Gerät, wie auch weitere, in ähnlicher Form von anderen Firmen angebotene, relativ erfolgreich. Eine Anzeige von 1934 bot die *Siemens*-Erfindung unter der Überschrift »Hin und her« an; vergleichsweise moderat klangen nun die lobenden Schilderungen ihrer Nutzung: »Leichtes und angenehmes Rasieren« (Abb. 235).

Eine ganz andere Methode der Enthaarung pries die Firma *Pharmakon* 1936 in ihren Anzeigen an (Abb. 233). »Nie mehr rasieren« brauche man(n) sich, so der Werbetext, weil *Rasolin* auch »ohne Messer Apparat den stärksten Bart« entferne. »Aalglatt« werde die Haut, »glatter« gar »als mit dem Messer«; sogar eine hemmende Wirkung wurde *Rasolin* zugeschrieben: »Der Bart wächst langsamer«. Mit Hilfe einer großen Anzahl abgedruckter Dankesschreiben sollten die staunenden Leser von der Stichhaltigkeit der Behauptungen überzeugt werden. Doch auch die Versicherung der Unschädlichkeit »selbst [für] empfindliche Haut« konnte nicht verhindern, daß Nebenwirkungen, vor allem bei häufiger Anwendung von *Rasolin,* bekannt wurden, die den ›Rasierapparat aus der Tube‹ wieder verschwinden ließen.

Währenddessen war in Amerika ein elektrischer Trockenrasierer auf den Markt gekommen, den der pensionierte Oberstleutnant Jacob Schick entwickelt hatte. Das Prinzip, eine bewegliche Schneidevorrichtung unter einer mit Schlitzen versehenen Abdeckungen hin und her zu bewegen, war sehr erfolgreich, und schon in den dreißiger Jahren wurden hohe Absatzzahlen erreicht. Zahlreiche Mitanbieter stellten ähnliche Geräte mit vergleichbaren Systemen her, einer von ihnen war die Firma *Remington.* Gleich drei derartige »Doppelmesserköpfe« bot ihr *Contour* und konnte sich damit in Deutschland einen

UNTEN:
Abb. 239
Remington
Reine Imagewerbung deutet auf eine starke Marktposition.
Aus: *ADAC Motorwelt* 7/1957

Abb. 240
Philips
Der *Philips* fing »Haare jeder Wuchsrichtung ein«, auch die vom ›starken Maxe‹.
Aus: *Revue* 39/1955

Marktanteil erobern, der es lohnenswert erscheinen ließ, reine Imagewerbung ohne ohne jeden Hinweis auf ein bestimmtes Gerät zu schalten (Abb. 237, 239).

Die Solinger Firma *Punktal* bot 1954 eine zukunftsträchtige Kombination aus Scherkamm und neu entwickeltem Scherfolien-System an (Abb. 238). Wahrscheinlich war ihr *Super* zu diesem Zeitpunkt wirklich das »einzige Elektrorasiergerät der Welt mit 2 verschieden [wenn auch auf gegenüberliegenden Seiten] arbeitenden Schersystemen« – bald sollten alle Hersteller dieses Prinzip übernehmen.

Ein deutscher Mitanbieter war die Firma *Braun,* deren Gründer Max Braun 1938 ein Patent für einen sich unter einem gelochten Scherblatt seitwärts bewegenden Klingenblock erhalten hatte. Noch 1952 bewarb *Braun* seinen *S50* mit Anzeigen wie der Abbildung 236. Angesprochen wurden nur die »Damen«, denn »an wem lassen die Männer ihre schlechte Laune aus, wenn der Rasierteufel los war?« *Sie*

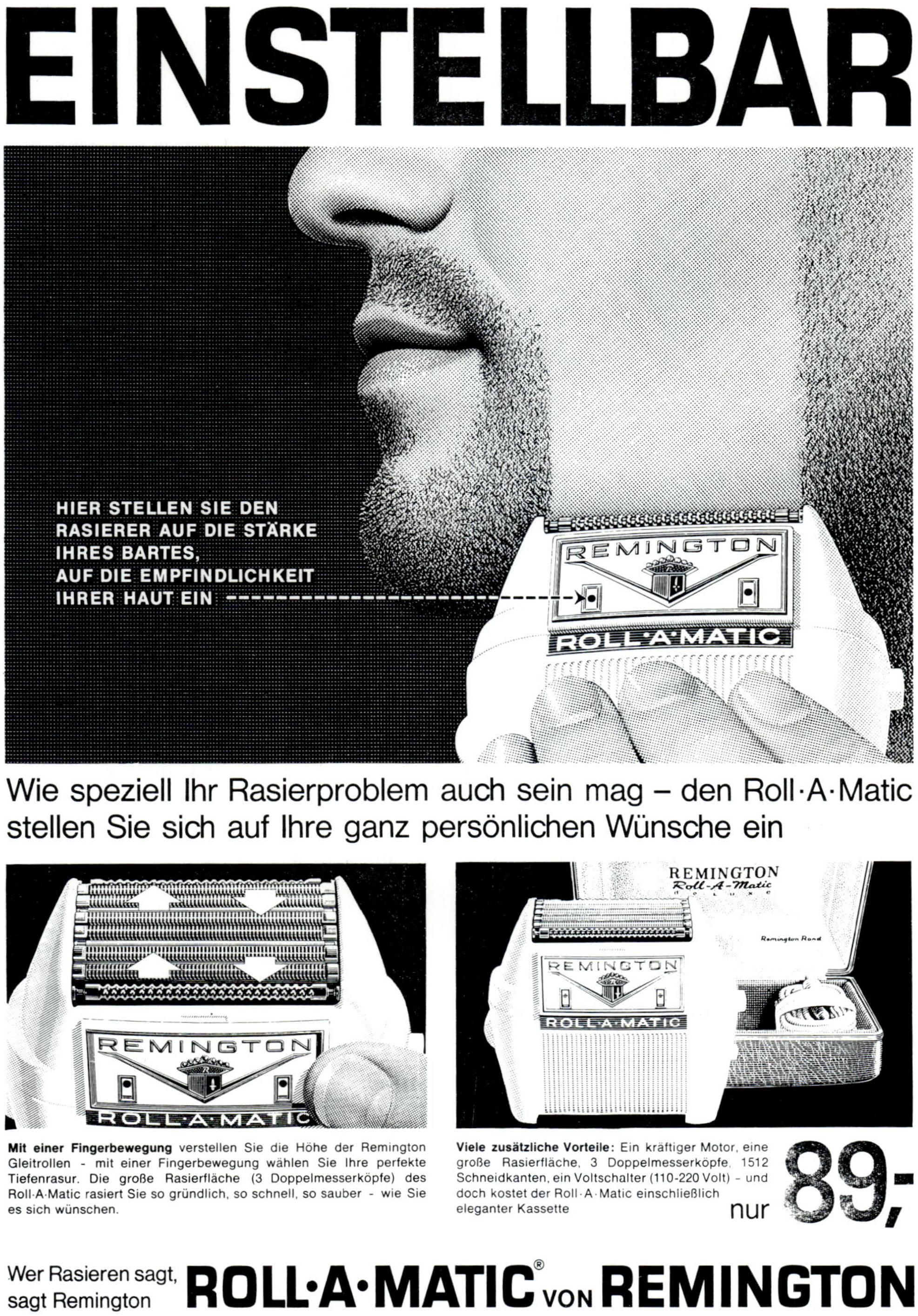

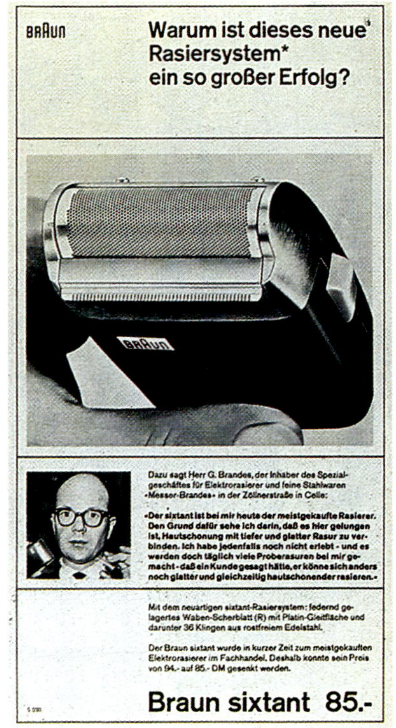

OBEN LINKS:
Abb. 241
Remington
»Mit einer Fingerbewegung verstellen Sie die Höhe der *Remington* Gleitrollen« – aber wozu, bleibt im Verborgenen.
Aus: *TV Hören und Sehen* 13/1962

OBEN RECHTS:
Abb. 242
Braun
Mit jedem Modell entwickelt *Braun* sein Rasiersystem weiter – und steigert seine Marktanteile.
Aus: *Petra* 11/1964

sollten den armen geplagten Ehemännern beistehen und »ElektroTrockenrasierer« besorgen. Einige Jahre später wurde der *S50*, technisch verfeinert, in optisch modernisierter Form als *A300* auf den Markt gebracht. Dank der über lange Zeit beibehaltenen klaren Linie in Produktdesign und Anzeigengestaltung entwickelte sich *Braun* innerhalb weniger Jahrzehnte zur führenden Rasiermarke (Abb. 242).

Zu den Konkurrenten gehörte in den fünfziger Jahren die Firma *Philips*, die das Prinzip rotierender Messer unter einer mit Schlitzen versehenen Scherfläche Schritt für Schritt weiterentwickelte. Während das erste Gerät noch ein Stab war, wurden die Schneideflächen in der Folge seitlich angebracht und ihre Zahl bis auf drei gesteigert. 1955 war der ehemalige Boxweltmeister Max Schmeling immer noch einer der populärsten Männer der Bundesrepublik. Sein ›starker Bart‹ war der Aufhänger in einer Anzeigenserie, in der Prominente wie Moser, Lingen, Rühmann und Jürgens

OBEN:
Abb. 243
Philips
Mit betont futuristischer Werbung und entsprechend modifiziertem Produktdesign kann sich *Philips* auf dem Markt behaupten.
Aus: *Penthouse* 10/1983

GEGENÜBER:
Abb. 244
Braun
Das beeindruckendste aller männlichen Argumente soll auch *Brauns* Position festigen.
Aus: *Lui* 1/1988

warben (Abb. 240). Als einer der wenigen frühen Mitstreiter konnte sich *Philips* mit seinem in der Werbung transportierten betont futuristischen Image auch in den folgenden Jahrzehnten auf dem Rasierermarkt erfolgreich behaupten (Abb. 243).

Remington hielt weltweit am längsten am geschlossenen kantigen Scherkammsystem fest. »Gleitrollen«, deren Funktionsweise nicht erklärt wurden, sollten 1962 das formal in amerikanischem Barock gehaltenes Modell *Roll·A·Matic* technisch up to date erscheiden lassen. »1512 Schneidkanten«, rechnete der Anzeigentext etwas mühsam vor, kosteten »einschließlich eleganter Kassette nur 89,-« (Abb. 241).

Währenddessen perfektionierte *Braun* sein Rasiersystem und baute nahezu unangefochten seine marktbeherrschende Rolle aus; 1985 rasierten sich bereits 70 von 100 Männern, die einen Elektrorasierer benutzten, mit einem *Braun*-Gerät. In eindeutiger Symbolik oder als mächtiger Monolith, an dem auch die Konkurrenz nicht vorbei führte, wurde 1988 der *micron vario 3* präsentiert (Abb. 244). Vor dieser »männlichste[n] Sache der Welt« wurden technische Informationen zum Kleingedruckten.

Der Braun micron® vario 3 universal L mit 3-Stufen-Schersystem. Mit Combi-Schnitt-Rasur, ausfahrbarem Langhaarschneider, platinveredeltem Scherblatt, Ladekontrolle, Kapazitätsanzeige, automatischer Spannungsanpassung, Überladeschutz und two-way-Technik: Für gründliches und hautschonendes Rasieren mit Kabel und bis zu 14 Tagen ohne. Im guten Fachgeschäft als Netz/Akku- und Netzgerät erhältlich. **Good morning future.**

BRAUN

OBEN RECHTS:
Abb. 245
Diercke
Ein ordentlicher, lernbegieriger junger Mann mit weißem Hemd und Krawatte – war 1967 selbst zum Weihnachtsfest nicht mehr die Regel.
Aus: *Westermanns MH* 12/1967

UNTEN:
Abb. 246
Ford
Ford aus der Kunststadt Köln gibt sich 1959 betont avantgardistisch – jedenfalls in der Printwerbung.
Aus: *Magnum* 6/1959

16 Der Wind bläst schärfer – durch die Sechziger

Mit Beginn der sechziger Jahre war die Wiedereingliederung der Bundesrepublik Deutschland in die internationale Staatengemeinschaft praktisch abgeschlossen. Sie war fester Teil eines westlichen Bündnisses aus demokratischen Staaten geworden, die sich vorrangig mit Warenproduktion und weltweitem Handel beschäftigten.

Der wirtschaftswundergestärkten BRD wehte nun ein internationaler, deutlich kälterer Wind entgegen. Die Angst, atomarer Kriegschauplatz zu werden, saß immer noch tief und war nicht unbegründet. Unter Kennedy geriet eine von der amerikanischen CIA gesteuerte Invasion in das prosowjetische Kuba zum Fiasko und verschärfte den kalten Krieg. Im August 1961 begann die DDR mit dem Bau einer Mauer quer durch Berlin, um den ständig zunehmenden Flüchtlingsstrom von Ost- nach West-Berlin zu stoppen.

Was in Westdeutschland als verzweifelter Kampf ums Überleben begonnen hatte, normalisierte sich nach und nach; Arbeit und Wohlstand wurden Alltag. Parallel dazu ›beruhigte‹ sich auch die Formenwelt. Nierentische und frei schwingende bunte Lichtschnüre wurden ersetzt durch eckige Flächen und funktionale Geraden, Schrägen verschwanden zugunsten rechter Winkel, Buntheit wich Einfarbigkeit. Die Herstellungsprozesse wirkten mehr und mehr auf das Warendesign ein, Massenproduktion wurde zum Kennzeichen des Jahrzehnts.

Junge Familien, die nicht mehr an die Kriegsgeneration erinnerten, wurden die in der Werbung bevorzugte Projektion, eine Betonung der Jugend als Hoffnungsträger ergab sich fast zwangsläufig. Daneben setzte die Wirtschaft auf Internationalität, die Produktionssteigerung und weltweiten Warenaustausch versprach. Schon die Kinder konnten diesbezüglich konditioniert werden, wie eine Anzeige für den *Diercke*-Weltatlas belegt (Abb. 245). 1967 war ein ordentlicher, lernbegieriger Junge bereits ein aktuelles Wunschbild; kurz geschnittene Haare, ein weißes Hemd und Krawatte waren auch zum Weihnachtsfest nicht mehr selbstverständlich. Die *Diercke*-Werbung stellte geschickt eine Verbindung zur inzwischen übermächtigen Konkurrenz her, denn »beim Fernsehen« sollte zum Atlas gegriffen werden, dessen potentielle Käufer zu »weltaufgeschlossene[n] Eltern« erklärt wurden.

Zukunftsorientiert gab sich 1959 der in der Kunststadt Köln ansässige Autohersteller *Ford* und ließ eine Anzeigenkampagne von dem bekannten Fotografen Carl-Heinz Hargesheimer bestücken. Die hartkopierte Abbildung reduzierte die Form des *17m* auf eine amerikanisch anmutende Heckflosse, die durch die Extremperspektive zusätzlich verstärkt wurde (Abb. 246). Lediglich der ebenfalls avantgardistisch – senkrecht – eingesetzte Schriftzug »die Welt vertraut ...« verband die Anzeige mit der gewohnten *Ford*-Werbung.

Ein prägender Vorläufer der sachlichen Sechziger-Jahre-Linie war, wie schon gezeigt, die Firma *Braun*. Sie hatte schon früh damit begonnen, ihre Produkte und Werbemittel in stilistischer Einheitlichkeit zu gestalten. Die Betonung der hohen

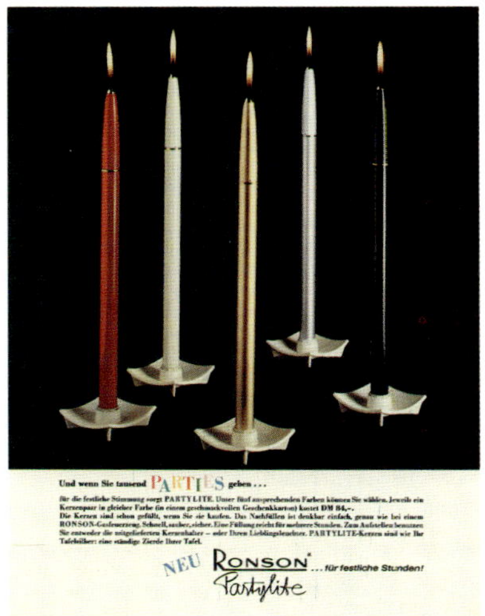

technischen Qualität war 1964 Ziel der Anzeige Abbildung 247; umfangreiche textliche Informationen ergänzten das fast dokumentarisch wirkende Foto der aus mehreren Komponenten einfach nebeneinander gesetzten »High Fidelity«-Anlage. Extrem klar gegliedert war die Anzeige auch formal, ihr Gestaltungsprinzip war die Betonung der parallel verlaufenden Waagerechten in Linien, Schriftzeilen, Fotoausschnitt und Musikanlage.

Demgegenüber setzte der Feuerzeughersteller *Ronson* im Oktober 1963 auf die Senkrechte, fünf brennende ›Kerzen‹ zeigt die Werbung Abbildung 248. Wie eine kühle Antwort auf die bunten Fünfziger-Jahre-Lichterketten wirken die schmalen, glatt lackierten Industrieprodukte, trotz der realen Flammen schaffen sie eine vergleichsweise sachliche Atmosphäre. Ihre Handhabung pries der Anzeigentext als »schnell, sauber, sicher«, ein eindeutiger Hinweis auf eine eher gebremste Stimmung bei den angesprochenen »tausend« bunten »Parties«. Daß es nicht mehr um ausgelassenes Feiern, sondern um »festliche Stunden« ging, offenbarte auch der Vergleich mit dem »Tafelsilber«; die »*Partylite*-Kerzen« sollten »eine ständige Zierde Ihrer Tafel« sein.

OBEN LINKS:
Abb. 247
Braun
Produktdesign und Anzeigengestaltung in stilistischer Einheitlichkeit – bei *Braun* schon 1964 normal, ansonsten eher eine Seltenheit.
Aus: *Film und Frau Architektur und Wohnen SH* 6/1964

OBEN RECHTS:
Abb. 248
Ronson
Eine kühle Antwort aus den Sechzigern auf die bunten Lichterketten der Fünfziger.
Aus: *Schöner Wohnen* 10/1963

OBEN LINKS:
Abb. 249
Formica
Ein zartes Aquarell in harmonischen Farben . . .
Aus: *Constanze* 2/1959

OBEN RECHTS:
Abb. 250
Formica
. . . mußte einem realistischen Foto und harten Farbkontrasten weichen.
Aus: *Schöner Wohnen* 9/1960

Kunststoffbeschichtete Arbeitsflächen waren schon in den fünfziger Jahren eine Methode, »moderne Eleganz in Ihre Wohnung« – nicht nur in die Küche –, zu bringen. »Schönheit und Zweckmäßigkeit« seien »hier sinnvoll vereint«, warb *Formica* 1959 in großen Anzeigen (Abb. 249). Eine zarte Anzeigenillustration malte in harmonisch aufeinander abgestimmten Farben aus, wie schön eine mit *Formica*-Platten ausgestattete Küche aussehen konnte.

Wie sehr hat sich ein Jahr später die Stimmung geändert. Die Emotionalität des Aquarells war der dokumentarischen Realität des Fotos gewichen, Rundungen und Schrägen waren fast ganz verschwunden. Rechte Winkel und zahlreiche zur Anzeigenseite parallele Geraden bewirkten eine Versachlichung der Raumsituation. Der vorgeschlagene »Farbschmuck«, in verkleinertem Maßstab neben dem Anzeigentext als abstraktes Muster wiederholt, erzeugte Kühle. Mit reinen Farben und eher harten Kontrasten sollte zwar immer noch »eine Atmosphäre heiterer Behaglichkeit« geschaffen werden, Worte wie ›reizvoll, Phantasie, Spielraum, Eleganz‹ waren nun jedoch aus dem Werbetext entfernt.

Zu den Aufsteigern der sechziger Jahre gehörte der österreichische Kellner Friedrich Jahn, der 1955 mit 8000 Mark Startkapital das »Linzer Stüberl« in Schwabing erworben hatte und schon gut zehn Jahre später in mehr als 200 Grillstationen im ganzen Bundesgebiet »Brathendln« anbot. Seine emotionalen Anzeigengemälde von Bratenduft und Familienglück ›zogen‹ so reichlich Kundschaft in die »bis in die späte Nacht« geöffneten Lokale, daß auch die leicht geminderte Hähnchenqualität den Umsatz nicht schmälern konnte.

1964, als die Anzeige Abbildung 251 geschaltet wurde, waren es erklärtermaßen erst »140 Brathendlstationen« in der ganzen Welt, die mit »freundliche[r] Gastlichkeit« warben. Um die Familien vom heimischen Herd wegzulocken, bot der Konzern den geldverdienenden Vätern eine konkrete Profilierung an: sie würden zum Mittelpunkt liebevoller Unterwürfigkeitsgesten der ganzen Familie, wenn sie sich den Slogan »Am Sonntag bleibt die Küche kalt – da geh'n wir in den *Wienerwald*« zueigen machten.

OBEN LINKS:
Abb. 251
Wienerwald
Friedrich Jahn, einer der Aufsteiger des Jahrzehnts, profilierte sein Produkt mit emotionsgeladenen Gemälden.
Aus: *Petra* 11/1964

OBEN RECHTS:
Abb. 252
Rama
Auf dem Bauernhof – da kommt doch eigentlich die Butter her – schmeckt die Margarine »so naturfrisch!«
Aus: *Eltern* 5/1967

Abb. 253
Cascade
Wasserstoffperoxid zwingt aus dem Ehealltag »Grau raus« und »Weiß rein«.
Aus: *Für Sie* 5/1966

Anerkennung zu erlangen, bemühte sich, wie bereits gesehen, schon länger der Brotaufstrich Margarine. Mit einer relativ aufwendigen Inszenierung versuchte sich *Rama* 1967 gegenüber der geschmacklich höher eingestuften Butter zu behaupten (Abb. 252). ›Zurück zur Natur‹ - auf den Bauernhof, wo eigentlich die Butter herkam –, hieß die Devise: Schinken vom Stück, herzhaftes Brot von Holzbrettchen, Kaffee aus irdenen Bechern und die Margarine aus dem Töpfchen. Wer das alles schätzte, dem schmeckte dann auch die *Rama* – hmm! – »so naturfrisch!«

Das Fernsehen hatte den Printmedien als Werbeträger ganz offensichtlich schon den Rang abgelaufen, als *Cascade* Mitte der sechziger Jahre mit seinen Fernseh-Fotoromanen an die Öffentlichkeit trat. Neben der *Omo*-»Familie Saubermann«, deren Name mehr als nur *ein* Programm war, profilierten sich »Die Peters« mit kessen Sprüchen als ›Familie von nebenan‹. Sie spiegelten die in der Luft liegenden Themen Sexualität und freie Liebe, wie die Anzeige Abbildung 253 demonstriert. In einer Geschichte, die praktisch kein diesbezügliches Klischee ausließ, drohte eine

wasserstoffblonde junge Frau einem deutschen Ehealltag, das »Grau raus« und ihr »Weiß rein« zu zwingen.

Von solch lockerem Lebenswandel waren die Herrschaften, die sich 1960 in einer *Lufthansa*-Anzeige versammelt hatten, offiziell noch weit entfernt (Abb. 254). Die Lounge des »Senator-Luxusdienstes«, die »den gesellschaftlichen Mittelpunkt an Bord« bildete, war Symbol für die internationale Anerkennung des wiedererreichten westdeutschen Wohlstandes. All denen, die noch nicht unter den oberen 10 000 weilten, führte die Anzeige detailliert vor, wie es auf der höchsten Ebene zuging: Pelzstola und Perlenkette waren für Damen ebenso Pflicht wie Fliege und Dinnerjacket für die Herren; Hummer, Kaviar und Kanapees kompensierten die Folgen harter Drinks, dekorative Wandgemälde legitimierten gesellschaftliche Eliten mit Darstellungen aus früheren Hierarchien.

OBEN LINKS:
Abb. 254
Lufthansa
Manche waren erschreckend schnell wieder ganz oben ...
Aus: *Film und Frau* 1/1960

OBEN RECHTS:
Abb. 255
Lufthansa Cocktail
... anderen blieb nur der Griff zur Flasche – die war bereits »Fix und fertig« gemixt.
Aus: *Stern* 51/1962

Ganz meine Meinung:
…greife lieber zur HB!
Frohen Herzens genießen –
HB – eine Filter-Cigarette, die schmeckt.
HB
VON HAUS BERGMANN
HB 510

GEGENÜBER:
Abb. 256
HB
»Ganz meine Meinung«, was die da im Fernsehen sagen, ist auf jeden Fall richtig, vor allem, wenn es aus einer Werbesendung stammt.
Aus: *HörZu* 20/1965

OBEN LINKS:
Abb. 257
Carlton
Wenn *er* sie anspricht, schlägt *sie* die Augen nieder, richtig so. – Oder ginge es auch anders herum?
Aus: *Stern* 4/1966

OBEN RECHTS:
Abb. 258
Milde Sorte
Endlich gibt es eine Zigarette mit kleinen Löcher im Papier, damit die Raucher etwas frische Luft bekommen.
Aus: *Constanze* 40/1964

Für die Vielen, die an derartigen Vergnügen nie würden teilhaben können, schuf die *Carl Mampe AG* den »*Lufthansa Cocktail*« (Abb. 255). Der bot nicht nur die Möglichkeit, vergnügt »über dem Alltag [zu] schweben«; er war, so die Werbung, auch durchaus geeignet, »einen dicken Punkt hinter den Alltag [zu] setzen«. Alkohol wurde hier, ganz unschuldig, zur Problemverdrängung vorgeschlagen, »wenn Sie der Erde für ein paar fröhliche Stunden entfliehen wollen« – und das »Fix und fertig für Sie gemixt« auf dem Niveau höchster gesellschaftlicher Kreise.

Noch vierzig Jahre nach seiner Geburt gilt Bruno, das sogenannte *HB-Männchen*, als die herausragende Werbefigur der fünfziger und sechziger Jahre. Seine ersten Auftritte in den frühen Werbeblocks des 1957 noch einzigen deutschen Fernsehprogramms folgten direkt auf die Kinderstunde und machten ihn zum Liebling der Nation. Darauf reagierte *HB* in der Printwerbung und festigte gleichzeitig die

OBEN LINKS:
Abb. 259
Ergee
Die Anzeige kann man(n) wirklich sehr unterschiedlich auffassen.
Aus: *Eltern* 10/1969

OBEN RECHTS:
Abb. 260
Mimosept
Die Frauen werden immer selbstbewußter, jetzt schlagen sie nicht einmal mehr die Augen nieder, wenn man von ihren ›Tagen‹ spricht.
Aus: *Film und Frau* 3/1964

Stellung des Fernsehens als Opinion-leader. »Ganz meine Meinung: . . .greife lieber zur *HB*«, wußte der abgebildete Raucher, und schaltete seinen Apparat ein – wenn alle dem neuen Medium huldigten, so mußten auch die Idole der Printwerbung folgen (Abb. 256). Die Hartkopierung sollte die dargestellte Szene, ohne sie allzuweit vom Alltag der Betrachter zu entfernen, aus der realistischen Fotosituation herauslösen und auf eine stilisierte Werbeebene heben; der Grün-Druck erhöhte den Wiedererkennungseffekt. Neu auf dem Markt erscheinende Zigarettenmarken nutzten in der Werbung häufig die *Marlboro*-Methode und versuchten, den Konsum ihres Produkts konkret mit einem modernen Lebensgefühl zu verbinden. *Carlton* stellte dafür 1966 in einer Anzeige eine lockere Gesprächssituation zwischen jungen Leuten dar (Abb. 257). *Ein* Mann und *zwei* Frauen unterhielten sich über ein neues Mitglied der Runde: »Nicht nur neu, sie ist interessant«, weil »sie alles

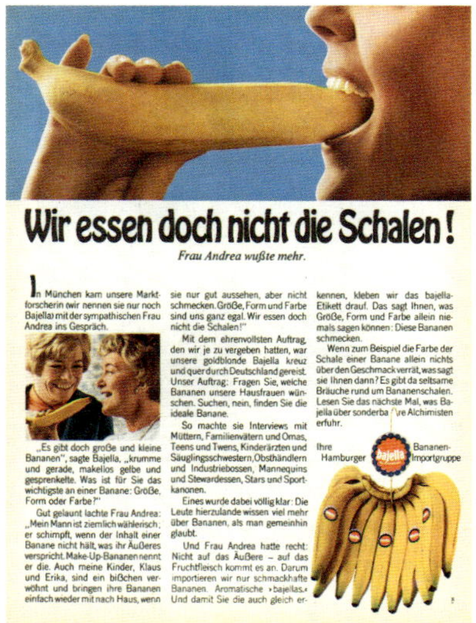

OBEN LINKS:
Abb. 261
Chiquita
Warum stehen die Bananen so aufrecht?
Aus: *Eltern* 2/1967

OBEN MITTE:
Abb. 262
Bajella
Die Konkurrenz greift an und macht gleich alle Punkte.
Aus: *Eltern* 3/1968

OBEN RECHTS:
Abb. 263
Chiquita
Verzweifelte Gegenwehr des Marktführers und dramatisch verstärkte Kontrollen: nun wird »37mal« geprüft.
Aus: *Eltern* 5/1968

in einer bietet«. Nicht ein besonderer Tabakgeschmack stand hier im Vordergrund, sondern das kommunikative Moment beim gemeinsamen Rauchen. Das Anzeigenfoto demonstrierte die Rangordnung; wenn *er* sie ansprach, schlug *sie* die Augen nieder.

Als eine der ersten Marken machte die *Milde Sorte* im Jahr 1964 das veränderte Konsumverhalten zum Ziel ihrer Werbung, immer mehr Raucher bevorzugen leichte Tabake (Abb. 258). Offensiv verband sie die Darstellung eines Mannes mit dem »milde[n] Rauchvergnügen« – erklärtermaßen ›leichte‹ Zigaretten gab es durchaus, aber sie waren bis dahin den Frauen vorbehalten. Den Grund für die »fein dosierte Frischluftzufuhr«, die sogenannte »Klimazone« – winzige Löcher, die kurz vor dem Filter ins Papier gebohrt waren – durfte sie nicht detaillierter beschreiben, es hätte die Grenzen des in der Zigarettenwerbung Erlaubten überschritten. Natürlich war auch die *Milde Sorte* trotz aller »Nikotinarmut« aus »edelsten Tabaken – deshalb so würzig«. Aber das Konzept ging auf, schon ein Jahr später war sie die Nummer drei unter den ›leichten‹.

Daß die Gleichberechtigung der Geschlechter ein im Lauf der sechziger Jahre immer heftiger diskutiertes Thema war, spiegelte sich auch in der Werbung. 1969, ein Jahr nach dem Kinostart von Oswald Kolles »Wunder der Liebe«, lancierte *Ergee* für ihre Strumpfhose *ergelan 64* eine Kampagne unter dem Titel »Die Waffe der Frau« (Abb. 259). Zu sehen waren in den Anzeigen jeweils gespreizte weibliche Beine, die von einer eine Pistole haltenden Hand ›bewacht‹ wurden. Auch wenn die Waffe primär auf den Anzeigenslogan verwies, so verstärkte sie doch gleichzeitig die im Foto angesprochenen Urangst der Männer, vor dem, was da zwischen den Beinen der Frauen saß. Der sehr fleischige Farbton der Strumpfhose, der alles andere als den Eindruck von Verhüllung vermittelte – »Ein aufregendes Nichts. Fast unsichtbar« – und die selbstbewußte weibliche Freiheitnahme – »Ein Hauch, der Nacktheit zur Überlegenheit macht« – bildeten in der Tat eine relativ provozierende Anzeige, die frau durchaus als Aufforderung zur Emanzipation interpretieren konnte – »Haben Sie Mut!« –, die man(n) aber sicher nicht immer so verstand.

›Ganz dicht ran‹ an die Frauen und ihre Probleme wollte schon 1964 die Werbung von *Mimosept,* auch wenn sie, folgt man dem Anzeigentext, glaubte, »daß es richtig ist, gewisse Dinge mit Zurückhaltung zu behandeln« (Abb. 260). Um neben dem Marktführer *Camelia* bestehen zu können, griffen die Verantwortlichen zu einem relativ unkonventionellen Konzept: während auf die Abbildung des beworbenen Produkts völlig verzichtet wurde, setzte die Anzeige ganz auf die Wirkung eines ›ungeschminkten‹ Gesichts. Die durch den Ausschnitt geschaffene Intimität vermittelte tatsächlich einen starken emotionalen Eindruck. Eine junge Frau, die eine derartige Annäherung ruhig gestattete, scheinbar selbstbewußt zum angesprochenen Tabuthema stand und dem Beschauer

RODIER
PARIS
Bezugsquellennachweis:
Intergarn GmbH, Köln.
Schweiz: Interfil S.A., Genf.
SNIP Strümpfe: Rodier Frisur: R. Goujean Armbanduhr: Obrey Schuhe: C. Jourdan

dabei offen in die Augen blickte, erzielte so hohe Aufmerksamkeitswerte, daß man die Produktbeschreibung getrost dem Kleingedruckten überlassen konnte.

1966 entschloß sich die amerikanische *United Fruit Company,* ihr in den USA erfolgreiches Produkt *Chiquita* auch in Europa anzubieten. Bei einem westdeutschen Pro-Kopf-Verbrauch von 10,2 kg Bananen im Jahr schien sich sogar die Aufwand zu lohnen, aus einem preiswerten Massenartikel ein Markenprodukt zu machen. In einer der aufwendigsten Werbekampagnen der Nachkriegszeit wurde der Versuch unternommen, auch für Bananen ein Qualitätsbewußtsein zu schaffen. Da sich aber Geschmack nicht in Anzeigen transportieren ließ, stilisierte man die äußere Form und die Schalenbeschaffenheit zum Gütemerkmal hoch. Die Anzeigen fanden nicht nur wegen der phallischen Symbolkraft der Früchte große Beachtung; in der Abbildung 261 ›stehen‹ beide Bananen aufrecht, aber natürlich überragt die *Chiquita* die Konkurrenz deutlich. Schon ein Jahr später schickten sich die ersten Bana-

GEGENÜBER:
Abb. 264
Rodier
Carnaby-Street läßt springen.
Aus: *Epoca* 10/1968

OBEN LINKS:
Abb. 265
Erle
Die deutschen Twiggies
versteckten sich vornehm hinter »zf«
(»Zierliche Figur«).
Aus: *annabelle* 2/1965

OBEN RECHTS:
Abb. 266
Brisk
Nun wurden die Männer gar zu
Objekten weiblicher Begierde gemacht.
Aus: *Quick* 7/1964

Abb. 267
SPD
Nicht nur die 68er-Generation fand die Schule »zum Heulen«, und das wußte die SPD.
Aus: *Eltern* 7/1969

nenimporteure an, gegen die *Chiquita* und ihre Theorie des schönen Scheins anzutreten (Abb. 262). Mit »Wir essen doch nicht die Schalen!« traf *Bajella* 1968 den entscheidenden Punkt. Nicht von oben herab, sondern von den Verbrauchern selbst sollte der *Chiquita*-Ansatz entlarvt werden: »Die Leute hierzulande wissen viel mehr über Bananen, als man gemeinhin glaubt.« So hätten sie beispielsweise durchaus Kenntnis davon, wurde im umfangreichen Anzeigentext aufgeklärt, daß es Bananen gebe, deren Inhalt nicht hielte, »was ihr Äußeres verspricht«. Aber im Endeffekt taten auch die *Bajella*-Vermarkter nichts anderes, als die schönsten Früchte abzubilden und zu behaupten, daß die mit ihrem Aufkleber besonders aromatisch seien.

Das konnte die *United Fruit Company* natürlich nicht auf sich sitzen lassen; »Eigentlich gehört das *Chiquita*-Prüfsiegel an diese Stelle«, verkündeten schon im gleichen Jahr ihre Anzeigen (Abb. 263). Zusätzlich wurden Teile der ursprünglichen Werbeargumentation gesteigert wiederholt: »Insgesamt 37mal« werde geprüft, gemessen und wieder geprüft. Von ihrer Beweisführung konnten sie freilich nicht abrücken, nur war nun mit der Formulierung »das makellose, köstliche Fruchtfleisch« eine etwas subtilere verbale Verbindung von Form und Inhalt geschaffen worden. (Daß all diese ›Aufklärungsarbeit‹ die deutschen Verbraucher von wirklich reifen, aromatischen Bananen, wie sie beispielsweise in Brasilien mit Genuß verzehrt wurden, ständig weiter entfernte, soll hier nicht verschwiegen werden.)

Mitte der sechziger Jahre drang aus dem Londoner Vorort Chelsea die Kunde von Mary Quants Minirock, zum ersten Mal setzte sich damit eine Modevorstellung ›von unten‹ gegenüber der tonangebenden Oberschicht durch. Der Pariser Yves Saint-Laurent schuf daraufhin als erster das »Prêt-à-porter«, die für die Mas-

senproduktion entworfene Modellkleidung. Viele folgten, und bald waren Boutiquen mit hochwertigen Modeneuheiten, wie zum Beispiel die von *Rodier,* ein enormes Geschäft. Deutlich spürbar ist in der Anzeige Abbildung 264 der Einfluß der *Carnaby-Street;* ›optimistisch, fröhlich, frei‹, waren die beabsichtigten Stimmungsbilder, die Bewegungsdynamik des Modells schien die Grenzen der Zeitschriftenseite durchbrechen zu wollen. Der Minirock war so bestimmend geworden, daß die Werbung neben dem Kleid ebenso für die stark strukturierte Strumpfhose warb.

Sehr ruhig wirkte dagegen die Pose in der Anzeige, mit der die norddeutsche Marke *erle* ihre Modereihe für Frauen mit Twiggy-Körperbau *»zf«* (»Zierliche Figur«) bewarb (Abb. 265). Auch die Männer wurden was ihr Äußeres anbetraf inzwischen in die Konsumpflicht genommen, *Brisk* machte sie gar zu Objekten weiblicher Begierde, die mit leicht gesenktem Kopf ihre Frisur vorführten (Abb. 266).

1969 wurde mit Willy Brandt zum ersten Mal ein Sozialdemokrat Kanzler. Mit Anzeigen, die eine Mischung aus ernsthafter Auseinandersetzung und reiner Emotionalität waren, hatte die SPD die Voraussetzungen für die Koalition mit der FDP geschaffen (Abb. 267). Für kurze Zeit sollte es Mode werden, soziale Einstellung zu zeigen; zusätzlich führten die Unruhen der sogenannten 68er-Generation für einige Jahre zu erhöhtem Problembewußtsein.

Zu den Werbeslogans, die die sechziger Jahre überdauerten, gehörte der Ausruf: »Mutti, Mutti, . . .er hat überhaupt nicht gebohrt!« aus der *Colgate*-Werbung (Abb. 268). Geschickt waren hier die Sorgen von Eltern *und* Kindern thematisiert, um allen sogleich die Lösung vorzuführen. Auch diese Anzeige aus dem Jahr 1969 war, wie so viele, praktisch eine Momentaufnahme aus einem Fernsehspot. Denn dort vor allem geschah in den sechziger Jahren Medienwirksames; wer über den Bildschirm kam, erreichte sein Ziel.

Abb. 268
Colgate
Die perfekte Momentaufnahme aus einem Fernsehspot verhalf dem Slogan zum Durchbruch.
Aus: *Eltern* 7/1969

OBEN LINKS:
Abb. 269
Mülhens/4711
Ein ›Auszug‹ aus *Kölnisch Wasser* – zum vorwiegend äußerlichen Gebrauch.
Aus: *Ilustrirte Zeitung* 3.9.1892

OBEN RECHTS:
Abb. 270
Mülhens/4711
Das waren noch Zeiten – als die größten Erfolge der Parfümerie aus Köln kamen.
Aus: *Ilustrirte Zeitung* 4.11.1897

17 Von Frauen und Wunderwassern – *Mülhens*

Zu den frühen Meisterleistungen wirkungsvoller Öffentlichkeitsarbeit gehört die Entstehungsgeschichte des Kölner Parfümherstellers *Mülhens/4711.* Wie die von der Firmenleitung stets sorgsam umhegte Überlieferung berichtet, erhielt der in »Speculations-Geschaeften« tätige Wilhelm Mülhens anläßlich seiner Hochzeit im Jahr 1792 von dem Kartäusermönch Franz Maria Farina ein Geheimrezept zur Herstellung eines »Aqua mirabilis«. So wurden damals Wunderwasser geheimnisvoll genannt, die zum Beispiel als *Eau de Cologne* bekannt waren.[17.1]

Schon lange vor diesem Ereignis machten sich zahlreiche konkurrierende Kölner Destillateure in Prozessen gegenseitig das Recht zur Herstellung des *Original Kölnisch Wasser,* wie man das erfolgreiche Produkt auch nannte, streitig. Viele von ihnen bezogen sich wie die bereits 1709 gegründete »älteste Kölnisch-Wasser-Fabrik« *Johann Maria Farina* auf einen Erfinder mit Namen Farina. Wer als Parfümhersteller keinen diesbezüglichen Ursprung nachweisen konnte, pflegte entsprechende Verträge mit irgendeinem Italiener Namens »Farina« (dt.: Mehl) abzuschließen, um unter diesem Markennamen *Eau de Cologne* anbieten zu können.

Anfänglich wurden die einen hohen Alkoholanteil enthaltenden Wunderwasser als Heilmittel auch ›innerlich‹ angewandt; so soll Napoleon vor jeder Schlacht einen guten Schluck *Kölnisch Wasser* zu sich genommen haben. Als jedoch ein Dekret der französischen Besatzung im Jahr 1810 die Offenlegung aller Rezepturen geheimer Arzneimittel verlangte, änderte die gesamte Kölner Parfümzunft das Image ihres Produkts und pries es fortan nur noch als äußerlich anzuwendendes erfrischendes Kosmetikum an.

Auch der beschenkte Wilhelm Mülhens brachte sein Wunderwasser zunächst unter dem Namen *Franz Maria Farina,* so hatte ja *zufällig* jener Kartäusermönch geheißen, auf den Markt und erzielte beachtliche Anfangserfolge. Doch schon 1803 war er gezwungen, angesichts der kirchenfeindlich eingestellten Franzosen seinen religiösen Ursprungsbezug mit Hilfe eines Vertrages mit einem »Carl Franz Maria Farina« aus Düsseldorf zusätzlich zu legitimieren.

1832 konnte nach jahrelangen gerichtlichen Auseinandersetzungen wiederum nur durch einen weiteren Vertrag, diesmal mit einem Mailänder Rechtsgelehrten des Namens »Franz Maria Farina«, der Markenname für die Firma erhalten werden; Ähnliches wiederholte sich 1865.

Sechzehn Jahre später wurde das Recht, unter dem Namen *Farina* zu firmieren, dann endgültig vor Gericht verloren. Das zwang den inzwischen mit der Firmenleitung betreuten Enkel des Gründers, Ferdinand Mülhens, zu einem entschei-

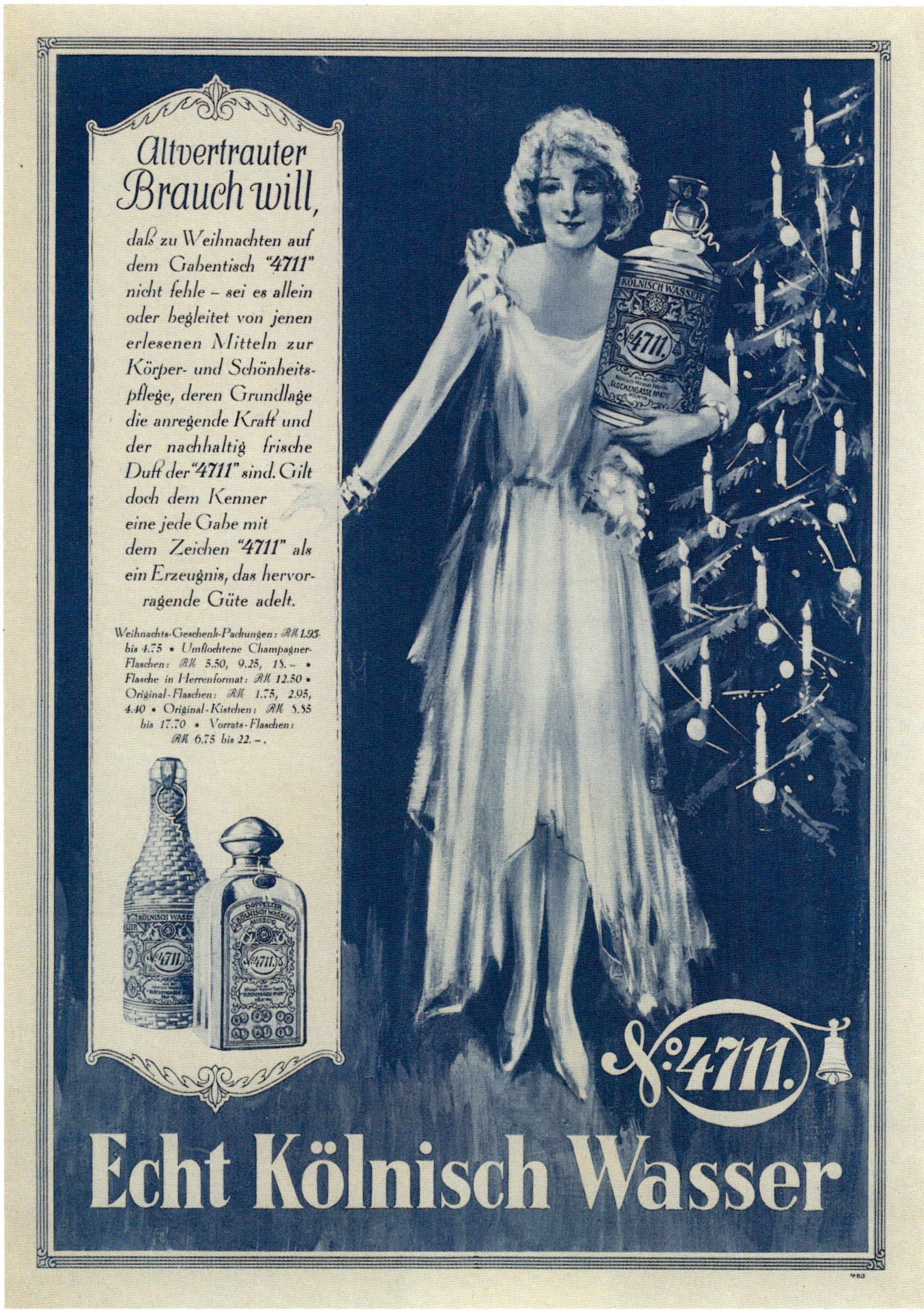

OBEN LINKS:
Abb. 271
Mülhens/4711
Nur zwei Gründe – von vielen – für die große Vorratsflasche *4711* zu Weihnachten 1929: das Rheinland war wieder deutsch, und die Weltwirtschaftskrise stand vor der Tür.
Aus: *Ilustrirte Zeitung* 12/1929

OBEN RECHTS:
Abb. 272
Mülhens/4711
»Sehr nützlich und unentbehrlich im Feld.«
Aus: *Kölnische Zeitung* 7.12.1914

denden Schritt: Er erhob die Hausnummer »4711« zum Markenzeichen und ließ als neue Firmierung die etwas umständliche Bezeichnung »Eau de Cologne- und Parfümerie-Fabrik, Glockengasse Nr. 4711 gegenüber der Pferdepost von Ferdinand Mülhens« eintragen.

Folgerichtig wurde »Die Beste *Eau de Cologne*« 1892 in der Werbung primär unter Hinweis auf die – viermal genannte – Hausnummer: »Man beachte auf jeder Flasche die No. *4711*« präsentiert (Abb. 269). Und genau zum hundertjährigen Jubiläum – die Rezeptübergabe wurde mit der Firmengründung gleichgesetzt! –, tauchte ein Wort auf, das als Teil der später geschützte Markenbezeichnung überleben sollte: »Echt«. Der abgebildete Flacon enthielt kein normales *Kölnisch Wasser,* sondern ein »Extrait«, einen ›Auszug‹. Da es mit einem Korken verschlossen war, wurde gleich ein geeigneter Öffner mitgeliefert.

OBEN:
Abb. 273
Mülhens/4711
Fatale Aktualität:
Eine Mutter salbt einen jungen Krieger.
Aus: *Berliner Illustrierte Zeitung* 27/1939

GEGENÜBER:
Abb. 274
Mülhens/4711
Im vorgerückten Alter von 35 Jahren entwickelt sich das »Eau de Cologne Parfum« *Tosca* zu einer tragenden Säule des Wirtschaftswunders.
Aus: *Neue Illustrierte* 2/1956

Im Lauf des neunzehnten Jahrhunderts errichtete *4711* Niederlassungen in der ganzen Welt, nach Paris in Wien, Berlin und Bombay; im Osten folgten St. Petersburg, Moskau, Riga und Odessa. Gleichzeitig wurde das Warensortiment erweitert; Duftwasser, »Modeparfums« und Seifen wurden zusätzlich ins Programm aufgenommen und beworben (Abb.270).

Der Erste Weltkrieg unterbrach die Geschäfte zunächst nicht, in angepaßter Form wurden weiterhin Anzeigen geschaltet (Abb. 272). Sein Ende jedoch war bitter für die Kölner Firma; die *4711*-Zentrale in der Glockengasse wurde beschlagnahmt, das Auslandsgeschäft war größtenteils verloren und die Produktion aufgrund des akuten Rohstoffmangels kaum mehr aufrecht zu erhalten. In dieser Situation leistete vor allem ein Mann besonderes, dessen Vater schon die Geschicke des Kölner Unternehmens geleitet hatte, der Generaldirektor Arthur Hermann Schütte. Ihm gelang es in zähen Verhandlungen, die Grundlagen für einen Wiederaufbau zu schaffen; 1921 kreierte er außerdem die Erfolgsduftnote *Tosca* (Abb. 274).17.2

In der Werbung der zwanziger Jahre tauchte zum ersten Mal eine Kombination auf, die für Jahrzehnte inhaltliches Bauprinzip vieler Anzeigen bleiben sollte: eine junge Frau präsentiert ein *4711*-Produkt. Diese Darstellungen waren manchmal so freizügig, daß sich 1928 gar der Kölner Klerus genötigt fühlte, gegen ein Plakat zu protestieren, auf dem eine ganze Runde nur spärlich bekleideter junger Damen vom Parfümduft ganz offensichtlich in Trance versetzt worden war. Mit *»Echt Kölnisch Wasser«* warb die Anzeige Abbildung 271, und damit war endgültig die bald darauf geschützte Formel gefunden, die das Kölner Wasser in Zukunft begleiten sollte. Daß schon damals Imagetransfer versucht wurde, zeigt die Erwähnung einer umflochtenen »Champagnerflasche«.

4711
Tosca
Eau de Cologne
Parfum
DM 2.– bis 11.–
TOSCA
TOSCA
EAU DE COLOGNE
DM 4.– bis 16.–
Tosca

OBEN LINKS:
Abb. 275
Mülhens/4711
Langsam wird der Abstand zum Markt auch in der Werbung sichtbar.
Aus: *Film und Frau* 8/1963

OBEN RECHTS:
Abb. 276
Mülhens/4711
Nur bei festlichen Anlässen sollte das »wahrhaft Bewährte« zum Einsatz kommen.
Aus: *Constanze SH* 1955

Auch während des Zweiten Weltkrieges wurde für die Produkte des Kölner Herstellers geworben, und abermals scheinen sich die besonderen Umstände der Zeit in fataler Weise in den Anzeigen zu spiegeln (Abb. 273). Wieder war es eine junge Frau, die das beworbene Produkt vorführte; nur war sie nun Mutter, die einen mit historischen Kriegsspielen beschäftigten Jungen salbte. In die zu jener Zeit so häufig zitierte Antike war sowohl für den Namen der Creme – Sparta – wie für die Dosendekoration zurückgegriffen worden – das »Reichsministerium für Volksaufklärung und Propaganda« sah es sicher nicht ungern.

Das Ende des Zweiten Weltkriegs schien auch für die traditionsreiche Kölner Firma zunächst das Aus zu bedeuten. Produktionsstätten und Stammhaus in der Glockengasse waren völlig zerstört. Beide Söhne des Firmeninhabers Peter Paul Mülhens waren tot, am 5. August 1945 starb auch er. Doch seine Frau Maria schaffte, unterstützt von Generaldirektor Herbert

Schütte, allen Widrigkeiten zum Trotz, abermals den Wiederaufbau; das *Eau de Cologne Parfum Tosca* entwickelte sich zum Verkaufsschlager. In der Werbung waren, wie gehabt, schöne, zunächst gemalte Frauen einfach mit *4711*-Produkten kombiniert (Abb. 274). Doch auch zeittypische Kurvenformen konnten nicht davon ablenken, daß die Betonung der Tradition auf Kosten zukunftsträchtiger Jugendmärkte ging (Abb. 276). Rokokoornamente auf Tuben und Puderdöschen wiesen in die Vergangenheit, in der die Kölner die Quelle von »wahrhaft Bewährtem« sahen. Nicht für den tägliches Gebrauch bewarb die Anzeige ihr Produkt, sondern (nur) für den besonderen festlichen Anlaß.

Bis weit in die sechziger Jahre und damit deutlich länger als die meisten anderen hielt *4711* an der gemalten Anzeige fest; auch als das klare, fast dokumentarische Foto schon üblich war, man vergleiche nur die ungefähr zeitgleichen Anzeigen Abbildung 275 und 260. Im Jahr 1964 wurde das Stammhaus in der Glokkengasse wieder aufgebaut, ganz im neugotischen Stil von 1854 – auch das primär ein Verweis in die Vergangenheit.

Abb. 277
Mülhens/4711
»My Fair Lady« mit Audrey Hepburn lief gerade erfolgreich in den deutschen Filmtheatern.
Aus: *Freundin* 13/1967

Foto: Rolf Bublitz BRAASCH-Modell
6833
TOSCA
von N° 4711
TOSCA
TOSCA
EAU DE COLOGNE
Eau de Cologne • Parfum • Spray • Feinseife

1966 wurde der Longseller *Tosca,* in aktuellem modischen Chic gekleidet, immer noch beworben; die Kundinnen der Zukunft kannten das inzwischen 45 Jahre alte Parfüm jedoch bereits von ihren Müttern (Abb. 278). Ein Jahr später war es der Filmstar Audrey Hepburn, der das Aussehen der abgebildeten Schönheit geprägt hatte; die berühmte Hausnummer war der beworbenen »elegant-beschwingte[n] Duftkombination« optisch deutlich untergeordnet, aber auch *Carat* war inzwischen schon fast dreißig Jahre alt (Abb. 277).

Erst in den siebziger Jahren gab es erkennbare Tendenzen, vom *Kölnisch Wasser*-Image wegzukommen. *Janine D.* hieß ein neuer »Duft« mit dem »Mädchen von heute« angesprochen werden sollten (Abb. 279). »Ganz jung« war nicht nur die aktuellste Käuferschicht, ›ganz jung‹ wollten sich auch die Älteren fühlen. Nur klein war der ehemals weltberühmte Markenname in der Anzeige abgedruckt und ermöglichte auf diese Weise den Anschluß an neue Absatzmärkte. Weg aus Köln, nach Westen in die inzwischen unumstrittene Hauptstadt teurer Düfte führte auch der neue französisch klingende Name.

Die achziger Jahre waren geprägt von Versuchen, den *Janine-D.*-Erfolg zu wiederholen. Zahlreiche Marken gelangten auf den Markt, ohne sich durchzusetzen. *4711* geriet mehr und mehr in Schwierigkeiten. Erst 1989 konnte mit der argentinischen Tennisspielerin Gabriela Sabatini erfolgreich eine neue Imageträgerin verpflichtet werden. Von dem unter ihrem Namen angebotenen Parfüm wurde selbst *Tosca* innerhalb kurzer Zeit überflügelt. 1990 wurde die Firmenbezeichnung in *Mülhens KG* geändert, die Werbung hatte schon länger auf die Nennung der Zahlenkombination *4711* verzichtet (Abb. 280). Dank der mit dem *Sabatini*-Duft erreichten Umsätze konnte der finanzielle Engpaß überwunden werden. Doch persönliche Differenzen in der Firmenspitze erschwerten die Konsolidierung enorm; einige Jahre danach wurde das traditionsreiche Familienunternehmen an den Kosmetikkonzern *Wella* verkauft – für rund 300 Millionen Mark, wie man hörte.

GEGENÜBER:
Abb. 278
Mülhens/4711
Der Longseller *Tosca* soll, in aktuellem Chic neu eingekleidet, die Umsätze machen.
Aus: *Freundin* 8/1966

OBEN LINKS:
Abb. 279
Mülhens/4711
Durch *Janine D.* kommt endlich der dringend notwendige Bruch mit der *Kölnisch-Wasser*-Tradition.
Aus: *Brigitte* 5/1978

OBEN RECHTS:
Abb. 280
Mülhens/4711
›Miss Sabatini schlägt auf‹ zum erfolgreichen Neubeginn.
Aus: *Freundin* 26/1994

Oben links:
Abb. 281
Strub
Noch ist *die* Herkunftsbezeichnung nicht geschützt, jedenfalls in Deutschland.
Aus: *Velhagen & Klasings MH* 3/1903

Oben rechts:
Abb. 282
Kupferberg
Zum fünfzigsten Geburtstag gab es eine wunderschöne Jugenstilzeichnung für *Kupferbergs* Paradepferd.
Farblithografie von Leopoldo Metlicovitz aus dem Jahr 1901

18 »Vergnügt über dem Alltag schweben«– Alkoholika

Wie die Tradition geistiger Getränke bis weit in die Vergangenheit zurückreicht, begann auch die Geschichte geschützter Alkoholmarken vergleichsweise früh.

So war beispielsweise bereits im vierzehnten Jahrhundert stiller Schaumwein aus der französischen Provinz Champagne bekannt und beliebt, aber erst Dom Pérignon schuf Anfang des achtzehnten Jahrhunderts die technischen Voraussetzungen für die massenhafte Produktion eines hochwertigen moussierenden Champagners von gleichbleibender Qualität. Dieses Getränk war weltweit so erfolgreich, daß schon bald Imitationen auf den Markt kamen, die jedoch häufig von minderer Qualität waren und so den guten Ruf des Originals schädigten. Den französischen Kellereien gelang es zwar relativ früh, ihre Markennamen gegen Nachahmung schützen zu lassen, nicht aber die Bezeichnung »Champagne«. In Deutschland gab es daher noch lange Zeit unter diesem Namen angebotene Schaumweine, bei denen nicht klar war, ob sie tatsächlich aus Frankreich stammten (Abb. 281); erst 1919 wurde durch einen Passus im Versailler Vertrag diesem Usus ein Ende gesetzt.

Deutsche ›Champagner‹ wurden bereits Ende des achtzehnten Jahrhunderts hergestellt, doch erst um 1840 begann mit der Einführung des Begriffes ›Sect‹ eine eigenständige Schaumweintradition. Die 1850 gegründete Firma *Kupferberg* gehörte zu den ersten, die auf ihren Etiketten die neue Bezeichnung verwendeten. 1901, als die Anzeige Abbildung 282 geschaltet wurde, war der *Kupferberg Gold* bereits einer der erfolgreichsten Sekte Europas und wurde entsprechend aufwendig beworben.

Abb. 283
Kitzing & Helbig
Zunächst trauten sich nur die Biergroßhändler, den Gasthäusern Konkurrenz zu machen.
Aus: *Leipziger Kalender* 1913

OBEN:
Abb. 284
Bénédictine
Vierhundert Jahre nach seiner Geburt als Kräutermedizin ist aus dem *Bénédictine* ein aromatisierter *Cognac* geworden.
Aus: *Velhagen & Klasings MH* 6/1908

RECHTS:
Abb. 285
Henkell
Auch Sektkellereien wollen nur das eine: verkaufen.
Aus: *Die Kunst* 10/1908

OBEN LINKS:
Abb. 286
Henkell
Das *Lufthansa*-Cocktail-Motto »Vergnügt über dem Alltag schweben«, vorweggenommen à la *Simplicissimus.*
Aus: *Scherls Magazin* 5/1928

OBEN RECHTS:
Abb. 287
Curaçao
Füße zusammen, Brust raus und Blick geradeaus – solange er noch klar ist.
Aus: *Velhagen & Klasings MH* 8/1924

Erheblich älter als der Schaumwein ist das Volksgetränk Bier; bereits vor 4000 Jahren soll in Ägypten aus gemalztem Getreide ein alkoholisches Getränk zubereitet worden sein, in Deutschland war es schon im zwölften Jahrhundert weit verbreitet. Werbeanzeigen von großen Brauereien waren im neunzehnten Jahrhundert noch relativ selten, Konservierungs- und Transportprobleme verhinderten eine Ausweitung der meist lokal agierenden Marken. Erst mit der Einführung der Bügelflasche lohnte sich Bierwerbung bei den Endverbrauchern, sie wurde zunächst vor allem von Großhändlern geschaltet, wie die Anzeige Abbildung 283 aus dem Jahr 1913 zeigt.

OBEN LINKS:
Abb. 288
Cinzano
»Ganz recht, gnädige Frau!« Jetzt sollen *Sie* die Männer stoppen, bevor alles den Bach runter geht.
Aus: *Die Kunst* 11/1942

OBEN RECHTS:
Abb. 289
Cinzano
Alles wieder in Ordnung:
Mit Schwung zu neuen Umsätzen.
Aus: *Er* 4/1959

Als Kräutermedizin aus einem Benediktinerkloster hatte der *Liqueur Bénédictine* Anfang des sechzehnten Jahrhunderts seine Karriere begonnen. Vierhundert Jahre später war aus ihm ein ganz weltlicher aromatisierter Cognac geworden, der erfolgreich als Likör beworben wurde (Abb. 284). Eine lobende Beschreibung war zu diesem Zeitpunkt aufgrund seines hohen Bekanntheitsgrades nicht nötig, die Anzeige war eine reine Markenwerbung. Lediglich die Zeichnung profilierte den *Bénédictine* mit einer klassischen Servierszene – ein Verweis auf seine lange Tradition.

Erheblich detaillierter führte *Henkell* im gleichen Jahr, 1908, den richtigen Gebrauch seines Sektes vor, die Konkurrenz war stark, die Mitanbieter zahlreich. Wie schon bei *Matheus Müller* (Abb. 91) war die Lockerung zwischenmenschlicher Beziehungen Hauptargument der Anzeige (Abb. 285). Zwanzig Jahre später war die Stoßrichtung immer noch die gleiche, nur von den ursprünglich vorgeführten feinen Manieren war nichts mehr zu sehen – die Wirklichkeit hatte die Werbung erreicht. Der *Simplicissimus*-Zeichner Th. Th. Heine hatte in einer rabenschwarzen Illustration das *Lufthansa*-Cocktail-Motto »über dem Alltag schweben« vorweggenommen.

Ein anderer Likör aus dem sechzehnten Jahrhundert war der *Triple Sec Curaçao,* einer seiner Nachfolger wurde unter dem Markennamen *Cointreau* bekannter. Sein Aroma wurde aus getrockneten Orangenschalen gewonnen, die ursprünglich aus Curaçao importiert wurden. Die Firma *Landauer & Macholl* empfahl ihn 1924 als Getränk höchster gesellschaftlicher Kreise, wo Diener im Livree üblich und militärische Laufbahn – und Haltung – noch hoch geschätzt waren.

1942 waren es, wie gesehen, politische, beziehungsweise wirtschaftliche Umstände, die Einfluß auf die Werbung nahmen. Als Folge des Krieges mußten Lebensmittel rationiert werden, vor allem Luxusgüter wie Spirituosen standen nicht mehr ausreichend zur Verfügung. Bezeichnenderweise wandte sich *Cinzano* mit der Bitte um Sparsamkeit an die Frauen: »Korken drauf« (Abb. 288). Begründet wurde die Knappheit – vielleicht sogar wahrheitsgemäß – mit der »enorm gestiegene[n] Nachfrage«. Siebzehn Jahre später war die Freiheit der Wirtschaft wieder hergestellt, die Werbung agierte wie gehabt. Und das bedeutete ›Angleichung an den herrschenden Stil‹; 1959 war das die schwungvoll-dynamische Linie, wie sie in der Anzeige dann auch mehrfach auftrat (Abb. 289). Mit der wirtschaftlichen Erholung und dem steigenden Angebot wuchs auch die Anforderung an die einzelnen Marken, sich von der Konkurrenz abzusetzen und

möglichst unverwechselbar zu profilieren. Einen solchen Versuch unternahm 1964 der Markenvertrieb *König* (Abb. 290). In einer groß angelegten Werbekampagne boten sein *Puschkin,* der Angelsachse »Frank S. Thorn« und ein »Freund« Szenen »für harte Männer«. Das Wort »Wodka« wurde bewußt nachrangig behandelt, die ›Freunde harter Klarer‹ sollten im Laden *Puschkin* verlangen. Die Koppelung des Konsums hochprozentiger Alkoholika an das Gefühl echter Männlichkeit war ebenso erfolgreich wie ungesund, bei »55 %« reichten zwei Gläser, um jeden ernsthaften Gedanken an die Folgen abzutöten.

Im Gegensatz zu den meisten anderen Produkten hatte Bier lange Zeit keine Probleme mit Gemeinschaftswerbung; das lag an der Aufspitterung in über 2000 Marken. Der Schweizer Grafiker Herbert Leupin malte 1965 eine recht wortkarge, aber nichtsdestoweniger erfolgreiche Kampagne in der ihm eigenen Art (Abb. 291). Leicht ironisch wurde der Volkssport

OBEN LINKS:
Abb. 290
Puschkin
Spätestens nach dem dritten Glas davon fühlt sich jeder Softie wie ein harter Mann – bis zum nächsten Morgen.
Aus: *Revue* 37/1964

OBEN RECHTS:
Abb. 291
Bier
Saufen und Fußball – europaweit eine zukunftsträchtige Mischung.
Aus: *Neue Illustrierte* 44/1965

Abb. 292
Cognac
Nach der harten Männer-Welle in den Sechzigern nun mit der sanften Frauen-Epoche in die Siebziger – Hauptsache, es wird getrunken.
Aus: *Epoca* 3/1969

Biertrinken mit dem nicht weniger verbreiteten Fußballspielen gleichgesetzt. In einer Gemeinschaftswerbung war das machbar, für eine einzelne Marke hätte es möglicherweise eine zu einseitige Festlegung bedeutet.

Aus ganz anderen Gründen taten sich Ende der sechziger Jahre die *Cognac*-Produzenten für eine Kampagne zusammen; ihr Problem war, daß französischer Weinbrand als vergleichsweise teuer galt (Abb. 292). Nun hatten aber Handelserleichterungen innerhalb der EWG Preisreduzierungen möglich gemacht, die die Anzeige freudig verkündet. In ihrer farbigen Opulenz, ihrer Sinnlichkeit und sexuellen Freizügigkeit war sie bereits auf dem Weg in die siebziger Jahre. Angestoßen wurde mit den potentiellen Kunden – wunderbar ehrlich – auf die Umsatzsteigerung des beworbenen Getränks: »Es lebe der echte *Cognac* aus *Cognac*«.

Um sich unter den inzwischen 5000 konkurrierenden Biermarken behaupten zu können, mußten die landesweit agierenden Brauereien wie *König-Pilsener* im Lauf der achtziger Jahre immer aufwendigere Kampagnen schalten.[18.1] »Werbung mit König« lautete 1986 das ebenso einfache wie treffliche Motto einer Anzeige (Abb.

293). Wie schon hundert Jahre zuvor war das Spiel der Geschlechter Anlaß für die Beweisführung: Alkohol war *der* Katalysator beim klassischen Vorspiel. Auch im Rollenverhalten hatte sich nichts geändert: *Sie* wendet sich (passiv) leicht ab, wenn *er* sie (aktiv) bedrängt. Aber noch hatte sie den Kelch nicht geleert, der ihr da gereicht worden war, vielleicht würde sie es sich ja noch mal überlegen.

Ökologische Probleme, die immer häufiger öffentlich erörtert wurden, fanden in den neunziger Jahren zunehmend Eingang in die Werbung. Erfreut diskutierten die Brauer öffentlich ihr »Deutsches Reinheitsgebot« und begannen, sich in ihren Anzeigen als die wahren Naturfreunde zu profilieren (Abb. 294). ›Natürlich, klar, leicht, sauber, rein, kühl‹, das waren 1994 die Image-Reverenzen für die Branche – mehr und mehr wurde hier ein völlig unrealistisches, idealisiertes Bild vom Bierkonsum etabliert, abgeschottet gegen alle aktuellen Zahlen zur Volkskrankheit Nummer 1.

OBEN LINKS:
Abb. 293
König
Wie gehabt: *sie* wendet sich (passiv) ab, wenn *er* sie (aktiv) bedrängt – ob ein paar *Kö-Pis* daran etwas ändern können?
Aus: *Playboy* 11/1986

OBEN RECHTS:
Abb. 294
Licher
So etwas Natürliches, davon kann man doch nicht krank werden.
Aus: *Der Spiegel* 1994

19 Farbig, opulent und sexy – die siebziger Jahre

Was in den Sechzigern als politische Auseinandersetzung einer alternativen Minderheit mit dem »Establishment« begonnen hatte, erlangte im Lauf der siebziger Jahre eine breite Öffentlichkeit. Allerdings nicht als kollektive Bewußtseinsveränderung, sondern vermarktet in einer großen Modewelle. Lange Haare, Flower-Power und Hippiekleidung, Happenings, »Demos« und die sogenannte »sexuelle Befreiung«, alles wurde vereinnahmt von der Glitzerwelt des Konsums. Ständig auf der Suche nach ›zugkräftigen‹ Bildern, ohne ernsthaftes inhaltliches Interesse, füllte die Werbung alles in ihre große Mühle, was einen Moment von Konsumentenaufmerksamkeit oder auch nur einen Etat versprach. Auch die Kunst kam, als sie sich im amerikanischen Pop bunt, laut und schrill genug gerierte, zum Einsatz.

Doch mit Abstand beliebtester, weil von den Angesprochenen am wenigsten kontrollierter Aufhänger in den Anzeigen der siebziger Jahre war die Sexualität.

Mit »*Mum* schafft Eure Männer!« wurde 1970 für ein Deodorant geworben, das eigentlich nur vor übermäßigem Schweißgeruch bewahren sollte (Abb. 295). Als sei das Hygienemittel mit einem Extrakt der sagenhaften Spanischen Fliege versetzt worden, bot die Anzeige in Text und Bild eine Bettszene, die es in sich hatte. Ganz konkret wurde der Deo-Einsatz zur Beischlaffrequenzerhöhung empfohlen. Die Offerte »Wollen Sie es riskieren, die Männer ein wenig verrückt zu machen?« implizierte zusätzlich eine ›natürliche‹ Angst der Frauen vor den Männern. Wie schon bei Adam und Eva, waren es die Frauen, die schuld daran waren, wenn die Männer »verrückt« wurden.

Da es aber inzwischen Stimmen gab, die an dieser Version öffentlich Zweifel anmeldeten, ging die Anzeige einen Schritt weiter. Sie forderte die Unentschlossenen unter den Frauen heraus, indem sie an ihre Courage appellierte: »Haben Sie den Mumm für *Mum?*« Das klang fast nach einer Aufforderung zur Emanzipation – ›es den Männern mal richtig zeigen‹ –, be-

Abb. 295
Mum
Ein Angebot zur Beischlaffrequenzerhöhung.
Aus: *Eltern* 7/1970

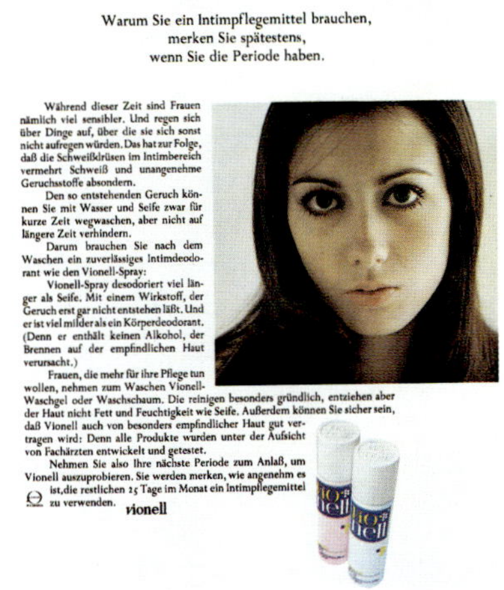

deutete in Wirklichkeit aber eher das Gegenteil. (Sinnliche Leidenschaft war sowieso nicht gefragt; *Mum* ließ echten »Körpergeruch gar nicht aufkommen«, ersetzte ihn gar durch eine von »drei Duftnoten«.) Eine ähnliche Richtung verfolgte ein Jahr später die Firma *Olivin* in ihrer *bac-gold*-Werbung (Abb. 296). Wieder sollte eine – dem Produktnamen farblich angepaßte – Schlafzimmerszene den Zusammenhang zwischen Körpergeruch und Sexualkontakten belegen. In Fachkreisen nannte man(n) das, ein Artikel solle »als ein Moment der erotischen Kommunikation« zwischen Mann und Frau profiliert werden.[19.1] Wie gehabt bestätigte die Anzeige das traditionelle Rollenverhalten der Geschlechter: *sie* war die verträumte, passive, und *er* kam, behutsam zwar, aber aktiv zur Sache. Damit sich daran nichts änderte, bot *bac* ihr das »gewisse Flair«, das noch zwanzig Jahre zuvor ganz anderen Damen nachgesagt worden wäre.

Eine Konjunktur erlebte in den siebziger Jahren das sogenannte Intimspray, wie es in der Anzeige Abbildung 297 beworben wurde. Ganz sachlich informierte im Jahr

OBEN LINKS:
Abb. 296
Bac
Ein Produkt wird als »Moment der erotischen Kommunikation zwischen Mann und Frau« profiliert.
Aus: *Eltern* 7/1971

OBEN RECHTS:
Abb. 297
Vionell
Im Jahrzehnt der Intimsprays – klagten Frauen auch manchmal über Schamhaarausfall.
Aus: *Eltern* 5/1970

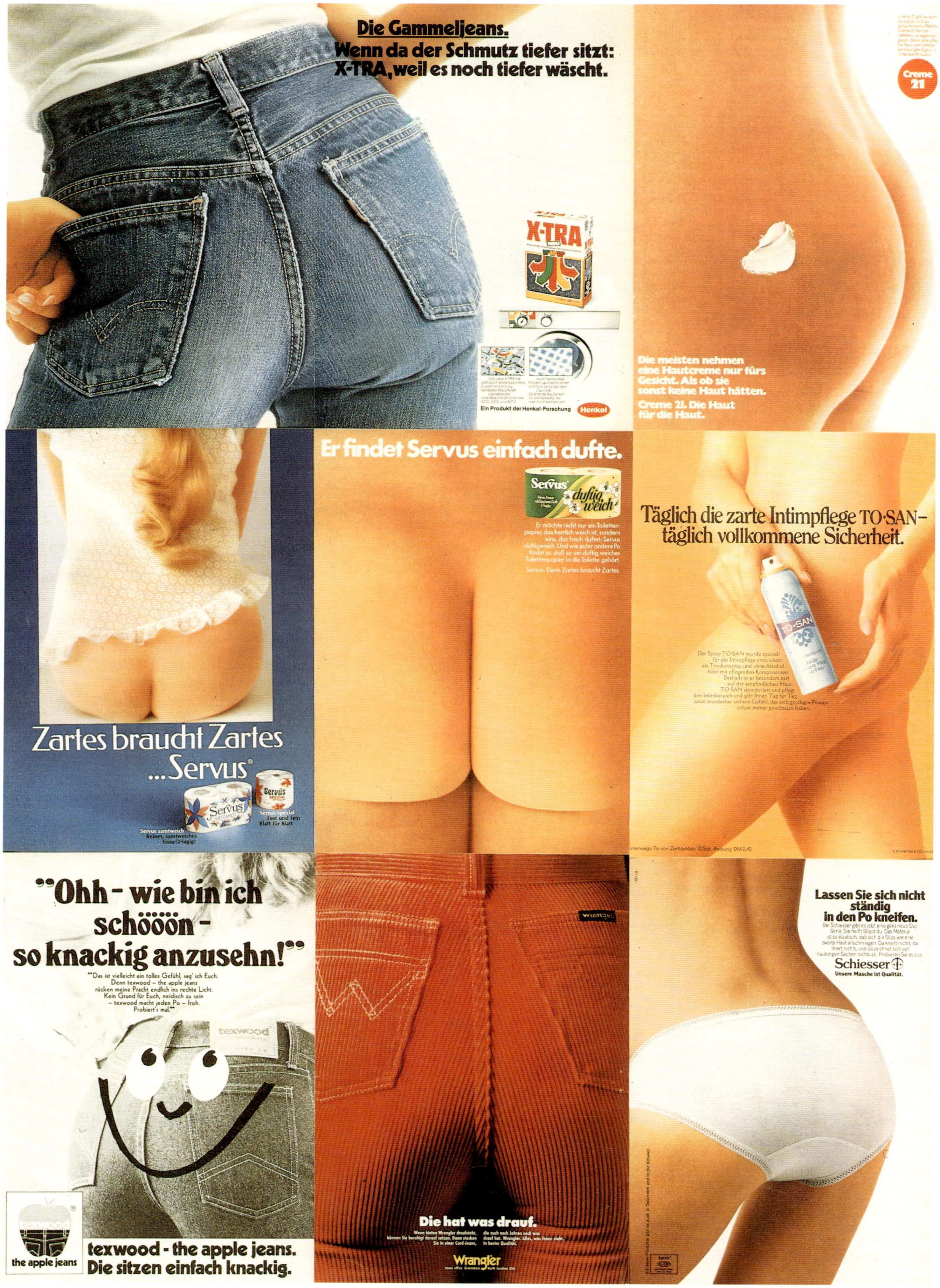
Die Gammeljeans.
Wenn da der Schmutz tiefer sitzt:
X-TRA, weil es noch tiefer wäscht.
X-TRA
Ein Produkt der Henkel-Forschung
Henkel
Creme 21
Die meisten nehmen eine Hautcreme nur fürs Gesicht. Als ob sie sonst keine Haut hätten.
Creme 21. Die Haut für die Haut.
Zartes braucht Zartes
...Servus
Servus samtweich
Reines, samtweiches Tissu (2-lagig)
Servus spezial
Fest und fein Blatt für Blatt
Er findet Servus einfach dufte.
Servus
duftig weich
Er möchte nicht nur ein Toilettenpapier, das herrlich weich ist, sondern eins, das frisch duftet: Servus duftigweich. Und wie jeder andere Po findet er, daß so ein duftig weiches Toilettenpapier in die Toilette gehört.
Servus. Denn Zartes braucht Zartes.
Täglich die zarte Intimpflege TO·SAN – täglich vollkommene Sicherheit.
TO·SAN
Der Spray TO·SAN wurde speziell für die Intimpflege entwickelt: als Trockenspray und ohne Alkohol. Aber mit pflegenden Komponenten. Deshalb ist er besonders zart auf der empfindlichen Haut. TO·SAN desodoriert und pflegt den Intimbereich und gibt Ihnen Tag für Tag jenes wunderbar sichere Gefühl, das sich gepflegte Frauen schon immer gewünscht haben.
"Ohh – wie bin ich schöööön – so knackig anzusehn!"
"Das ist vielleicht ein tolles Gefühl, sag' ich Euch. Denn texwood – the apple jeans rücken meine Pracht endlich ins rechte Licht. Kein Grund für Euch, neidisch zu sein – texwood macht jeden Po – froh. Probiert's mal."
texwood
the apple jeans
texwood – the apple jeans.
Die sitzen einfach knackig.
Wrangler
Die hat was drauf.
Wenn hinten Wrangler draufsteht, können Sie beruhigt darauf setzen. Dann stecken Sie in einer Cord-Jeans, die auch nach Jahren noch was drauf hat. Wrangler. Alles, was Ihnen steht. In bester Qualität.
Wrangler
Home office: Greensboro North Carolina USA
Lassen Sie sich nicht ständig in den Po kneifen.
Bei Schiesser gibt es jetzt eine ganz neue Slip-Serie. Sie heißt Slipididu. Das Material ist so elastisch, daß sich die Slips wie eine zweite Haut anschmiegen. Da kneift nichts, da leiert nichts, und da zeichnet sich auf hautengen Sachen nichts ab. Probieren Sie es aus.
Schiesser
Unsere Masche ist Qualität.

1970 die Firma *Olivin* über die Gründe, »warum die Frauen ein Intimpflegemittel brauchen«. Wieder waren es »Schweiß und unangenehme Geruchsstoffe«, die den Frauen zu schaffen machen sollten, nun aber während »dieser Zeit«, in der ihnen alles auf die Nerven ging, worüber »sie sich sonst nicht aufregen würden«. Von diesen Dingen durfte die Außenwelt so wenig wie möglich mitbekommen, daher bot die Kosmetikindustrie ihre Hilfe an, mit einem Mittel, das »Geruch erst gar nicht entstehen« ließ.

Und wenn sich die Frauen erst mal daran gewöhnt hatten, nach irgendeinem käuflichen Aroma zu duften, würden sie sicher »merken, wie angenehm es ist, die restlichen 25 Tage im Monat ein Intimpflegemittel zu verwenden« – hoffte die Wirtschaft. Daß sich dieser Wunsch nicht erfüllte, lag nicht an der Werbung; die Stimmen, vor allem von Medizinern, die vor einer übermäßigen Reizung der Scheidenflora durch die Sprays warnten, sollten recht behalten. Nachdem sogar Fälle von Schamhaarausfall bekannt geworden waren, verschwanden die meisten Intimsprays wieder vom Markt.

Was in zahllosen öffentlichen Diskussionen um »freie Liebe« von der Gesellschaft gefordert wurde, das erfüllte die Werbung der siebziger Jahre nur allzu gern: sie zeigte eine beispiellose ›Offenheit‹ (gegenüber sexuellen Primärmerkmalen, ausschließlich weiblicher Art, verstand sich.) So häufig wie nie zuvor wurden übergroße Pos, Busen und Lippen zu Eyecatchern, die in trauter Eintracht unter die Gürtellinie zielten (Abb. 298).

Auch wer keinen Grund dazu hatte, ging an das Objekt der Begierde ganz dicht heran, wie das Waschmittel *X-tra,* das einerseits die öffentliche Abneigung gegenüber den vielen männlichen Langhaarigen formulierte – in der »Gammeljeans« saß »der Schmutz tiefer« –, andererseits einen weiblichen Hintern in den Mittelpunkt seiner Anzeige stellte. Manche verteidigten ihre Abbildung mit halb verdeckten Hinweisen: »Die meisten« nähmen für die Anzeigen »nur das Gesicht. Als ob sie sonst keine Haut hätten.« Andere wiederum konstruierten einen konkreten Grund für die Hinwendung zum Hinterteil: »Zartes braucht Zartes«. Die überwiegende Mehrheit fand die neuen Fotoinhalte »einfach dufte«, freute sich über die gesicherte Resonanz und verlieh dem beliebten Körperteil eine eigene Stimme, auf daß auch weibliche Aspekte zu Worte kämen: »Ohh – wie bin ich schööön – so knackig anzusehn!« Es sei, erfuhr man(n) auf diese Weise aus der Werbung, »ein tolles Gefühl«, daß ihre »Pracht endlich ins rechte Licht« gerückt würde. Sie hätten ja schließlich »was drauf«, da mußte frau schon verstehen, daß die Männer sie »ständig in den Po kneifen« wollten.

Es soll ja damals Frauen gegeben haben, die das alles ganz anders sahen, die zu Hause und überhaupt den Männern nicht so zur Verfügung standen, wie es (auch) in der Werbung propagiert wurde. Aber für solche Fälle gab es ja schon seit Jahrhunderten Ausweichmöglichkeiten, die je nach Blickwinkel verklärend ›Freudenmädchen‹, abwertend ›Huren‹, kühl ›Prostituierte‹ oder modern ›Callgirls‹ genannt wurden. Auch solche zum Aufblasen wurden angeboten, meist im anonymen Versandhandel, und nun, in der offenen Siebziger-Jahre-Gesellschaft, den Jugendlichen von der Werbung (Abb. 299).

»Rufen Sie doch« an, wenn sie »altern, abzuschlaffen drohen, schlechte Laune haben oder einfach langweilig werden«, unser »Call-Girl bekommen Sie für 6,60«, bot die deutsche *Sinalco-Kola* 1970 ihr Produkt »in Person« an. Die älteste deutsche Marke auf dem Gebiet alkoholfreier Getränke versuchte auf diese offensive Weise, gegenüber dem mächtigen Mitanbieter aus den USA zu bestehen.

GEGENÜBER:
Abb. 298
Verschiedene Hersteller
Die meisten Werbemacher fanden es »einfach dufte«, daß sie die »sexuelle Befreiung« so erfolgreich für die eigene Sache einspannen konnten.
Aus verschiedenen Zeitschriften 1970–1979

Limonade koffeinhaltig
Sinalco
Kola
Call-Girl
Rufen Sie doch Sinalco Kola, wenn Sie sich einsam fühlen, müde sind, altern, abzuschlaffen drohen, schlechte Laune haben oder einfach langweilig werden.
Oder wenn Sie Durst haben.
Sinalco Kola ist das einzige Kola unter der Sonne, das Sie nicht nur in Flaschen haben können.
Sondern auch in Person. (Unser Call-Girl bekommen Sie für DM 6,60 bei Sinalco Kola, Detmold.)
Sinalco Kola ist das Kola von Sinalco.
GGK

Was die Erwachsenen so erfolgreich ansprach, wurde auch bei weniger geeigneten Verkaufsobjekten eingesetzt; »Für den kleinen Ringelpiez zum Anfassen« hieß es im April 1978 in einer *Schiesser*-Anzeige »für unsere jüngste Kundschaft«. (Abb. 300). Einerseits mag diese zwischen harmlosen Kinderspielen und jugendlich-pubertärer Definition für einfaches Petting angesiedelte Umformulierung dem einen lustig vorgekommen sein, andererseits stellte sie in Verbindung mit dem Foto für Betroffene möglicherweise eine gefährliche Mischung dar. Zweideutig und damit im einfachsten Sinn ›anzüglich‹ war sie auf jeden Fall, was in Verbindung mit der Darstellung von Kindern stets als problematisch angesehen werden muß.

Dadurch, daß der Sexualität in den Werbung, allein durch ihre Allgegenwart, ein so hoher Stellenwert zugeordnet wurde, geriet sie vermutlich auch in mancher privaten Werteskala unerwartet auf einen

GEGENÜBER:
Abb. 299
Sinalco
Wenn Sie »altern, abzuschlaffen drohen«, kaufen sie sich doch ein »Call-Girl« von *Sinalco Kola* – für »DM 6,60«.
Aus: *Twen* 6/1970

OBEN:
Abb. 300
Schiesser
Das am wenigsten geeignete Objekt für eine ›Sexualisierung‹.
Aus: *Freundin* 6/1978

OBEN LINKS:
Abb. 301
Fanta
Zum Demonstrieren auf die Straße? Ja, aber nur in einer Uniform von *Fanta*.
Aus: *Stern* 15/1968

OBEN RECHTS:
Abb. 302
Wrangler
»Easy Rider« ist gerade in den deutschen Filmtheatern angelaufen.
Aus: *Twen* 6/1970

Spitzenplatz. Andere Aspekte zwischenmenschlicher Beziehungen, die noch in den sechziger Jahren die Aufrechterhaltung einer Ehe hatten sinnvoll erscheinen lassen, wanderten abgeschlagen auf hintere Plätze. Ob diese, von der Werbung so uneigennützig mitgetragene »sexuelle Befreiung« tatsächlich zu einer anhaltenden Befriedigung geführt hat, und ob sie das Opfer verringerter Geburtenzahlen und vieler von nur einem Elternteil erzogener Kinder wert war, sollten die Betroffenen aus einer angemessenen zeitlichen Distanz der Nachwelt übermitteln.

Je einheitlicher die Angebote der Warenwelt wurden, je komplexer und zahlreicher die ausgesandten Werbebotschaften, desto mehr wurden sie Teil des öffentlichen Bewußtseins. Ihre Projektionen vereinnahmten alles und erstellten eigene Mäßstäbe. Jugendlichkeit war, durchaus dem Zeitgeschehen entsprechend, der in den siebziger Jahren am meisten geförderte Wert. Präsentiert wurde der Generationswechsel in einer Mischung aus dynamischem Aktionismus, schrillen Oberflächenreizen, grenzenloser Potenz und – ›uni-formierten‹ Teenagern (Abb. 301).

OBEN LINKS:
Abb. 303
Sinalco
Aus der Populärkultur über die hohe Kunst zurück in die Werbung.
Aus: *Eltern* 8/1971

OBEN RECHTS:
Abb. 304
Twent
»Jetzt hab' ich's!« Die Werbung ist nichts anderes als ein gigantischer kapitalistischer Comic!
Aus: *Freundin* 7/1979

Deutschlands erfolgreichste Limonade war seit 1965 ein Getränk aus dem *Coca-Cola*-Lager: *Fanta*. Auf den ausgefeilten Vertriebswegen der Muttergesellschaft war sie, erst 1963 eingeführt, schnell und groß ins Geschäft gekommen. In einer aktuellen Mischung aus amerikanischem Pop und englischer Carnaby Street wurde sie schon 1968 in Anzeigen präsentiert (Abb. 301). Fanta versuchte auf diese Weise, auf den Modezug aus Swinging London aufzuspringen, den die Beatles ein Jahr zuvor mit ihrem Album »Sgt. Pepper's Lonely Hearts Club Band« auf die Schiene gesetzt hatten. Das sollte ihr, als Teil des so offen zur Schau gestellten neuen Lebensgefühls, ein jugendliches Image bewahren.

Gleich eine ganze Reihe von offiziellen Amerika-Ikonen bot *Wrangler* 1970 in einer Anzeige (Abb. 302). Mit dem gerade angelaufenen Film »Easy Rider« hatte die aus Westen nach Europa schwappende Hippiewelle ihren Höhepunkt erreicht. Freie Liebe, barbusige Blumenkinder, Flower-Power und wilde Motorradgangs; das alles versuchte die neue Hose »für Euch« –

happening im action center
FILM
1970
TV
CINEMA
COLOR
PHOTOKINA
KÖLN
VOM 3.
BIS
11.10.
MIT ACTION
CENTER

die Kundschaft wurde geduzt –, auf sich zu vereinigen. Dort, wo die Werbung landen wollte – »in freier Wildbahn« –, schienen besondere Sitten zu herrschen, es gab »harte Männer und zarte Mädchen (und umgekehrt)«.

Aber ganz wollten sich die Leute von *Wrangler* dann doch nicht auf das Jeans-Image festlegen, ihre Hosen gab es in vierzehn Farben »im ganzen«, auch in »Cord, jawohl«, man durfte das alles nicht so eng sehen – »Seid lässig« –, Hauptsache, es wurde Umsatz gemacht: »Werdet *Wranglers!*«.

Während andere noch rätselten, was das Wort »Pop-art« bedeuten sollte, wußte die Werbung von *Sinalco* die neue amerikanische Kunstsprache bereits gewinnbringend einzusetzen (Abb. 303). In einer Adaption der Comic-Art von Roy Lichtenstein bot sie 1971 ihrem jungen Publikum die »saftige Frische« des »internationale[n] Fruchtsaftgetränk[s]« an. Angesichts der Farben- und Formenpracht meinte man das begleitende »Plop« zu vernehmen, das als Markenname aus der Limonadeflasche drang. Die grobgerasterten bunten Flächen fielen

GEGENÜBER:
Abb. 305
Photokina
Die Posterwelle rollt ...
Farbplakat von S. Jünger
aus dem Jahr 1970

OBEN:
Abb. 306
Lübke
Plastic-Möbel sind die offizielle »top-line« des progressiven Designs in den Siebzigern.
Aus: *Schöner Wohnen* 3/1972

OBEN LINKS:
Abb. 307
Nino
Die kommerzialisierte *Nino*-Version eines Hippiemädchens.
Aus: *Freundin* 21/1970

OBEN RECHTS:
Abb. 308
Tapeten
Liegt sie oder sitzt sie?
Neue Möbel für die neue Moral.
Aus: *Westermanns MH* 12/1970

noch im dichtesten Anzeigenwald auf und sicherten dem Fruchtsaftgetränk ein jugendliches Image mit hohem Wiedererkennungswert.

Ähnlich offensiv verfuhr der Pharmakonzern *Bayer* 1979 bei der Einführungskampagne für sein »Pickel-weg«-Mittel *Twent,* die knallig wie aus einem amerikanischen Comic wirkte. In einer Sprechblase war – trefflich visualisiert – die Headline untergebracht. Die textlichen Argumente unterschieden sich nur durch ihre handschriftliche Form von denen anderer Anzeigen, aber hier entfalteten sie ihre wahren Qualitäten; auf dem Niveau von Bildergeschichten wurde erst gar nicht erwartet, was sowieso nicht geliefert wurde: ernsthafte Sachinformation. Was hier angeboten wurde, war durchaus gelungen – und gefährlich nah an der Realität, denn

die Werbung hatte tatsächlich etwas von einem gigantischen kapitalistischen Comic strip – allerdings mit ganz realem Hintergrund.

Ein optisches »happening« bot ein Plakat der Kölner Messegesellschaft anläßlich der *Photokina* im Jahr 1970 (Abb. 305). Die Posterwelle hatte, von den USA ausgehend, ganz Westeuropa erfaßt und hinterließ überall ihre farbenprächtigen Flächen. In den deutschen Großstädten entstanden Postershops, die nach amerikanischem Muster ausschließlich moderne, meist dekorative Plakate anboten, selbst die großen Kaufhäuser richteten entsprechende Abteilungen ein. Vieles, was an grafischen Comic-, Pop- und Psychedelic-Elementen in den amerikanischen Posters gefiel, fand deutsche Nachahmer; das Kölner »action center«-Plakat war hierfür ein treffliches Beispiel. Die zahlreichen bildlichen Verweise nach Westen waren – sicher auch um die Internationalität der Veranstaltung zu unterstreichen – durch

Abb. 309
Seidensticker
Zu einem farbigen Hemd paßt gut eine farbige Frau – oder wie?
Aus: *Auto Motor und Sport* 11/1970

Abb. 310
Knoll
Die Designbegeisterung der Zeit beförderte so manchen Avantgarde-Entwurf bis in die Werbung, auch wenn er schon etwas älter war.
Aus: *Architektur und Wohnen* 1971/72

Amerikanismen ergänzt: »Blitz« war zu »flash«, »Kino« zu »cinema« und »Farbe« zu »color« geworden. Der Schrifttyp der Überschrift offenbarte, in erkennbarer Anlehnung an den Jugendstil, jedoch auch die große europäische Plakattradition.

»Möchten Sie gewöhnlich wohnen?« fragte die Firma *Lübke* 1972 in großen Anzeigen (Abb. 306). Was bereits in den fünfziger Jahren von einer internationalen Design-Avantgarde vorbereitet worden war, erreichte langsam die westdeutschen Wohnzimmer; vor allem aus Italien kamen opulent geformte Plastikmöbel. »top-line« in »progressive[m] Design« nannte *Lübke* die in der Anzeige angebotene »Sitzgruppe«, und versuchte, sie auf diese Weise in den großen Kreis ähnlicher Avantgarde-Plastiken einzugliedern.

An den amerikanischen Blumenkindern orientierte sich im Mai 1970 erkennbar eine *Nino*-Anzeige; ein langhaariges Fotomodell präsentierte das beworbene Jersey-Kleid in einer wilden Wiese (Abb. 307). Die Ketten, die von den Hippies noch aus Naturmaterialien gefertigt worden waren, hatten sich in industriell gestanzten wertlosen, aber auffälligen Mode-

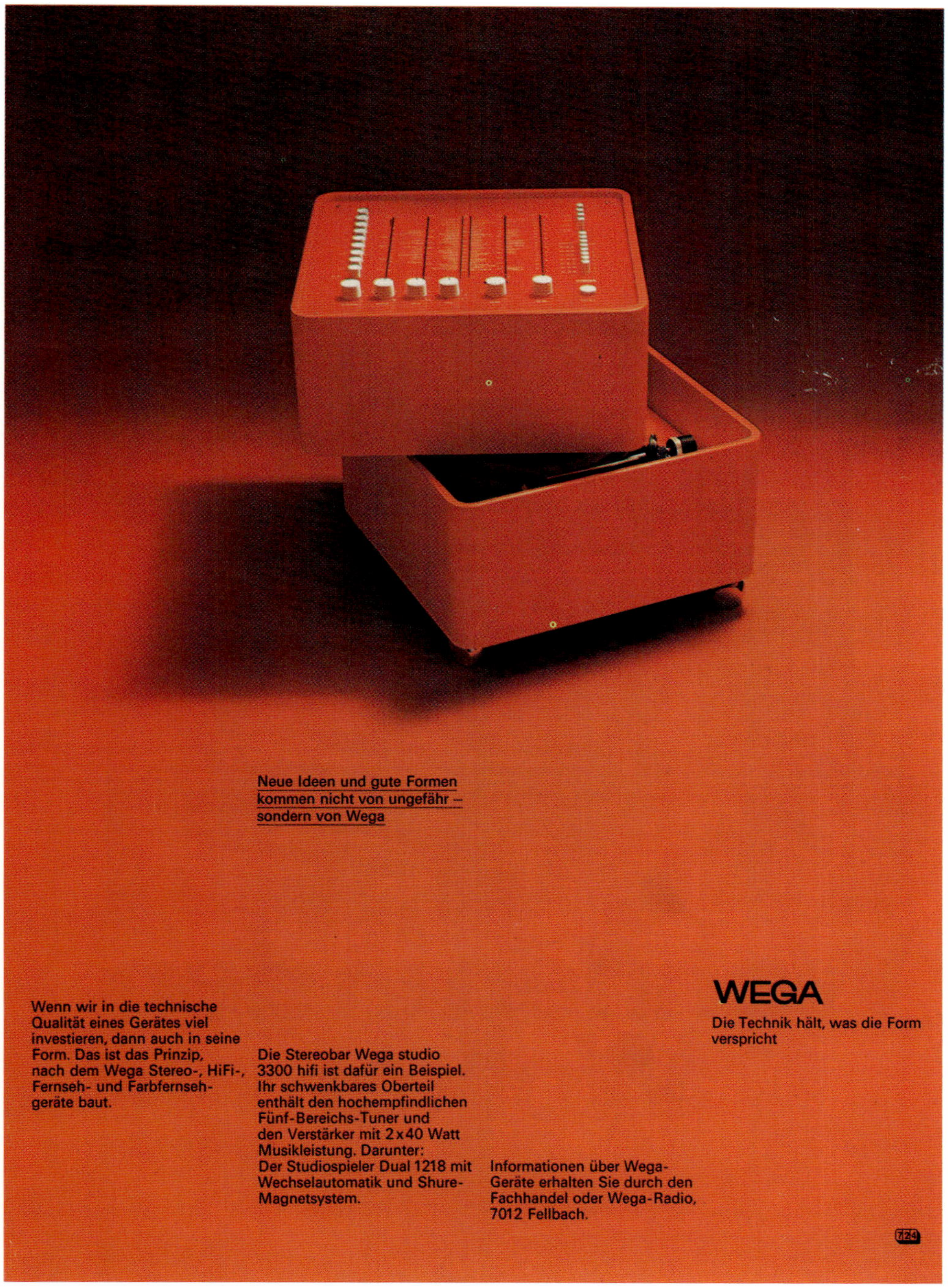

schmuck verwandelt, Holzringe hatten frühere Goldwaren ersetzt.

Ihre bislang letzte *Hoch*zeit erlebten in den siebziger Jahren bunte Tapeten. Wie die Anzeige belegt, vertrug das vordergründige Avantgarde-Design dieser Zeit problemlos die starkfarbige Konkurrenz (Abb. 308). Die abgerundeten Plastikmöbel und die dekorative Op-Art harmonierten durchaus mit den von der Werbung zurückhaltend als »wirkungsvoll« beschriebenen Tapeten, deren schwülstige Formen trotz ihrer strengen Ordnung noch die amerikanischen Psychedelic-Vorbilder erkennen ließen. Daß das abgebildete miniberockte junge Mädchen eine gewisse Erwartungshaltung zu vermittelten schien, mag auch daran liegen, daß man, wie in diesem Fall, bei vielen Siebziger-Jahre-Sitzlandschaften nicht genau wußte, ob sie nun zum Sitzen oder zum Liegen gedacht waren.

OBEN LINKS:
Abb. 311
Wega
Die Kinder von *Braun* mögen starkes Rot.
Aus: *Schöner Wohnen* 2/1972

OBEN RECHTS:
Abb. 312
Sony
»All you need is« – ein Paar leichter Damensandaletten.
Aus: *Playboy* 5/1978

OBEN LINKS:
Abb. 313
Aral
Wer die Headline nicht lustig findet, sollte ein paar Gläschen trinken. Vielleicht klappt's dann.
Aus: *Kosmos* 11/1970

OBEN RECHTS:
Abb. 314
Lufthansa
Eine »Demo« für eine höhere Auslastung der europäischen *Lufthansa*-Linien.
Aus: *Twen* 4/1971

Nachdem die Frauen gewohnheitsgemäß schnell zu den neuen Formen und Farben verpflichtet werden konnten, sollten sich auch die Männer dem aktuellen optischen Trend anschließen, forderte eine *Seidensticker*-Anzeige im Jahr 1970 (Abb. 309). Als Entscheidungshilfe versprach sie den Umworbenen mit »Frauen lieben Farbe« höhere Aufmerksamkeitswerte beim anderen Geschlecht. Wo die Liebe der »Männer auch« für ›Farbiges‹ offiziell bereits vorhanden war, führte eine Abbildung eindrucksvoll vor – oder war da etwa ein Unterschied zwischen Hemden und Frauen?

Im Zuge der Design-Begeisterung der siebziger Jahre kamen auch einige hochwertige Klassiker zu der Ehre, aufwendig beworben zu werden, wie zum Beispiel die schon in den fünfziger Jahren entstandene »Platner-Gruppe« von *Knoll International* (Abb. 310). Seit Mitte der vierziger Jahre bot der nach Amerika ausgewanderte Schwabe Hans Knoll hochwertige Möbelstücke unter dem Namen ihrer Designer an; so erfolgreich, daß er in den nächsten dreißig Jahren einer der gefragtesten Möbellieferanten der Welt war und die besten Designer seiner Zeit beschäftigte.

1969 wurde in Altensteig im Schwarzwald die Gruppe *Frogdesign* gegründet, die in den siebziger Jahren zu einer der innovativsten Designfirmen der Welt avancierte. Sie entwickelte die zurückhaltende Formgebung eines Dieter Rams in eine farbige Richtung weiter. Zu ihren ersten Klienten zählte die Firma *Wega*, die 1972 in der Anzeige Abbildung 311 die »Stereobar *Wega* studio 3300« bewarb.

1975 wurde *Wega* von dem Elektrokonzern *Sony* aufgekauft, von dem die Anzeige Abbildung 312 aus den Jahr 1978 stammt. Wie bei vielen weltweit agierenden japanischen Marken gab die Werbung keinerlei Hinweis auf das Ursprungsland des beworbenen Produkts, die englische Headline vermittelte eher den Eindruck von Internationalität. Mit fernöstlicher Zurückhaltung wurde im Anzeigenfoto weibliche Gesellschaft angedeutet, lediglich ein Paar leichter Damensandaletten sollten die Phantasie anregen.

Aus den USA kam im Lauf der siebziger Jahre ein Anzeigenmodell, das von einer optisch extrem herausgestellten, meist intellektuell-zweideutigen Überschrift lebte. *Aral* lancierte 1970 einige Beispiele in dieser Art; sie zeigen, wie zeitabhängig Humor sein kann (Abb. 313). Aufgrund der gestiegenen Zahl von Verkehrstoten durch Alkoholmißbrauch hätte zwanzig Jahre später ein solch lockerer Umgang mit diesem Thema nicht mehr stattgefunden.

Auf den Beifall der schweigenden Mehrheit hoffte ganz offensichtlich die *Lufthansa*, als sie 1971 eine Anzeige mit dem Foto einer Mao-Demonstration und der Aufforderung »Verlaßt unser Land« versah. Auch wenn im Kleingedruckten der Versuch unternommen wurde, diesen Eindruck zu mildern – »Immerhin habt Ihr einiges erreicht« –, so fand hier doch eine ungute, sehr oberflächliche Vermischung materieller Interessen mit ernsthaftem politischen Engagement statt – zwecks Umsatzsteigerung.

Abb. 315
Radio Luxemburg
Am Anfang einer Karriere – Herr Elsner strahlt in die Kamera.
Aus: *Eltern* 5/1973

Einer der Aufsteiger der siebziger Jahre – er hatte damals noch lange nicht seine wahre Größe erreicht – hieß »Radio Luxemburg«. Völlig unüblich, aber sehr effektiv warb die 1957 gegründete »fröhliche Welle« in deutschen Illustrierten (Abb. 315). Chefsprecher Frank Elsner, gerade auf den *RTL*-Chefsessel gelangt, zeigte sich persönlich in der Öffentlichkeit – was er später noch häufiger tat. Es sollte noch so mancher zu ihm stoßen, der *RTL* als Sprungbrett in die achtziger Jahre ansah: Gottschalk, Meiser, Holbe, Worms, Gunsch, Schimpf, Dall, Schautzer, Thoma und wie sie alle hießen.

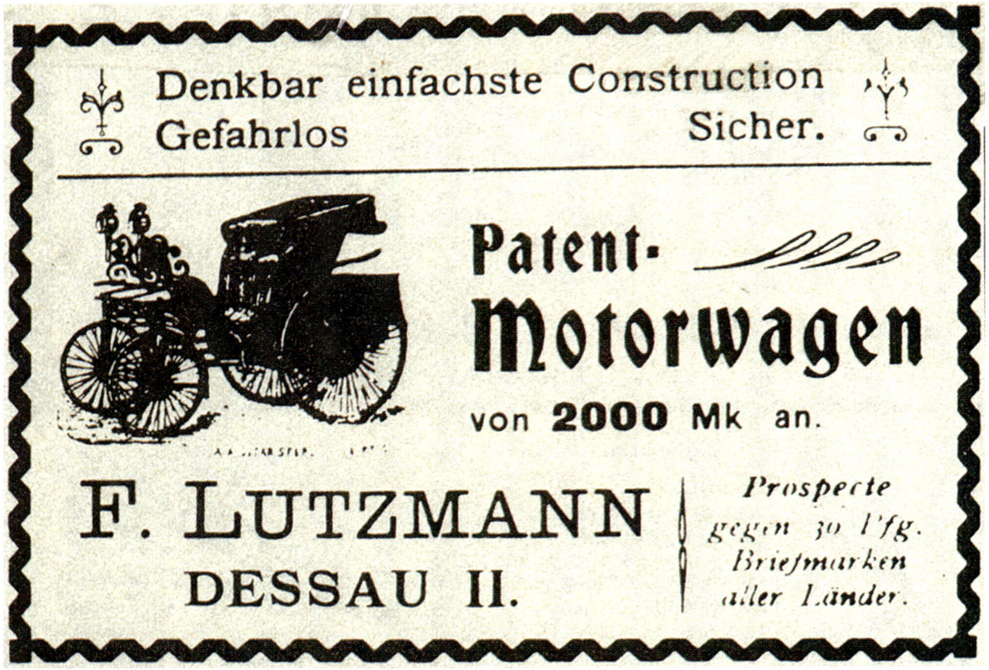

OBEN:
Abb. 316
Lutzmann
Einer der unbekannteren deutschen Automobilpioniere, Friedrich Lutzmann, baute für *Opel* die ersten Wagen.
Aus: *Illustrirte Zeitung* 1897

20 Fast ein Jahrhundert Automobilproduktion – *Opel*

Man schrieb das Jahr 1893, als sich der gelernte Schlosser Friedrich Lutzmann ein Automobil von Carl Benz aus Mannheim beschaffte, um an ihm die grundsätzlichen Konstruktionseigenheiten zu studieren. Bald darauf testete er eine selbst hergestellte Version auf den Straßen von Dessau so erfolgreich, daß er zum »Großherzoglichen Hofwagenbauer« erhoben wurde. Etwa sechzig Exemplare konnte er von seinem in Details ständig weiterentwickelten Gefährt im Lauf der nächsten Jahre in Anzeigen bewerben und absetzen (Abb. 316). Zu denen, die den Aufstieg des kleinen Dessauer Unternehmens mit großem Interesse verfolgten, gehörten die Brüder Carl und Wilhelm Opel. Sie hatten Anteile einer der größten Fahrradfabriken der Welt geerbt, die seit etwa 1862 in Rüsselsheim zunächst Nähmaschinen, später auch Zweiräder baute. Um 1897 hatten Überkapazitäten auf dem expandierenden Fahrradmarkt jedoch fast zu einem Zusammenbruch des Absatzes geführt und *Opel* in finanzielle Schwierigkeiten gebracht. Daher hielten die Brüder nach neuen Betätigungsfeldern Ausschau. Sie besuchten Herrn Lutzmann und vereinbarten mit ihm, gemeinsam in Rüsselsheim Automobile zu bauen; 1898 begannen dort die Arbeiten am ersten »*Opel*-Patent-Motorwagen, System Lutzmann«.

UNTEN:
Abb. 317
Opel
Mit dem »Torpedo« aus der Krise.
Aus: *Velhagen & Klasings MH* 4/1921

Abb. 318
Opel
Der »Typ 80« war »ein guter Steiger«, er steigerte vor allem den Verkaufswert des Unternehmens.
Aus: *Velhagen & Klasings MH* 8/1926

Doch die Zusammenarbeit verlief nicht so, wie es sich die Opels vorgestellt hatten. Technische Entwicklungen vor allem auf dem französischen Markt wurden nicht ausreichend berücksichtigt, der Verkauf lief eher schleppend und zehrte das Kapital auf, das aus Gewinnen der Nähmaschinen- und Fahrradfertigung dafür abgezogen worden war; im Jahr 1900 schloß *Opel* seine Automobilabteilung wieder. Erst 1902 sicherte ein Vertrag mit der französischen Marke *Darracq* die Zukunft der Rüsselsheimer Motorwagen-Herstellung. Aus dieser Verbindung gingen um 1903 die ersten *Opel*-Eigenkonstruktionen hervor. Sie zeichneten sich durch hohe Leistung und große Schnelligkeit aus, was zu zahlreichen Siegen in den verschiedensten

Abb. 319
Opel
Antikisierende Säulen sollten dem deutschen Alltag das Flair einer »tausendjährigen« Epoche verleihen.
Aus: *Illustrierter Beobachter* 51/1937

Rennen führte. Mit den Erfolgen stiegen die Verkaufszahlen, so daß 1914 bereits 3519 Wagen gefertigt werden konnten.

Nach dem ersten Weltkrieg nahm *Opel* zunächst die Herstellung seines »8/25 Torpedo« wieder auf, wie er in der Anzeige Abbildung 317 im Jahr 1921 beworben wurde; die Marke war inzwischen so bekannt, daß der kommentarlose, bildhafte Hinweis auf die Wiederverfügbarkeit von *Opel*-Wagen ausreichte. Doch zunächst mußten harte Jahre überstanden werden, die deutsche Wirtschaft kam nicht in Gang, die Inflation erreichte ein unvorstellbares Ausmaß, 1923 wurde der Notstand ausgerufen und mit der Rentenmark eine neue Währung eingeführt. Nur langsam kletterten die Fertigungszahlen in der Automobilindustrie wieder auf ein normales Maß. 1925 wurde dem erfolgreichen Kleinwagen »Laubfrosch« der größere »Typ 80« zur Seite gestellt. Mit ihm – »ein guter

Steiger« – hoffte man, so die Werbung, den Gipfel endgültig zu überwinden (Abb. 318). Aber die größten Probleme lagen noch vor den Rüsselsheimern, die Anzeichen für eine weltweite Wirtschaftskrise mehrten sich. In dieser Situation entschloß sich die Familie Ende 1928, die Firma in eine Aktiengesellschaft umzuwandeln. Wie in der Presse zu lesen war, gewährte der hessische Staat den Opels anläßlich dieser Veränderung gewisse Steuervergünstigungen gegen die Verpflichtung, den Familiencharakter des Unternehmens noch eine Reihe von Jahren beizubehalten. Das verhinderte jedoch nicht, daß bereits vier Monate danach 80 Prozent der Aktien an den amerikanischen Automobilkonzern *General Motors* verkauft wurden. Doch was sich zunächst wie ein Vertrauensbruch ausnahm, konnte einige Jahre später auch als

Abb. 320
Opel
Der »Admiral« war für lange Zeit der letzte Sechszylinder; seine Produktion wurde durch den Zweiten Weltkrieg verhindert.
Aus: *Atlantis* 12/1938

OBEN LINKS:
Abb. 321
Opel
Mit Schwung und einem neuen »Rekord« ins Wirtschaftswunder.
Aus: *Stern* 1/1954

OBEN RECHTS:
Abb. 322
Opel
Im amerikanischen Auto-Showroom präsentieren sich die »Wagen der Weltklasse«.
Aus: *MotorRevue* 27/1958

recht geschickter Schachzug interpretiert werden, denn die neue Muttergesellschaft hatte neben dem sehr hohen Kaufpreis auch die gesamte finanzielle Last bei der Überwindung der Weltwirtschaftskrise zu tragen. Im Aufschwung der dreißiger Jahre entstanden unter amerikanischer Regie einige elegante Limousinen wie der »Super Six« (Abb. 319), der 1937 im zeittypischen Architekturpathos präsentiert wurde, und ein Jahr später der für viele Jahre letzte Sechszylinder, der »Admiral« (Abb. 320). 1938 war *Opel* zur größten ›europäischen‹ Automobilfirma aufgerückt.

Der Zweite Weltkrieg stoppte zunächst alle Autoträume; als die Waffen schwiegen, war die Hälfte aller Fertigungsanlagen zerstört und die *Opel*-Belegschaft in alle Winde zerstreut. Nur langsam kam die Produktion wieder in Schwung; dann aber ging es

Abb. 323
Opel
Reisen ist der Lieblingssport der Deutschen schon Anfang der sechziger Jahre – das wissen auch die Automobilproduzenten.
Aus: *Quick* 29/1961

sehr schnell. 1953 wurde bereits die Jahresrate von 100 000 produzierten Wagen wieder überschritten und mit dem »Rekord« die erste Nachkriegsproduktion vorgestellt (Abb. 231). 1958 konnte der »Kapitän« in neuer gestraffter Karosserie mit Panoramascheiben angeboten werden; die Werbung präsentierte ihn im amerikanischen Showroom, wie Prinz und Prinzessin durften ihn die potentiellen Käufer in der Werbung bewundern (Abb. 322).

Reisen wurde zur liebsten Freizeitbeschäftigung der Deutschen im neuen Wirtschaftswunder-Wohlstand, worauf die Industrie in ihren Anzeigen konkret einzugehen wußte. Da mußte man dem Hoteldiener schon mal eine D-Mark extra geben, damit er trotz des »großen Kofferraum[s]« so freundlich lächelte wie in einer Anzeige aus dem Jahr 1961 (Abb. 323).

Nachdem sich *Opel* im Bereich der Mittelklasse zum Marktführer entwickelt

Er gehört zur Admiralität der Sechszylinder-Klasse

Der ADMIRAL ist nicht nur in seinem Innenraum, sondern ebenso motorisch hervorragend ausgestattet: 2.8 Ltr. Hubraum, Bohrung 92 mm, Hub 69.8 mm, siebenfach gelagerte Kurbelwelle, obenliegende Nockenwelle. – Das sind technische Daten und Merkmale, die den 125 PS-OPEL-Motor als spurtstarken, elastischen, laufruhigen und ausdauernden „Schnelläufer" charakterisieren, dem so leicht keiner etwas vormachen kann. Es sei denn, er begegnet einem ADMIRAL mit V8-Motor, 190 PS und automatischem Getriebe.*)

*)Selbstverständlich gibt es auch den 125 PS-Motor auf Wunsch mit AUTOMATIC.

OPEL ADMIRAL

der komfortable Reisewagen

GEGENÜBER:
Abb. 324
Opel
Ein »Admiral« tritt gegen
den herrschenden Stern an.
Aus: *Schöner Wohnen* 4/1966

OBEN LINKS:
Abb. 325
Opel
»GT« ist wirklich die
Abkürzung von »Grand Tourisme«.
Aus: *Auto Motor und Sport* 11/1970

OBEN RECHTS:
Abb. 326
Opel
Endlich ein ernstzunehmender
Konkurrent für den Millionseller
»VW-Käfer«.
Aus: *HörZu* 40/1969

hatte, versuchte die Firma 1964 einen heftigen, sehr amerikanisch gestylten Vorstoß in die Spitzengruppe, in der unangefochten der Stern aus Untertürkheim herrschte (Abb. 324). Die den Rüsselsheimern eigene Zurückhaltung – »der komfortable Reisewagen [...] gehört zur Admiralität der Sechszylinderklasse« – ließ den Versuch, zumindest in der Werbung, jedoch etwas halbherzig erscheinen; 1977 verschwanden die schönen großen Limousinen wieder aus dem *Opel*-Programm.

Erfolgreicher verlief das Engagement im Bereich der vom Millionseller *Käfer* beherrschten 1,2-Liter-Klasse; 1962 wurde in Bochum eine extra für diesen Typ errichtete Fabrikationsstätte eröffnet. 1969, als die Anzeige Abbildung 326 erschien, war der »Kadett« bereits eines der erfolgreichsten Autos Europas und konnte sich den selbstbewußte Vergleich mit dem *Volkswagen* – »*Opel Kadett*. Das Auto.« – leisten.

1965 wurde auf der Frankfurter Automobilausstellung ein im Experimentiersta-

OBEN:
Abb. 327
Opel
Der »Manta« unter den deutschen Automobilen gibt sich noch ganz friedlich.
Aus: *Playboy* 11/1977

GEGENÜBER:
Abb. 328
Opel
Opulent gemalt in Form und Farbe – das ist aber nur die »halbe Wahrheit«.
Aus: *Bunte Illustrierte* 14/1972

dium befindliches, vom »Kadett« abgeleitetes Coupé mit der etwas eigenen Bezeichnung »Grand Tourisme« vorgestellt. Nachdem es zur Serienreife weiterentwickelt war, verkaufte sich der »GT« in fünf Jahren über 100 000 mal. Neben seiner aufsehenerregenden Form tat die Werbung mit besonderen Fotos und trefflichen Sprüchen wie »Nur Fliegen ist schöner« das ihre, um seinen Erfolg zu sichern (Abb. 325).

Der 1972 vorgestellte »Rekord II« brachte es bereits in seinem ersten Produktionsjahr zu vorher nie erreichten Verkaufszahlen, die Werbung präsentierte ihn unter dem Motto »Die halbe Wahrheit« zeitgemäß in opulent gemalten Farbillustrationen (Abb. 328).

Ein Publikumsliebling besonderer Art wurde der – auch im Preis – als Alternative zum Ford-Erfolg »Capri« lancierte »Manta« (Abb. 327). Er erreichte zwar nicht die Umsatzzahlen des Kölner Konkurrenten, hatte dafür aber die hartnäckigste Fangemeinde und mehrte später gar in Spielfilmen den Ruhm der Rüsselsheimer Automarke, was bis dahin nur dem *Käfer* gelungen war.

Und hier die andere Hälfte

Denn wer kauft schon ein Auto, nur weil es schön aussieht. — Deshalb haben die Opel-Ingenieure in jahrelanger Entwicklungsarbeit ein völlig neuabgestimmtes Gesamtfahrverhalten verwirklicht.

Dafür sorgt das Tri-Stabil-Fahrwerk

Besonderer Wert wurde dabei auf: 1. optimale Geradeausstabilität, 2. vorbildliche Bremsstabilität und 3. neutrales Kurvenverhalten gelegt.

Drehstab-Stabilisatoren vorn und hinten, langer Querlenker hinten, breitere Spur und senkrecht stehende Stoßdämpfer sind nur einige der vielen technischen Verbesserungen.

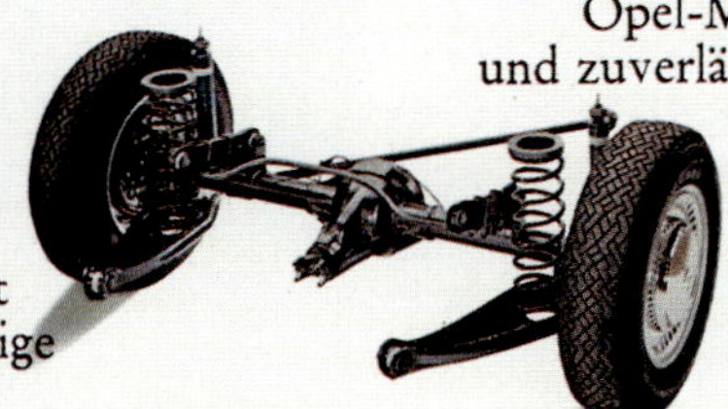

Mit neuer Kraft

Zwei stärkere, geräuscharme Motoren mit 83 oder 97 PS stehen zur Auswahl sowie die wirtschaftliche 66 PS-Version. Es sind moderne, abgasentgiftete Motoren mit obenliegender Nockenwelle und 5fach gelagerter Kurbelwelle.

Opel-Motoren: robust, langlebig, wirtschaftlich und zuverlässig. Trotz seines repräsentativen Charakters ist der Rekord II ein durch und durch wirtschaftliches Auto.

Dazu der Opel-EUROSERVICE mit über 6.500 Kundendienst-Betrieben.

Rekord II ab **DM 9.285.—** a. W.

Opel Rekord II. Die neue Generation.

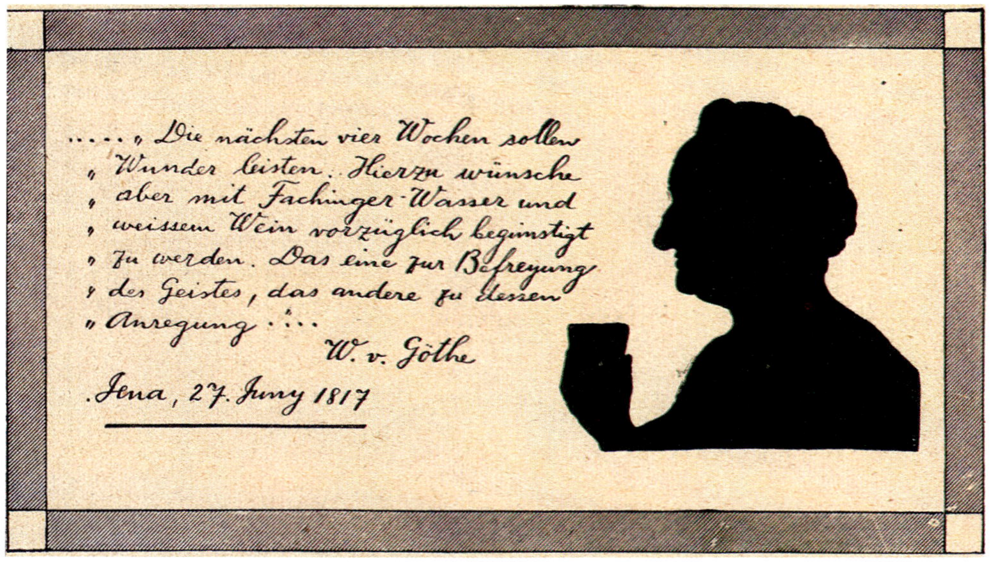

OBEN LINKS:
Abb. 329
Fachinger
Unterschrieb der große Dichter in der Werbung nun mit »G«…
Aus: *Schöner Wohnen* 5/1981

OBEN RECHTS:
Abb. 330
Fachinger
… oder mit »W. v. Göthe«?
Aus: *Velhagen & Klasings MH* 4/1912

21 Image-Transfer – Werbung mit Prominenten

Zu den beliebtesten Methoden, einer Ware öffentliche Aufmerksamkeit und Ansehen zu verschaffen, gehört seit langer Zeit ihre werbliche Bindung an eine bekannte Persönlichkeit. Ob von Napoleon erzählt wurde, er habe vor jeder Schlacht einen kräftigen Schluck »Eau de Cologne« zu sich genommen, oder von Marie-Antoinette, sie sei besonders dem *Heidsieck*-Champagner zugetan gewesen, ob ein Metallwarenhersteller verbreiten ließ, »Goethe speiste mit *Bruckmann*-Bestekken« oder »Ihro Majestät« der König einer bestimmten Veranstaltung »Beyfall« gespendet hatte, immer wurde das Renommee des erwähnten Produkts auf die Höhe des prominenten Konsumenten gehoben.

Von einem solchen Versuch berichteten auch die »Rheinischen Blätter« aus Mainz am 31. März 1867 unter der Überschrift »Graf Bismarck als Reclame«. Ein Londoner Bekleidungsgeschäft habe in einer englischen Zeitung den folgenden Text annonciert: »Graf Bismarcks Verdienste um Deutschland sind jetzt allgemein anerkannt; weniger bekannt dagegen dürfte es seyn, daß der große Staatsmann fast nie ausgeht, ohne sich in einen Ueberzieher einzuknüpfen, dessen exactes Gegenstück in Schnitt und Arbeit *Moses und Sohn* zu 1 Pfd. St. 15 Sh. zu offerieren sich glücklich schätzen« darf. Ob die Offerte besonders erfolgreich war, wurde nicht berichtet.

Im April 1912 erschien in der Zeitschrift *Velhagen & Klasings Monatshefte* eine Anzeige, die zu einem Porträt des deutschen Dichters Johann Wolfgang von Goethe einige Zeilen aus einem fast hundert Jahre alten Brief an seine Schwiegertochter Ottilie zitierte (Abb. 330). »Die nächsten vier Wochen sollen Wunder leisten«, hatte der große Denker geschrieben, »Hierzu wünsche aber mit Fachinger Wasser […] vorzüglich begünstigt zu werden«, das diene der »Befreyung des Geistes«. Der handschriftliche Text machte eine durchaus faksimilehaften Eindruck, auch schien er von Goethe persönlich unterzeichnet zu sein; allerdings war im Zuge der zu diesem Zeitpunkt üblichen ›Eindeutschung‹ aus dem Doppelvokal »oe« der Umlaut »ö« geworden.

Knapp siebzig Jahre später diente die gleiche Textstelle erneut als Aufhänger in der Werbung eines nun konkret mit *Staatl. Fachinger* vorgestellten Mineralbrunnens (Abb. 329). Aus dieser Anzeige ließ sich ablesen, was die Druck- und Reprotechniken inzwischen für Fortschritte gemacht hatten. In ein farbig abgebildetes Originalporträt des Dichters war das beworbene Produkt und auf einen Brief in seiner Hand die besagten Sätze hineinkopiert worden. Mit der Anzeigenheadline » Das Lieblingswasser der Anspruchsvollen und Gesundheitsbewußten« und einer ganzen Reihe ähnlich ausgerichteter textlicher Argumente war das Getränk zusätzlich als »unübertroffen[es]«Heilwasser der oberen Preisklasse profiliert.

In den zwanziger Jahren kam die Werbung mit Prominenten groß in Mode. Gleich fünf mehr oder weniger bekannte Persönlichkeit waren 1927 in einer Anzeige versammelt, um den positiven Eindruck des »*Adler* Standard 6« zu unterstützen (Abb. 331). Wieder war ein Brief zitiert, sogar im Original abgedruckt, in dem der amerikanische Filmstar Norma Shearer in bestem Deutsch den beworbenen Wagen lobte.

Da die Anzeige neben dem Foto, der Bildunterschrift und dem Schreiben noch den üblichen Reklametext und eine längere Adresse enthielt, wirkte sie gestalterisch wenig geglückt; zu gleichmäßig waren die verschiedenen grafischen Bestandteile auf der Anzeigenfläche verteilt.

Im Automobilbereich wurden diese sogenannten »Testimonial-Werbungen« besonders häufig eingesetzt, vor allem die

Abb. 331
Adler
Testimonial-Anzeigen waren in den zwanziger Jahren groß in Mode, oft jedoch ohne jedes grafische Niveau.
Aus: *Die Kunst* 10/1927

großen repräsentativen Wagen von *Mercedes-Benz* waren bei der Prominenz gefragt. Richard Tauber, Carl Zuckmayer, Richard Strauss, aber auch Kaiser Wilhelm II., Reichspräsident Paul von Hindenburg und Zar Nikolaus II. gehörten zu denen, die den von der *Daimler*-Werbung stets dokumentierten öffentlichen Auftritten hinter dem berühmten Stern nicht widerstehen konnten.

Eine zweite Konjunktur erlebten Anzeigen mit Prominenten in den fünfziger Jahren. Das Sinnvakuum, das die Herrschaft der Nationalsozialisten und der Zweite Weltkrieg hinterlassen hatten, dürfte dieser Werbemethode in erheblichem Maße Vorschub geleistet haben. Nach der gründlichen Diskreditierung moralischer und ethischer Werte im ›Dritten Reich‹ boten sich nun ersatzweise zahlreiche Konsumidole, die in den Anzeigen als Sympathieträger eingesetzt wurden, den orientierungslos gewordenen Bundesbürgern zur Identifikation an.

Die Tageszeitung *Bild* warb 1954, ganz im Sinne ihres eigenen Namens, mit einer »Bilder-Geschichte« über den ehemaligen Boxweltmeister Max Schmeling (Abb. 333). Dem Niveau damaliger Comic strips entsprechend, wurden »lustige und spannende« Inhalte vermittelt: »Also Frauen!.. Anny geh' mal raus!« In aller Offenheit war das Werden ›echter Männer‹ wie »Maxe« ins Bild gesetzt: richtige Jungs trugen »Matrosenanzug«, nannten Mädchen »alberne Wachteln«, zogen sie an ihren langen blonden Zöpfen und »kloppten« sich. Wem das alles gefiel, der konnte sicher sein, in *Bild* gut bedient zu werden.

Zu den Artikeln, die ausschließlich mit Stars und Sternchen beworben wurden, gehörte schon 1951 die Seife *Lux,* bis 1957 aus rechtlichen Gründen *Luxor;* sie orientierte sich damit an einem Modell, daß in den USA seit den dreißiger Jahren

OBEN:
Abb. 332
Seidenstar
Stars ›beglücken‹ sich gegenseitig – mit Ruhm und Geld.
Aus: *Schöner Wohnen* 7/1974

UNTEN:
Abb. 333
Bild
Eine »Bilder-Geschichte«, die das Leben »schrieb« – angemessen ins Bild gesetzt.
Aus: *Constanze* 8/1954

Abb. 334
Lux
Zum Filmen kam sie nur noch eine einziges Mal nach Deutschland zurück, dafür aber millionenfach in der *Lux*-Werbung.
Aus: *Eltern* 3/1971

üblich war. Nach zunächst ausschließlich amerikanischen Idolen wurden von 1953 bis 1993 auch zahlreiche deutsche Filmschauspielerinnen eingesetzt. Diese Besetzungsliste liest sich wie ein Almanach der weiblichen deutschen Filmprominenz: Senta Berger, Heidi Brühl, Marlene Dietrich, Herta Feiler, Conny Froboess, Heidemarie Hatheyer, Hildegard Knef, Marianne Koch, Lilli Palmer, Liselotte Pulver, Elke Sommer, Sonja Ziemann, um nur einige bekanntere zu nennen. Und Romy Schneider, wie eine Anzeige aus dem Jahr 1971 demonstriert (Abb. 334). In den fünfziger Jahren gab es sicher so manche Schauspielerin, die ihren Einsatz in der *Lux*-Werbung als Beleg dafür nahm, daß sie ein Star geworden war; und diese Auffassung wurde bestimmt von vielen deutschen Kundinnen geteilt.

Die Seife *Lux* gehörte damit zu den wenigen Artikeln, die sinnvoll und effektiv mit Stars beworben wurden. Durch die über lange Zeit beibehaltene Beschränkung auf Filmschauspielerinnen, die einerseits den Aufbau einer Tradition und ande-

OBEN LINKS:
Abb. 335
Blankin
Streifenfreier Glanz dank Blanco.
Aus: *Brigitte* 7/1976

OBEN RECHTS:
Abb. 336
Rolo
Lustig oder erotisch? Frau Steeger lutscht eines dieser unwiderstehlichen »Schoko-Toffees«.
Aus: *Freundin* 24/1976

rerseits die ständige Aktualisierung ermöglichte, war gegeben, was in einer zeitgenössischen Definition von »Personality-Werbung« gefordert wurde: »Die sachverständige werbliche Auslobung von Produkt und Nutzen« muß stattfinden »durch eine bekannte Persönlichkeit, welche sich glaubhaft mit dem Produkt identifizieren kann.«[21.1]

Knapp zwei Jahrzehnte später war der Holländer Rudi Carell in Deutschland als Fernsehmoderator so beliebt, daß er als Sympathieträger selbst für Lackfarben eingesetzt werden konnte (Abb. 332). Er stellte in seinen Shows bekannte Stars vor oder versuchte, unbekannte zu solchen zu machen. Genau darauf hob die *Glasurit*-Anzeige ab und legte ihm mit »Mein Star ist Seidenstar« die passende Werbeaussage in den Mund; um sich sogleich für das Kompliment zu revanchieren, indem sie den *Glasurit*-Papageien verkünden ließ: »Mein Star ist Rudi«. Hier ahnte man, daß auch der Showmaster von der

Anzeige profitierte; und wirklich: »zusammen mit« den angebotenen Farben gab es »Original-Autogramm-Postkarten«, nicht nur von Rudi Carell, sondern gleich von vielen »bekannten Stars«.

Deutschlands bekanntester dunkelhäutiger Entertainer war in den siebziger Jahren Roberto Blanco. Er war so etabliert, daß er problemlos in der Werbung, wahrscheinlich wegen seines Nachnamens selbst als Fensterputzer, eingesetzt werden konnte (Abb. 335). Mehr als erhöhte Aufmerksamkeitswerte waren von dieser Verbindung allerdings nicht zu erwarten, eine inhaltliche Identifizierung hätte zu Problemen geführt, wie sie im letzten Satz des Anzeigentextes spürbar wurden. Der salopp formulierte Wunsch nach Streifenfreiheit – »Blanko blanko mit *blankin*« – zeigte der demonstrierten Lockerheit ihre Grenzen auf, angesichts immer noch nicht verwirklichter Chancengleichheit.

Die Schauspielerin Ingrid Steeger gehörte seit ihrer erfolgreichen Teilnahme an der Serie »Klimbim« in Deutschland zur TV-Prominenz. Nach langen Jahren harter Arbeit in Softporno-Produktionen hatte sie mit einigen harmlosen Oben-Ohne-Auftritten die deutsche Fernsehwelt durcheinandergebracht und verkörperte seitdem die

Abb. 337
Otto Kern
Eine vergleichbare ›Präsentation‹ islamischer Tradition hätten die Verantwortlichen möglicherweise nicht überlebt.
Aus: *Elle* 1/1994

Abb. 338
Courvoisier
Welches der beiden »Dinge« würde man(n) wohl wählen, wenn man dürfte?
Aus: *Playboy* 2/1979

etwas unbedarfte Blondine mit komödiantischer Ader. Sie war 1976 so bekannt, daß ihr Name nicht genannt zu werden brauchte in der *Rolo*-Anzeige Abbildung 336, die praktisch eine Momentaufnahme aus einem gleichzeitig im Fernsehen laufenden Werbespot war. Auch wenn diese Werbung primär lustig wirkte, so setzte sie doch gleichzeitig auf die naive Erotik, die Ingrid Steeger beim Lutschen eines dieser unwiderstehlichen »Schoko-Toffees« ausstrahlte.

Zu den Dingen, die das »Leben wie Gott in Frankreich« für die Deutschen ausmachten, gehörte nicht erst in den siebziger Jahren französischer Weinbrand. Vor allem ein *Cognac*, wie der von Emmanuel *Courvoisier*, der bereits zu Lebzeiten in Napoleon einen berühmten Liebhaber seiner Erzeugnisse fand, nach ihm daher seinen »Brandy of Napoleon« benannte und den großen Feldherrn auf der Flasche abbildete. 1979 wurde dem teuren Getränk, zwecks Aktualisierung, ein zweiter ebenso

illustrer französischer Exportartikel zur Seite gestellt, die Filmschauspielerin Cathérine Deneuve (Abb. 338). Eine sicher stimmige Ergänzung – wenn man so wollte. Denn wer bemerkte überhaupt noch, daß hier zum tausendsten Mal eine Frau und ein käufliches Produkt ›gleichberechtigt‹, wie »zwei Dinge« eben, präsentiert wurden.

In den neunziger Jahren stieg mit den Werbefrequenzen im Fernsehen auch die Häufigkeit ›prominenter‹ Auftritte. Nur noch relativ selten fand eine erkennbare Identifikation der Werbenden mit den angebotenen Produkten statt. Das führte zwar weiterhin zu hohen Aufmerksamkeitswerten, aber immer seltener zu erhöhter Kaufbereitschaft. Untersuchungen belegten sogar, daß »88 Prozent der Befragten [. . .] Werbung mit TV-Stars ablehnten« und nur bei 11,3 Prozent das »Vertrauen in das Produkt« erhöht wurde.[21.2]

Eine ›Etage‹ höher griffen daher die Verantwortlichen des Bekleidungsherstellers *Otto Kern* im Jahr 1994 (Abb. 337). In zwei Fotografien waren biblische Szenen nachgestellt, die Maria und Josef als Mega-Modells für die ›lockere‹ Neunziger-Jahre-Mode zeigten. Während der Einsatz der religiösen Bilder in der Werbung möglicherweise nur von wenigen Anzeigenkunden als blasphemisch empfunden wurde – eine vergleichbare ›Präsentation‹ islamischer Tradition hätten die Macher vielleicht nicht überlebt –, klangen die bewußt naiv formulierten Weihnachtswünsche zu aktuellen Problemen wie Wohnungsnot und Vertreibung doch sehr scheinheilig.

Immer weiter entfernte sich im Lauf der neunziger Jahre die Personality-Werbung von der bloßen Verbindung Produkt-Prominenter. 1994 präsentierte der Reifenhersteller *Pirelli* in einer völlig ›abgehobenen‹, aber durchaus humorvollen Anzeige sein Fallbeispiel für verminderte Bodenhaftung (Abb. 339). Ein ›Startfoto‹ zeigte den Sprintweltmeister Carl Lewis in extrem hochhackigen Damenschuhen auf einer vor Näße glänzenden Tartanbahn. Zurück ging dieser Ansatz auf eine in den sechziger Jahren heftig diskutierte Werbekampagne, die unter dem Titel »Die Beine Ihres Autos. . .« neben den obligatorischen Reifen vornehmlich Frauenbeine abgebildet hatte (Abb. 340). Aber wer sich daran nicht erinnerte und das *Pirelli*-Produkt nicht kannte, dem half auch die Anzeigenüberschrift nicht weiter, nicht nur, weil sie in englischer Sprache abgefaßt war – die Werbung war zu einem Spiel für Eingeweihte geworden.

OBEN LINKS:
Abb. 339
Pirelli
Ein prominenter Verbrauchertest bei verminderter Bodenhaftung – wirbt für . . .?
Aus: *NewMag* 6/1994

OBEN RECHTS:
Abb. 340
Veith-Pirelli
. . . für die »Beine Ihres Autos«. (Wieviel einfacher war früher doch alles, selbst in der Werbung.)
Aus: *Er* 6/1964

22 Ende offen ...

1994 investierten Deutschlands Unternehmen erstmals mehr als 50 Milliarden DM in die Werbung.[22.1] Trotz der stark erhöhten Einnahmen privater Fernsehsender – allein RTL verbuchte Bruttoeinkünfte von 2,8 Milliarden DM – blieben die Printmedien mit 12,1 Milliarden größter Werbeträger. Selbst die Plakatanschläge erreichten mit 686 Millionen DM noch fast die Zahlen des öffentlichrechtlichen Hörfunks.[22.2] Diese Zahlen belegen zunächst die Bedeutung eines Wirtschaftszweigs, der, weitgehend unabhängig von Rezessionen, Jahr für Jahr überdurchschnittliche Wachstumsraten verzeichnet. Daneben ist Werbung inzwischen eine notwendige, manchmal allein ausreichende Voraussetzung für den Warenabsatz geworden, was zu permanenten Verdrängungskämpfen unter Neueinsteigern führt. Zusätzlich sind die Einnahmen durch Anzeigen für die Medien unverzichtbarere Bestandteil ihrer Etats geworden. Sie werben daher nun mit den Werbeprofis zusammen bei den Inserenten um Anzeigenschaltungen – mit Sprüchen wie »Nicht Werben, um Geld zu sparen, ist wie die Uhr Anhalten, um Zeit zu sparen«.

Je mehr die Produktionskosten für Werbung anstiegen, desto vielschichtiger wurden die von ihnen verbreiteten Botschaften. (Der Nachweis ihrer Wirksamkeit ließ sich nur in den seltensten Fällen führen.) Ihre Bilder einer schönen Welt ohne Probleme wurden immer zwingender, mit stark gestiegener Häufigkeit gelangten sie bis in die privaten Räume der potentiellen Kundschaft: 1993 gingen über 830 000 TV-Spots auf die deutschen Fernsehzuschauer nieder.[22.3] Die einzigen in diesen Werbeclips auftauchenden Schwierigkeiten waren solche, die sich mit Hilfe eines bestimmten Produktes – offensichtlich – beheben ließen.

Bereits in den achtziger Jahren hatte die Öffentlichkeit begonnen, sich für alte Reklame nostalgisch zu erwärmen, hatte die scheinbar einfachen, leicht durchschaubaren Ansätze belächelt und damit gleichzeitig die aktuellen Entwicklungen bagatellisiert. Parallel dazu setzte auch in der Werbewirtschaft selbst eine Beschäftigung mit ihrer Geschichte ein; Ausstellungen und Podiumsdiskussionen wurden veranstaltet, zahlreiche schöne Bücher wurden dazu verlegt, häufig jedoch in unschöner Vermischung mit aktuellen Anzeigen.

Es waren jedoch ausschließlich die für Werbeinsider und Publikum leicht konsumierbaren formalen Aspekte, die dort behandelt wurden. Dabei wären – auch fünfzig Jahre nach Hitler – ernsthafte Diskussionen über die Anteile der Werbung am Erfolg der Nationalsozialisten sinnvoll gewesen, genau wie über alle anderen Aspekte des ›Dritten Reiches‹. Allerdings hätte das möglicherweise Forderungen nach einem größeren Verantwortungsbewußtsein der Werbemacher zur Folge gehabt. Nicht unbedingt in bezug auf einen drohenden Mißbrauch durch politische Kreise, aber zum Beispiel hinsichtlich der permanenten Vorführung des Machtverhältnisses zwischen Frau und Mann.

Könnte man sich eine Umkehrung der Rollen in der Anzeige Abbildung 345 überhaupt vorstellen? Wie würde ein Paar leichter Herrenmokassins in einer Anzeige neben einer Musikanlage interpretiert (Abb. 312)? Warum wäre eine ganzseitige Anzeige mit Männerbeinen zwecks Umsatzsteigerung irgendeines Schaumweines als lächerlich angesehen worden (Abb. 102)? War es wirklich nötig, daß so viele schöne junge Frauen mit tiefen Dekolletés und ohne jeden Bezug zu den vorgestellten Produkten in der Werbung auftraten? Weshalb erinnerten die wenigen jungen Männer, die in Anzeigen unbekleidet auftraten, so oft an die monumentalen Skulpturen von Arno Breker?

Abb. 341
Boss
Gutaussehend, jung und erfolgreich, aus dem mußte ein *Boss* werden – in den richtigen Klamotten.
Aus: *Playboy* 9/1986

Untersuchungen aus dem Jahr 1995 belegen, daß jede siebte Frau zwischen 20 und 59 Jahren mindestens einmal in ihrem Leben Opfer sexueller Gewalt wurde.[22.4] Könnte das nicht auch etwas mit der Tatsache zu tun haben, daß an jeder zweiten Straßenecke, in jeder Zeitschrift Fotos von Frauen auftauchen, die in aufreizenden Posen sich und irgendwelche Konsumartikel anbieten? Färben derartige Chauvinismen nicht selbst auf die Männer und Frauen ab, die im Grunde anders denken, wenn man sie ihnen nur – und das ist nun mal das erfolgreichste und daher meistbenutzte Prinzip der Werbung – oft genug vorführt?

Von 1900 bis 1995 hat sich die durchschnittliche Lebenserwartung der Menschen in Deutschland etwa verdoppelt, im gleichen Zeitraum ist das Alter der in der Werbung auftauchenden Modelle aber gesunken. Reduziert hat sich auch das Durchschnittsgewicht, weit unter ein gesundes Maß. Die weibliche ›Kundschaft‹ reagiert mit Hundertausenden von Schönheitsoperationen, allein in den USA hungern sich jährlich über 150 000 Frauen zu

Abb. 342
Sprite
Eine gelungene Einheit von Wort und Bild – da beschlägt gleich die ganze Anzeigenseite.
Aus: *Freundin* 19/1987

Tode.[22.5] Bei Männern scheint das zunächst halb so wild; neben den hin und wieder auftauchenden schönen Körpern dürfen alte, dicke, runzlige, stachelige und glatzköpfige ihre Sprüche aufsagen. Man nennt das dann die Individualität von Charakterköpfen oder männliches Charisma. Aber auch hier werden Versuche zur Gleichschaltung vorgenommen.

Zu den großen Aufsteigern der achtziger Jahre gehörten die Gebrüder Holy aus dem schwäbischen Metzingen. In fünfzehn Jahren hatten sie ihre Marke mit dem wunderbaren Namen *Boss* zu einem der führenden Unternehmen für Herrenbekleidung in aller Welt gemacht. Tatsächlich hatte es einst einen Hugo Boss gegeben, der mit der Herstellung von blauen Arbeitsanzügen sein Geld verdient hatte. Er hatte diese Tradititon an seinen Schwiegersohn weitergegeben, dessen Söhne Jochen und Uwe Holy sie zu Weltgeltung führten. Sie gehörten zu den ersten, die auf leichte italienische Stoffe setzten, aber nicht nur für teure Spitzenanzüge, sondern für die auflagenstarke Breite des Marktes. Um den zu er-

reichen, setzten die Schwaben von Anfang an gezielt auf die Printwerbung. Sie profilierten ihre Mode in entsprechenden Anzeigen nicht als ausgefallen oder individuell, sondern als klassisch traditionell, aber hochwertig (Abb. 341). In der überlieferten Pose, in der vor hundert Jahren Firmengründer in Öl porträtiert wurden, steht das Modell in der einfach und symmetrisch aufgebauten Anzeige. Es wird hier kein einzelnes Kleidungsstück herausgestellt, sondern ein Gesamteindruck vermittelt; und tatsächlich wollten viele Kunden wie dieser junge ›Boss‹ wirken.

Einem aktuellen Trend entsprach die *Sprite*-Anzeige Abbildung 342 aus dem Jahr 1987. Im Foto dicht ran an das Objekt war die Devise dieser Richtung; sie führte zu überdimensional vergrößerten Marmeladetöpfen, Zigarettenmundstücken, Lippenstiften, Parfumflakons, Biergläsern, Staubsaugern und Körperteilen. Und zu Limonaden wie *Sprite*, die aber nicht unter ihrem Gattungsbegriff vorstellt wurden, sondern lediglich mit zwei das Foto ergänzenden Adjektiven: »Klar.« und »Spritzig.« Was der Text nicht transportieren kann, fügt wiederum die Abbildung hinzu, durch die Darstellung von Eiswürfeln, Luftblasen, durchsichtiger Flüssigkeit, Destillationströpfchen und Glas. Es entsteht auf diese Weise eine gelungene Einheit von Wort und Bild, die den angestrebten Eindruck einer Erfrischung sicher transportiert.

Zu den in der Öffentlichkeit am heftigsten diskutierten Werbeaktivitäten der späten achtziger und frühen neunziger Jahre gehörte die Kampagne des italienischen Textilunternehmens *Benetton*. Der dort Verantwortliche, der Modefotograf Oliviero Toscani, hatte sie 1984 unter dem Slogan »All the Colours of the World« mit einer Serie über eine Gruppe fröhlicher Kinder verschiedener Hautfarbe begonnen, der sich zunächst die Darstellung des friedlichen Nebeneinanders von Flaggen, auch feindlicher Staaten wie der Türkei und Griechenlands, anschloß. 1989

Abb. 343
Benetton
Eine genetische Störung aus Afrika? Ausreichend sensationell? Dann immer rein damit in die *Benetton*-Kampagne.
Aus: *Elle* 10/1992

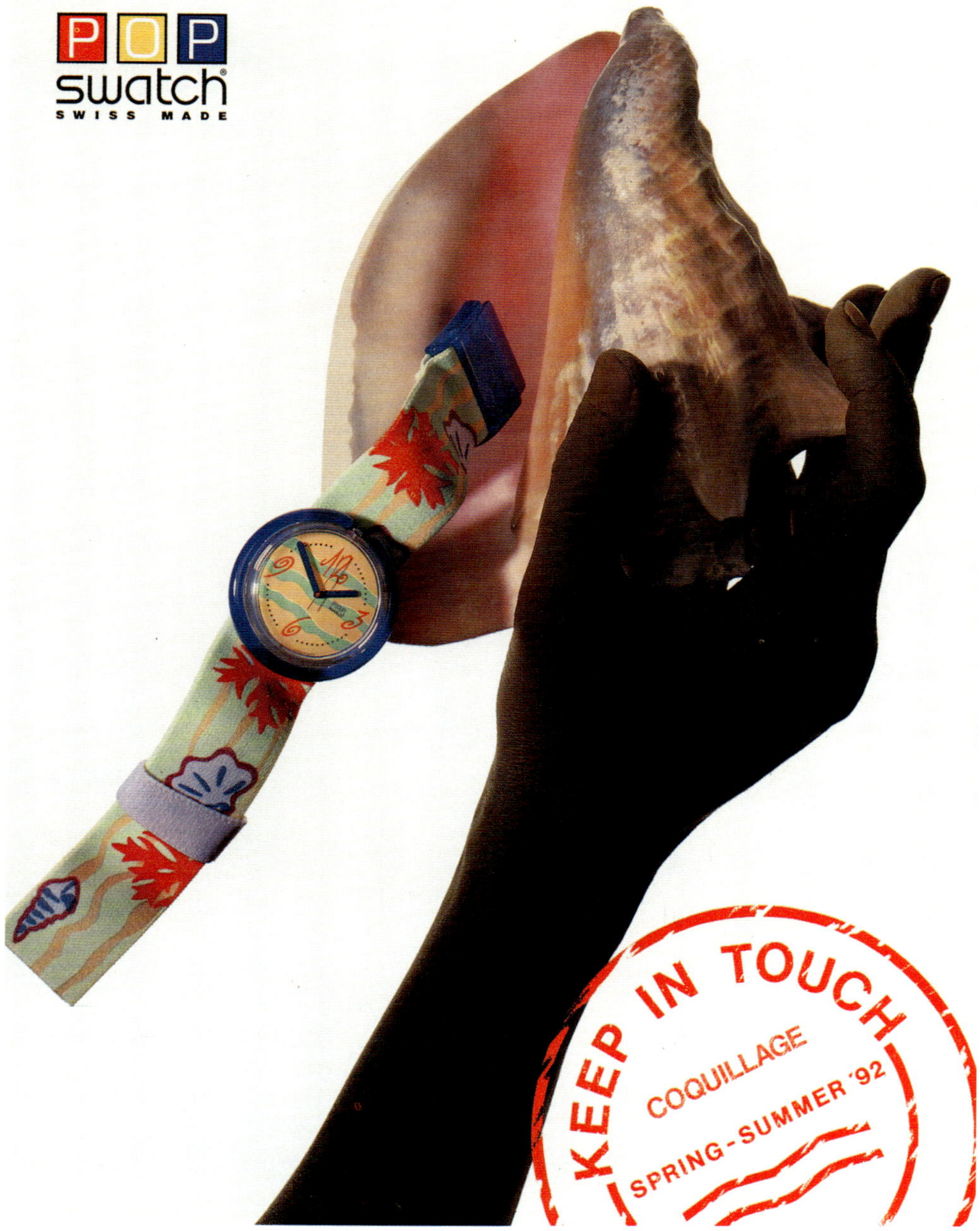

OBEN:
Abb. 344
Swatch
Selbst die älteste Tradition läßt sich erfolgreich aktualisieren – auch wenn das manchmal erst unter Druck geschieht.
Aus: *Elle* 6/1992

GEGENÜBER:
Abb. 345
Lavazza
Stellen Sie sich die Situation mal mit vertauschten Geschlechterrollen vor.
Aus: *Freundin* 20/1992

gab es in den USA zum ersten Mal öffentlichen Widerstand gegen eine *Benetton*-Anzeige, auf der eine schwarze Frau einem weißen Baby die Brust reichte. Mit einer ölverschmierten Ente, einem Jesusähnlichen sterbenden Aidskranken im Kreise seiner Familie, einer Kußszene zwischen einem Mönch und einer Nonne, einem realen Soldatenfriedhof, einem neu geborenen Baby und einem mit »H.I.V. positiv« tätowierten menschlichen Gesäß folgten Motive, die weltweite Proteststürme entfachten – was der italienische Konzern als erfolgreiche PR-Arbeit ansah.

In vielen Ländern wurden aufgrund von Prozessen einzelne Anzeigen verboten; die Antragsteller hatten argumentiert, die Kampagne sei »sittenwidrig, geschäftsschädigend und geschmacklos« oder »wettbewerbswidrige Schock-Werbung«. Der Deutsche Werberat sah »das Positive, das Schöne« als nicht mehr »lebensnah diskriminiert« und die »Werbewirtschaft in Verruf« gebracht. Auch der Bundesgerichtshof meinte in der Bestätigung des Verbotes, die Anzeigen seien sitten- und damit wettbewerbswidrig, weil sie die Gefühle des Mitleids in »intensiver Weise«

EIN ZEICHEN GUTEN GESCHMACKS
TEAM-EUROPA
250 g
Luigi LAVAZZA CAFFÈ ESPRESSO PRODOTTO IN ITALIA
100% Arabica
Luigi LAVAZZA CAFFÈ ESPRESSO PRODOTTO IN ITALIA
Lavazza schmeckt den anspruchsvollsten unter Europas Espresso-Kennern am besten: den Italienern. Darum ist Lavazza auch Italiens Espresso Nr. 1. Ab wann ist Lavazza auch Ihre Nr. 1?
LAVAZZA
ITALIENS ESPRESSO Nr. 1

Abb. 346
Obsession
Ein Parfum verhilft zu einem Moment der erotischen Kommunikation zwischen zwei Menschen – und die Werbung führt vor, wie das geht.
Aus: *Marie-Claire* 3/1992

zu kommerziellen Zwecken ausnutzten.[22.6] Der Firmeneigner Luciano Benetton selbst sah das natürlich ganz anders. Seine Werbung zeige doch nur die Realität, argumentierte er, Krieg, Tod, Geburt und Krankheit gehörten nun mal zu dieser Welt. Im übrigen lasse er seinen Kreativen freie Hand; und die seien nun mal der Ansicht, daß mit klassischer Werbung kein Erfolg mehr zu erzielen sei.[22.7] Damit hätten die Diskussionen in manchen Feuilletons eigentlich beendet sein müssen, in denen die Frage gestellt wurde, ob es sich nicht vielleicht doch um eine besonders progressive Art von Kunst oder um die Schaffung von Kultur handle.

Wenn aber diese Begriffe selbst denjenigen hinterhergeworfen würden, die sich, wenn auch mit gewissen »Unwägbarkeiten«, ästhetisch betätigten, um innerhalb eines kapitalistischen Systems dessen ständige Umsatzsteigerung zu sichern, so hätten sie ihre Daseinsberechtigung endgültig verloren. (Was sie sicher für manche Krämerseele zum endlich faßbaren Objekt der Begierde machen würde). Die Richtungen von Kunst und Werbung sind einander grundsätzlich entgegengesetzt. Wie die

Benetton-Kampagne zeigt, sind die eingesetzten Inhalte beliebig austauschbar, unterworfen allein der Forderung nach erhöhten Aufmerksamkeitswerten. *Einen* Punkt mieden die *Benetton*-Fotos natürlich wie der Teufel das Weihwasser: die Darstellung der Verstrickung industrieller Konzerne in die Ursachen weltweiter wirtschaftlicher und sozialer Grundprobleme. Daher sei Herr Toscani gebeten, die Serie auch in dieser Hinsicht erfolgreich abzuschließen, mit dem Foto eines blondgelockten weißen Knaben, der, in farbenfroher *Benetton*-Aufmachung, inmitten einer Gruppe verhungernder schwarzer Kinder einen Hamburger verspeist. Damit wäre das Ziel einer Werbekampagne erkennbar übertroffen und als Beitrag innerhalb eines erweiterten Kulturbegriffs möglicherweise zu diskutieren.

1983 startete die Schweizer Uhrenindustrie einen Befreiungsschlag gegen die tickende Invasion aus Fernost: die Plastikuhr *Swatch* (Abb. 344). In gut zehn Jahren konnte mit weltweit mehr als 100 Millionen abgesetzten Exemplaren, dank originellen Designs und guter Werbung, viel verlorenes Terrain gutgemacht werden.

Abb. 347
Petit Guerlain
Auf ein Kundenpotential mit jährlich 5,6 Milliarden Mark ›Taschengeld‹ kann nicht verzichtet werden.
Aus: *Freundin* 26/1994

OBEN LINKS:
Abb. 348
Leitz
Im Büro dreht sich alles um
die mit dem kürzesten Kleid.
Aus: *Brigitte* 20/1994

OBEN RECHTS:
Abb. 349
MTV
Auch der progressivste elektronische
Werbeträger kann auf die gute alte
Zeitungsanzeige nicht verzichten, um
neue Kunden zu gewinnen.
Aus: *Freundin* 8/1994

GEGENÜBER:
Abb. 350
Nivea
Auch das bietet die Werbung noch:
den Genuß an einer hochwertigen und
unbeschwerten Anzeige.
Aus: *Brigitte* 25/1994

Nicht ganz uneigennützig plädierte die Firma *Calvin Klein* 1992 für die Gleichberechtigung – bei der Benutzung ihres Parfums *Obsession* (Abb. 346). Es wurde ohne jede geschlechtsspezifische Profilierung, wenn auch als ›hocherotisches Moment‹, beworben. (Die Männer sollten endlich genausoviele Düfte kaufen wie die Frauen.)

Auf etwa 5,6 Milliarden Mark beliefen sich 1994 die Einnahmen der Sieben- bis Zwölfjährigen in Deutschland. Das schlug sich in der Werbung nieder, vor allem Anzeigen für Kinderkleidung wurde schon früh auf die ›Kids‹ zugeschnitten. Eine besonders sinnvolle Neuerung bot *Guerlain* 1994 mit seinem »Eau de Senteur« *Petit Guerlain* »für Kleinkinder«; die Märkte der Zukunft sollten so früh wie möglich erobert werden (Abb. 347).

Unter die Highlights »im Büro« reihte die Firma *Leitz* 1994 ihr »Heftgerät« (Abb. 348). Im Mittelpunkt der Anzeige stand jedoch eine anonyme Schöne im Minikleid, um die sich auch im Büro alles drehte.

Zu den progressivsten Werbeträgern zählte seit den achtziger Jahren der über Satellit weltweit ausgestrahlte Musikvideosender *MTV*. Er selbst konnte jedoch nicht auf die Printmedien verzichten und warb dort, nicht nur für sein Programm, sondern gleichzeitig um Werbekunden (Abb. 349).

Nivea (die Schneeweiße) gehört seit 1910 zu den traditionsreichsten deutschen Marken. Über achtzig Jahre hatte sie sich, in der Werbung ständig optisch aktualisiert, auf dem Markt behaupten können. 1995 wird unter dem renommierten Namen ein breites Sortiment an Kosmetikartikeln angeboten, zu denen auch *Nivea Visage* gehört (Abb. 350). Ihre qualitätvolle Präsentation bietet eine gelungene Mischung aus warmem Frauengesicht und kühlem Farbenspiel, aus natürlichem Lachen und wissenschaftlichem »Multi-Aktiv Serum«. Das alles wirkt so frisch, jung, fröhlich und leicht, ist so problemlos mit dem beworbenen Produkt zu verknüpfen, daß man sich für einen Moment dem unbeschwerten Genuß an eine gut gemachte Anzeige hingeben könnte. Aber sieht die Zukunft der Printwerbung wirklich so niveauvoll aus?

BRINGEN SIE IHRE *junge* HAUT ZUM VORSCHEIN
NIVEA VISAGE
AHA
MIT NATÜRLICHEM AHA-COMPLEX
NEU
Spezialpflege
NIVEA VISAGE
MULTI-AKTIV SERUM
MIT NATÜRLICHEM AHA-COMPLEX
FESTIGEND UND GLÄTTEND
Das Multi-Aktiv Serum von **NIVEA Visage** ist eine wissenschaftliche Innovation, die die natürliche Hauterneuerung aktiviert und damit den Zeichen der Hautalterung entgegenwirkt. Ein natürlicher AHA-Complex aus Milch- und Fruchtsäure entfernt sanft abgestorbene Zellschüppchen von der Hautoberfläche und bringt die junge Haut darunter zum Vorschein. So wird Ihre Haut spürbar glatter und fester und bekommt ein strahlend frisches Aussehen.
NATÜRLICH SCHÖN BLEIBEN – NIVEA *Visage.*
BDF Beiersdorf AG

Anmerkungen

0.1 Der Vorsitzende des Deutschen Werberats Dankwart Rost, ›Werbung im Wettbewerb‹, Berlin 1989. Zitiert nach: Dirk Reinhardt, ›Von der Reklame zum Marketing‹, Berlin 1993, S. 10.

1.1 Reinhardt, ›Reklame‹ (wie Anm. 0.1), S. 170 ff.

2.1 Ebenda, S. 101 f.

2.2 Zitiert nach: Kurt Schöning, ›Anzeigenwerbung‹, München 1975, S. 19.

3.1 Klaus von Rheden, ›Plakate und Plakatstil‹, in: *Velhagen & Klasings Monatshefte,* Ausgabe 2/1903, S. 317 f.

3.2 Ebenda, S. 308.

3.3 Ebenda, S. 310.

5.1 Der Spion Richard Sorge berichtete 1944, Stalin habe ihm seine Ankündigung des deutschen Feldzuges gegen Rußland nicht geglaubt, weil er keinerlei Information über Ansammlungen kriegstauglicher Winterkleidung in Deutschland erhalten hatte.

6.1 Adolf Behne, ›Walter Kampmann‹, in: *Das Plakat,* Ausgabe 6/1921, S. 323 f.

6.2 Ebenda, S. 325.

6.3 Ebenda.

6.4 Ebenda, S. 326.

6.5 Ebenda.

6.6 Ebenda, S. 328.

7.1 *Brockhaus* Konversations-Lexikon, 14. Auflage 1895, Bd. 14, S. 833.

8.1 Zitiert nach: ›50 Jahre *Bauhaus*‹, Stuttgart 1968, Katalog zur gleichnamigen Ausstellung, S. 13.

8.2 Ebenda.

8.3 Zitiert nach: ›drucksachen typografie reklame‹, Edition Marzona, Düsseldorf 1984, S. 13.

8.4 Ebenda, S. 14.

8.5 Ebenda.

9.1 Die Zahl stammt aus einer Selbstdarstellung der Firma *Schwarzkopf.*

10.1 Zitiert nach: Schöning, ›Anzeigenwerbung‹ (wie Anm. 2.2), S. 168.

10.2 Ebenda, S. 112.

10.3 Ebenda, S. 170.

10.4 Zitiert nach: Uwe Westphal, ›Werbung im Dritten Reich‹, Berlin 1989, S. 48.

10.5 Michael Kriegeskorte, ›Automobilwerbung in Deutschland 1948–1968‹, Köln 1994, S. 118.

10.6 Zitiert nach: Westphal, ›Werbung‹ (wie Anm. 10.4), S. 158.

10.7 Siehe dazu auch: Westphal, ›Werbung‹ (wie Anm. 10.4), S. 155 f.

10.8 Schöning, ›Anzeigenwerbung‹ (wie Anm. 2.2), S. 189 f.

14.1 Zitiert nach: *Mercedes-Benz* (Hrsg.), ›Der Stern ihrer Sehnsucht‹, Ostfildern 1995, S. 8.

14.2 *Allgemeine Automobil-Zeitung,* Ausgabe 7/1937, S. 160 f.

17.1 *Mülhens* (Hrsg.), ›*Mülhens,* Zweihundert Jahre 4711‹, Köln 1992, S. 24 f.

17.2 Christian Schütte (Hrsg.), ›Dieter Schütte – Ein Unternehmer‹, Köln 1993, S. 12 f.

18.1 Die Zahl ›2000‹ stammt aus: Eckhard Neumann/Wolfgang Sprang, ›Werbung in Deutschland '67‹, Düsseldorf 1967, S. 266, die Zahl ›5000‹ stammt aus: Horst F. Lehmann, ›Anzeigenwerbung für Bier‹, in *novum gebrauchsgrafik,* Ausgabe 11/1984.

19.1 Zitiert nach: Eckhard Neumann/Wolfgang Sprang/Klaus Hattemer, ›Werbung in Deutschland '71‹, Düsseldorf 1971, S. 198.

21.1 Hans Dieter Maier, Direktor der Bayerischen Akademie der Werbung über ›Personality-Werbung‹. Zitiert nach: ›Der Schaum der frühen Jahre‹, ohne Autor, *NewMag* Ausgabe 6/1994.

21.2 I Laut einer *Forsa*-Instituts-Umfrage, zitiert nach: *Kölner Stadt-Anzeiger* vom 23. 2. 1995.
II Laut einer *GfK*-Marktforschung für *Horizont,* veröffentlicht in: *Horizont* am 9. 6. 1995.

22.1 Laut einer *dpa*-Meldung, veröffentlicht im *Kölner Stadt-Anzeiger* am 20. 3. 1995.

22.2 Laut einer *dpa*-Meldung, veröffentlicht im *Kölner Stadt-Anzeiger* am 21. 1. 1995.

22.3 Laut einer *dpa*-Meldung, veröffentlicht im *Kölner Stadt-Anzeiger* am 1. 6. 1994.

22.4 Laut einer *dpa*-Meldung, veröffentlicht im *Kölner Stadt-Anzeiger* am 18. 7. 1995.

22.5 Vergleiche: Naomi Wolf, ›Der Mythos Schönheit‹, Reinbek 1991.

22.6 Laut einer *dpa*-Meldung, veröffentlicht im *Kölner Stadt-Anzeiger* am 7. 7. 1995.

22.7 So verteidigte Luciano Benetton seine Kampagne im September 1994 anläßlich einer Uhrenpräsentation in Frankfurt a. M. Zitiert nach einem Bericht im *Kölner Stadt-Anzeiger* am 9. 9. 1994.

Verzeichnis der Abbildungen

Bis zu 100 Jahre nach ihrem Erscheinen ist bei vielen Anzeigen trotz umfassender Recherche die Ermittlung ihrer Gestalter, Texter, Zeichner, Fotografen u. a. fruchtlos geblieben. Der Autor bittet freundlichst, ihm entsprechende Nachweise mitzuteilen, die etwa beteiligten Urheberrechte betreffend, um diese in künftigen Auflagen und Ausgaben berücksichtigen zu können. Alle Vorlagen stammen aus dem Archiv des Autors, ausgenommen die Abbildungen 45, 47–54, 56, für deren leihweise Überlassung sich der Autor bei Herrn Karlheinz Borchert, Wuppertal herzlich bedankt.

Abb. 1 (Cover) **Mülhens/4711**
(Ausschnitt) Farbige Illustration mit Satz und Grafik kombiniert, vierfarbig gedruckt. 36 x 27 cm
Aus: *Neue Illustrierte* 15/1956
Auftraggeber: Eau de Cologne- und Parfümeriefabrik, Köln; heute Mülhens, Köln

Abb. 2 (Backcover) **Ergee**
Farbfotografien mit Satz und Grafik kombiniert, vierfarbig gedruckt. 28 x 21 cm
Aus: *Eltern* 10/1969
Auftraggeber: Ergee

Abb. 3 (Frontispiz 1, S. 1) **Knoll International**
Zeichnung mit Satz und Grafik kombiniert, zweifarbig (rot/schwarz) gedruckt. 33 x 34 cm
Aus: *Magnum* 4/1957
Auftraggeber: Knoll International GmbH, Stuttgart
Gestaltung: Doischee (?)

Abb. 4 (Frontispiz 2, S. 2) **Wanderer**
Strichzeichnung mit Satz kombiniert, einfarbig (schwarz) gedruckt.
18 x 12 cm
Aus: *Hackebeils Illustrierte* 18/1928
Auftraggeber: Wanderer AG
Gestaltung: Heiligenstaedt

Abb. 5 (S. 8) **Jung**
Hochdruck-Klischee mit Bleisatz kombiniert, einfarbig (schwarz) gedruckt. 3 x 7,5 cm
Aus: *Kölnische Zeitung* 12. 3. 1852
Auftraggeber: Jung, Braunschweig (?)

Abb. 6 (S. 9) **See-Löwen-Schau**
Stich(?) mit Bleisatz kombiniert, einfarbig (schwarz) gedruckt. 26 x 18 cm
Schaubudenzettel vom Anfang des 19. Jahrhunderts

Abb. 7 (S. 10) **Dr. Oetker**
Grafik und Satz kombiniert, einfarbig (schwarz) gedruckt. 12,5 x 4,5 cm
Aus: *Illustrirte Zeitung* 4. 11. 1897
Auftraggeber: A. Oetker, Bielefeld

Abb. 8 (S. 10) **Weber**
Grafik und Satz kombiniert, einfarbig (schwarz) gedruckt. 3,7 x 9,5 cm
Aus: *Illustrirte Zeitung* 1. 2. 1896
Auftraggeber: Weber, Carlsbad (?)

Abb. 9 (S. 11) **Eck**
Grafik und Satz kombiniert, einfarbig (schwarz) gedruckt. 7,6 x 4,6 cm
Aus: *Illustrirte Zeitung* 19. 9. 1885
Auftraggeber: M. Eck, Frankfurt

Abb. 10 (S. 11) **Mosse/Haasenstein & Vogler**
Grafik und Satz kombiniert, einfarbig (schwarz) gedruckt. 5,7 x 9,5 cm
Aus: *Illustrirte Zeitung* 12. 8. 1882
Auftraggeber: R. Mosse/Haasenstein & Vogler, Leipzig

Abb. 11 (S. 12) **Verschiedene**
Grafik und Satz kombiniert, einfarbig (schwarz) gedruckt. 40 x 27 cm
Aus: *Illustrirte Zeitung* 15. 7. 1882
Auftraggeber: Verschiedene

Abb. 12 (S. 13) **Lohse**
Grafik und Satz kombiniert, einfarbig (schwarz) gedruckt. 6,5 x 9 cm
Aus: *Illustrirte Zeitung* 17. 9. 1892
Auftraggeber: G. Lohse, Berlin

Abb. 13 (S. 13) **Herz**
Grafik und Satz kombiniert, einfarbig (schwarz) gedruckt. 10 x 8,5 cm
Aus: *Illustrirte Zeitung* 6. 9. 1890
Auftraggeber: Frankfurter Schuhfabrik A. G.

Abb. 14 (S. 14) **Wolff & Sohn**
Grafik und Satz kombiniert, einfarbig (schwarz) gedruckt. 10,2 x 5 cm
Aus: *Illustrirte Zeitung* 14. 6. 1894
Auftraggeber: F. Wolff & Sohn, Karlsruhe

Abb. 15 (S. 14) **Thomas**
Grafik und Satz kombiniert, einfarbig (schwarz) gedruckt. 12 x 9,5 cm
Aus: *Illustrirte Zeitung* 2. 12. 1886

Abb. 16 (S. 15) **LebensVersicherungs- & Ersparnis-Bank**
Grafik und Satz kombiniert, einfarbig (schwarz) gedruckt. 3,3 x 8,9 cm
Aus: *Velhagen & Klasings MH* 11/1890
Auftraggeber: LebensVersicherungs- & Ersparnis-Bank

Abb. 17 (S. 15) **Strehler**
Grafik und Satz kombiniert, einfarbig (schwarz) gedruckt. 4,7 x 9 cm
Aus: *Illustrirte Zeitung* 26. 5. 1894
Auftraggeber: Strehler & Co, München

Abb. 18 (S. 16) **Kiko**
Grafik und Satz kombiniert, einfarbig (schwarz) gedruckt. 3,2 x 5 cm
Aus: *Illustrirte Zeitung* 26. 5. 1994
Auftraggeber: F. Kiko, Herford

Abb. 19 (S. 16) **Lesser**
Grafik und Satz kombiniert, einfarbig (schwarz) gedruckt. 4,8 x 10 cm
Aus: *Illustrirte Zeitung* 2. 2. 1883
Auftraggeber: Lesser

Abb. 20 (S. 16) **Harburger Gummi**
Grafik und Satz kombiniert, einfarbig (schwarz) gedruckt. 5,7 x 10,1 cm
Aus: *Illustrirte Zeitung* 9. 7. 1888
Auftraggeber: Harburger Gummi-Kamm-Co

Abb. 21 (S. 17) **Hartwig & Vogel**
Grafik und Satz kombiniert, einfarbig (schwarz) gedruckt. 14 x 10 cm
Aus: *Illustrirte Zeitung* 22. 9. 1894
Auftraggeber: Hartwig & Vogel, Dresden

Abb. 22 (S. 17) **Weil**
Grafik und Satz kombiniert, einfarbig (schwarz) gedruckt. 8,6 x 3,9 cm
Aus: *Illustrirte Zeitung* 22. 9. 1894
Auftraggeber: Karol Weil

Abb. 23 (S. 18) **Hagedorn**
Grafik und Satz kombiniert, einfarbig (schwarz) gedruckt. 6,3 x 5 cm
Aus: *Illustrirte Zeitung* 27. 12. 1884
Auftraggeber: W. Hagedorn, Berlin

Abb. 24 (S. 18) **Antidysentericum**
Grafik und Satz kombiniert, einfarbig (schwarz) gedruckt. 11,5 x 10 cm
Aus: *Illustrirte Zeitung* 15. 9. 1894

Abb. 25 (S. 19) **Moosdorf & Hochhäusler**
Grafik und Satz kombiniert, einfarbig (schwarz) gedruckt. 10 x 15 cm
Aus: *Illustrirte Zeitung* 22. 9. 1894
Auftraggeber: Moosdorf & Hochhäusler, Berlin

Abb. 26 (S. 20) **Wagner**
Zeichnung mit Satz kombiniert, einfarbig (schwarz) gedruckt. 4 x 5,5 cm
Aus: *Velhagen & Klasings MH* 1/1904
Auftraggeber: G. Wagner, Hannover
Gestaltung: Georg Tronnier(?)

Abb. 27 (S. 21) **Stickerei u. Spitzen-Rundschau**
Zeichnung mit Satz kombiniert, einfarbig (schwarz) gedruckt. 15 x 11,5 cm
Aus: *Deutsche Kunst und Dekoration* 4/1912
Auftraggeber: A. Koch, Darmstadt

Abb. 28 (S. 22) **Rath und Balbach**
Grafik und Satz kombiniert, einfarbig (schwarz) gedruckt. 13 x 9 cm
Aus: *Deutsche Kunst und Dekoration* 4/1914
Auftraggeber: Rath u. Balbach, Köln
Gestaltung: K

Abb. 29 (S. 22) **Böck**
Zeichnung mit Satz kombiniert, einfarbig (schwarz) gedruckt. 18,5 x 13 cm
Aus: *Deutsche Kunst und Dekoration* 11/1910
Auftraggeber: J. Böck, Wien
Gestaltung: Gust. Kalhammer

Abb. 30 (S. 23) **Secessionsausstellung München**
Farblithografie von 1893. 61 x 35,5 cm
Auftraggeber: Verein Bildender Künstler, München
Gestaltung: Franz von Stuck

Abb. 31 (S. 24) **Faure**
Zeichnung mit Satz kombiniert, einfarbig (schwarz) gedruckt. 9 x 4,5 cm
Aus: *Velhagen & Klasings MH* 5/1903
Auftraggeber: Faure & Co, Riga
Gestaltung: AB

Abb. 32 (S. 24) **Wartburg**
Zeichnung mit Satz kombiniert, einfarbig (schwarz) gedruckt. 8 x 9 cm
Aus: *Velhagen & Klasings MH* 5/1903
Auftraggeber: Fahrzeugfabrik Eisenach, Eisenach

Abb. 33 (S. 25) **Günther**
Farblithografie. 17 x 9,5 cm
Aus: *Leipziger Kalender* 1912
Auftraggeber: Ch. Günther, Leipzig
Gestaltung: Walter Tiemann

Abb. 34 (S. 26) **Schieffer**
Zeichnung, einfarbig (schwarz) gedruckt. 5 x 4,5 cm
Aus: *Velhagen & Klasings MH* 5/1903
Auftraggeber: Gebr. Schieffer, Trier

Abb. 35 (S. 26) **Apollo**
Zeichnung mit Satz kombiniert, einfarbig (schwarz) gedruckt. 6,5 x 9 cm
Aus: *Velhagen & Klasings MH* 3/1913
Auftraggeber: Unger & Hoffmann, Dresden

Abb. 36 (S. 27) **Riquet**
Zeichnung, einfarbig (blau) gedruckt. 15 x 9 cm
Aus: *Velhagen & Klasings MH* 6/1910
Auftraggeber: Riquet & Co., Leipzig
Gestaltung: Karl Bergmüller

Abb. 37 (S. 27) **Serbe**
Satz, einfarbig (schwarz) gedruck. 7,5 x 5 cm
Aus: *Deutsche Kunst und Dekoration* 10/1912
Auftraggeber: C. H. Serbe, Leipzig
Gestaltung: K. B.

Abb. 38 (S. 28) **Weber**
Zeichnung mit Satz kombiniert, einfarbig (schwarz) gedruckt. 11 x 7 cm
Aus: *Deutsche Kunst und Dekoration* 3/1910
Auftraggeber: I. I. Weber, Leipzig
Gestaltung: Gram, Leipzig

Abb. 39 (S. 28) **Berndorfer MWF**
Zeichnung mit Satz kombiniert, einfarbig (schwarz) gedruckt. 11 x 14 cm
Aus: *Deutsche Kunst und Dekoration* 8/1914
Auftraggeber: A. Krupp, Berlin

Abb. 40 (S. 29) **Meißener Porzellan**
Zeichnung mit Satz kombiniert, einfarbig (grün) gedruckt. 14 x 8,5 cm
Aus: *Leipziger Kalender* 1913
Auftraggeber: Königl. Sächs. Porzellanmanufaktur, Meißen

Abb. 41 (S. 29) **Ketterer**
Farblithografie von 1901. 72 x 50,5 cm
Auftraggeber: Ketterer, München
Gestaltung: Hellmuth Eichrodt

Abb. 42 (S. 30) **Sperling**
Zeichnung mit Satz kombiniert, einfarbig (schwarz) gedruckt. 8 x 5 cm
Aus: *Deutsche Kunst und Dekoration* 10/1912
Auftraggeber: H. Sperling, Leipzig

Abb. 43 (S. 30) **Berger und Wirth**
Zeichnung mit Satz kombiniert, einfarbig (schwarz) gedruckt. 12 x 19 cm
Aus: *Leipziger Kalender* 1913
Auftraggeber: Berger u. Wirth, Leipzig

Abb. 44 (S. 31) **Langer-Kauba**
Zeichnung mit Satz kombiniert, einfarbig (schwarz) gedruckt. 12 x 19 cm
Aus: *Zeitschrift des Deutsch-Österreichischen Alpenvereins* 1914
Auftraggeber: M. Langer-Kauba, Wien

Abb. 45 (S. 32) **Marco-Polo**
Farblithografie von 1910. 106,5 x 72 cm
Auftraggeber: Marco-Polo
Gestaltung: Ludwig Hohlwein
© VG Bild-Kunst, Bonn 1995

Abb. 46 (s. 32) **AG lithograph. Kunstanstalt**
Grafik und Satz kombiniert, einfarbig (schwarz) gedruckt. 3 x 5 cm
Aus: *Illustrirte Zeitung* 16. 9. 1883
Auftraggeber: AG lithographische Kunstanstalt, Kaufbeuren

Abb. 47 (S. 33) **Mozer**
Farblithografie von 1909. 112 x 80 cm
Auftraggeber: W. Mozer, München
Gestaltung: Ludwig Hohlwein

Abb. 48 (S. 34) **Preetorius Ausstellung**
Farblithografie von 1909. 82 x 48 cm
Auftraggeber: Brakl's Kunsthandlung (?)
Gestaltung: Emil Preetorius

Abb. 49 (S. 34) **Licht und Schatten**
Farblithografie von 1910. 51 x 42,5 cm
Auftraggeber: Licht und Schatten
Gestaltung: Emil Preetorius

Abb. 50 (S. 35) **Hansom**
Farblithografie von 1914. 56 x 88 cm
Auftraggeber: Hansom
Gestaltung: E. Müller

Abb. 51 (S. 35) **Rund um Alster**
Farblithografie von 1912. 62,5 x 90 cm
Auftraggeber: Neues Operetten Theater
Gestaltung: Julius Klinger

Abb. 52 (S. 36) **Bayrische Campagne Reiter Gesellschaft**
Farblithografie von 1909. 122 x 90 cm
Auftraggeber: Bayrische Campagne Reiter Gesellschaft
Gestaltung: Ludwig Hohlwein

Abb. 53 (S. 37) **Bosch**
Farblithografie von 1914. 58,5 x 45 cm
Auftraggeber: Bosch
Gestaltung: Lucian Bernhard

Abb. 54 (S. 37) **Bosch**
Farblithografie von 1911. 115 x 81 cm
Auftraggeber: Bosch
Gestaltung: Lucian Bernhard

Abb. 55 (S. 38) **Abadie Axa**
Farblithografie von 1920. 125 x 95 cm
Auftraggeber: Abadie Axa
Gestaltung: L. Kmoch (?)

Abb. 56 (S. 39) **Internationale Einfuhr-Messe**
Farblithografie von 1919. 87 x 59 cm
Auftraggeber: Messe Frankfurt
Gestaltung: Ludwig Hohlwein

Abb. 57 (S. 40) **Tell**
Farblithografie von 1922. 121 x 90 cm
Auftraggeber: Hartwig & Vogel A. G., Dresden
Gestaltung: Willy Petzold, Dresden

Abb. 58 (S. 41) **Caid**
Farblithografie von 1920. 71 x 93 cm
Auftraggeber: Massary Zigaretten
Gestaltung: Lucian Zabel

Abb. 59 (S. 42) **König-Ludwig-Quelle**
Grafik und Satz kombiniert, einfarbig (schwarz) gedruckt. 13,5 cm x 6,5 cm
Aus: *Kölnische Zeitung* 14. 3. 1915
Auftraggeber: König-Ludwig-Quelle, Fürth

Abb. 60 (S. 42) **Odol**
Grafik mit Satz kombiniert, einfarbig (schwarz) gedruckt. 4 x 9 cm
Aus: *Kölnische Zeitung* 10. 3. 1915
Auftraggeber: Odol

Abb. 61 (S. 43) **Javol**
Grafik mit Satz kombiniert, einfarbig (schwarz) gedruckt. 7 x 20 cm
Aus: *Illustrirte Zeitung* 1921
Auftraggeber: Exterikultur, Kolberg (?)

Abb. 62 (S. 43) **Laufwohl**
Grafik mit Satz kombiniert, einfarbig (schwarz) gedruckt. 6 x 10 cm
Aus: *Fliegende Blätter* 15/1915
Auftraggeber: C. H. Müller, Reichenbach

Abb. 63 (S. 44) **Underberg**
Grafik mit Satz kombiniert, einfarbig (schwarz) gedruckt. 17 x 24 cm
Aus: *Kölnische Zeitung* 31. 1. 1915
Auftraggeber: Underberg

Abb. 64 (S. 44) **Ernemann**
Grafik mit Satz kombiniert, einfarbig (schwarz) gedruckt. 5 x 10 cm
Aus: *Fliegende Blätter* 15/1915
Auftraggeber: H. Ernemann, Dresden

Abb. 65 (S. 45) **Asbach**
Grafik mit Satz kombiniert, einfarbig (schwarz) gedruckt. 26 x 18 cm
Aus: *Fliegende Blätter* 15/1915
Auftraggeber: Brennerei Asbach, Rüdesheim

Abb. 66 (S. 45) **Asbach**
Grafik mit Satz kombiniert, einfarbig (schwarz) gedruckt. 22 x 14 cm
Aus: *Velhagen & Klasings MH* 7/1917
Auftraggeber: Brennerei Asbach, Rüdesheim
Gestaltung: Freund, Berlin

Abb. 67 (S. 46) **Batschari**
Grafik mit Satz kombiniert, einfarbig (schwarz) gedruckt. 9,2 x 13,5 cm
Aus: *Velhagen & Klasings MH* 12/1916
Auftraggeber: Batschari
Gestaltung: Hans Rudi Erdt

Abb. 68 (S. 46) **Kunst und Dekoration**
Grafik mit Satz kombiniert, einfarbig (schwarz) gedruckt. 24 x 17 cm
Aus: *Deutsche Kunst u. Dekoration* 9/1914
Auftraggeber: Deutsche Kunst u. Dekoration

Abb. 69 (S. 47) **Vasenol**
Grafik mit Satz kombiniert, einfarbig (schwarz) gedruckt. 12 x 15 cm
Aus: *Velhagen & Klasings MH* 7/1917
Auftraggeber: Vasenol

Abb. 70 (S. 47) **Rotkäppchen**
Zeichnung mit Satz kombiniert, einfarbig (schwarz) gedruckt. 11 x 30 cm
Aus: *Kölnische Zeitung* 18. 8. 1915
Auftraggeber: Kloss u. Foerster, Freyburg
Gestaltung: Ernst Deutsch

Abb. 71 (S. 48) **Dunlop**
Grafik mit Satz kombiniert, einfarbig (schwarz) gedruckt. 57 x 41 cm
Aus: *Kölnische Zeitung* 4. 9. 1914
Auftraggeber: Deutsche Dunlop Gummi Co., Hanau

Abb. 72 (S. 49) **Verschiedene deutsche Reifenhersteller**
Grafik mit Satz kombiniert, einfarbig (schwarz) gedruckt. 28 x 41 cm
Aus: *Kölnische Zeitung* 6. 9. 1914
Auftraggeber: Verschiedene deutsche Gummihersteller-firmen

Abb. 73 (S. 50) **Jasmatzi**
Grafik mit Satz kombiniert, einfarbig (schwarz) gedruckt. 16 x 27 cm
Aus: *Kölnische Zeitung* 18. 7. 1915
Auftraggeber: Jasmatzi AG

Abb. 74 (S. 50) **Stollwerck**
Grafik mit Satz kombiniert, einfarbig (schwarz) gedruckt. 12 x 8,5 cm
Aus: *Kölnische Zeitung* 2. 6. 1916
Auftraggeber: Stollwerck

Abb. 75 (S. 51) **Salem**
Grafik mit Satz kombiniert, einfarbig (schwarz) gedruckt. 14,5 x 9 cm
Aus: *Kölnische Zeitung* 3. 3. 1915
Auftraggeber: Yenidze, Dresden

Abb. 76 (S. 51) **Perhydrit**
Grafik mit Satz kombiniert, einfarbig (schwarz) gedruckt. 14 x 9 cm
Aus: *Velhagen & Klasings MH* 4/1916
Auftraggeber: Krewel & Co., Köln

Abb. 77 (S. 52) **Syntin**
Grafik mit Satz kombiniert, einfarbig (schwarz) gedruckt. 8,5 x 6,5 cm
Aus: *Velhagen & Klasings MH* 10/1926
Auftraggeber: G. Heyer & Co., Hamburg

Abb. 78 (S. 53) **Bajadi**
Farblithografie, vielfarbig gedruckt. 25,5 x 17 cm
Aus: *Das Plakat* 6/1921
Auftraggeber: R. Morisse & Co, Elberfeld
Gestaltung: Walter Kampmann

Abb. 79 (S. 54) **Messmer**
Tuschezeichnung, einfarbig (schwarz) gedruckt. 8 x 11 cm
Aus: *Velhagen & Klasings MH* 11/1924
Auftraggeber: Messmer
Gestaltung: Hellmuth Eichrodt

Abb. 80 (S. 54) **Leibniz**
Tuschezeichnung, einfarbig (schwarz) gedruckt. 19 x 24 cm
Aus: *Illustrirte Zeitung* 1921
Auftraggeber: H. Bahlsen, Hannover
Gestaltung: Martel Schwichtenberger

Abb. 81 (S. 55) **Leibniz**
Tuschezeichnung, einfarbig (schwarz) gedruckt. 20 x 13 cm
Aus: *Uhu* 2/1924
Auftraggeber: H. Bahlsen, Hannover
Gestaltung: Martel Schwichtenberger

Abb. 82 (S. 56) **DeTeKu**
Gezeichneter Text, einfarbig (hellbraun) gedruckt. 9 x 9 cm
Aus: *Die Kunst* 7/1924
Auftraggeber: R. Hiemann, Leipzig

Abb. 83 (S. 57) **Reigen**
Farblithografie, vierfarbig gedruckt. 32 x 24 cm
Aus: *Reigen* 11/1926
Auftraggeber: W. Borngräber, Leipzig
Gestaltung: Josef Fenneker

Abb. 84 (S. 58) **NSU**
Grafik mit Satz kombiniert, einfarbig (schwarz) gedruckt. 7 x 10 cm
Aus: *Velhagen & Klasings MH* 12/1925
Auftraggeber: Neckarsulmer Fahrzeugwerke A.-G., Neckarsulm
Gestaltung: Nach einer Farblithografie von Dipl. Ing. von Loewe, Steglitz

Abb. 85 (S. 58) **NSU**
Grafik mit Satz kombiniert, einfarbig (schwarz) gedruckt. 7 x 10 cm
Aus: *Velhagen & Klasings MH* 10/1925
Auftraggeber: Neckarsulmer Fahrzeugwerke A.-G., Neckarsulm
Gestaltung nach v. Loewe (?)

Abb. 86 (S. 59) **Glanzrein**
Grafik mit Satz kombiniert, einfarbig (schwarz) gedruckt. 10 x 7 cm
Aus: *Volbacher Frauenzeitung* 45/1927
Auftraggeber: Glanzrein

Abb. 87 (S. 59) **Kaprolat & Gassler**
Grafik mit Satz kombiniert, einfarbig (schwarz) gedruckt. 9 x 14 cm
Aus: *Die Große Welt* 12/1925
Auftraggeber: Kaprolat & Gassler, Berlin

Abb. 88 (S. 60) **Matheus Müller**
Grafik und Satz kombiniert, einfarbig (schwarz) gedruckt. 6 x 4 cm
Aus: *Illustrirte Zeitung* 16. 11. 1895
Auftraggeber: M. Müller, Eltville

Abb. 89 (S. 60) **Matheus Müller**
Grafik und Satz kombiniert, einfarbig (schwarz) gedruckt. 4 x 9 cm
Aus: *Illustrirte Zeitung* 4. 11. 1897
Auftraggeber: M. Müller, Eltville

Abb. 90 (S. 60) **Matheus Müller**
Grafik und Satz kombiniert, einfarbig (schwarz) gedruckt. 5 x 9 cm
Aus: *Illustrirte Zeitung* 22. 2. 1890
Auftraggeber: M. Müller, Eltville

Abb. 91 (S. 61) **Matheus Müller**
Tuschezeichung, einfarbig (blau) gedruckt. 14 x 11 cm
Aus: *Illustrirte Zeitung* 1921
Auftraggeber: M. Müller, Eltville
Gestaltung: Franz Christophe

Abb. 92 (S. 61) **Matheus Müller**
Satz, einfarbig (schwarz) gedruckt. 7 x 40 cm
Aus: *Kölnische Zeitung* 6. 5. 1915
Auftraggeber: M. Müller, Eltville
Gestaltung: k

Abb. 93 (S. 62) **Matheus Müller**
Tuschezeichnung mit Satz kombiniert, einfarbig (schwarz) gedruckt. 7 x 8 cm
Aus: *Über Land und Meer* 32/1920
Auftraggeber: M. Müller, Eltville

Abb. 94 (S. 62) **Matheus Müller**
Tuschezeichnung mit Satz kombiniert, einfarbig (schwarz) gedruckt. 18,5 x 14 cm
Aus: *Simplicissimus* 49/1925
Auftraggeber: M. Müller, Eltville
Gestaltung: Franz Christophe

Abb. 95 (S. 63) **Matheus Müller**
Tuschezeichnung mit Satz kombiniert, einfarbig (schwarz) gedruckt. 15 x 11 cm
Aus: *Simplicissimus* 4/1926
Auftraggeber: M. Müller, Eltville
Gestaltung: Frey

Abb. 96 (S. 63) **Matheus Müller**
Gerastertes Foto mit Zeichnung und Satz kombiniert, einfarbig (schwarz) gedruckt. 10 x 9,5 cm
Aus: *Simplicissimus* 35/1925
Auftraggeber: M. Müller, Eltville
Gestaltung: R

Abb. 97 (S. 64) **Matheus Müller**
Handzeichnung, einfarbig (schwarz) gedruck. 15 x 11 cm
Aus: *Velhagen & Klasings MH* 8/1927
Auftraggeber: M. Müller, Eltville

Abb. 98 (S. 64) **Matheus Müller**
Gerastertes Foto mit Grafik und Satz kombiniert, zweifarbig (rot/braun) gedruckt. 25 x 12 cm
Aus: *Constanze* 14/1958
Auftraggeber: M. Müller, Eltville

Abb. 99 (S. 65) **Matheus Müller**
Gerasterte Fotografien mit Grafik und Satz kombiniert, vierfarbig gedruckt
35 x 23 cm
Aus: *Das Schönste* 2/1961
Auftraggeber: M. Müller, Eltville

Abb. 100 (S. 66) **Matheus Müller**
Farbfotografie mit Satz kombiniert, vierfarbig gedruckt. 35 x 26 cm
Aus: *Bunte Illustrierte* 58/1969
Auftraggeber: M. Müller, Eltville
Agentur: Young & Rubicam GmbH
Art-director: Doris Lacerte
Text: Uwe Ortstein
Fotograf: Lawrence Sackmann

Abb. 101 (S. 66) **Matheus Müller**
Farbfotografien mit Satz kombiniert, vierfarbig gedruckt. 25 x 17 cm
Aus: *Westermanns* MH 7/1973
Auftraggeber: M. Müller, Eltville
Art-director: Karin Weiss
Texter: Uwe Ortstein
Fotograf: Werner Bokelberg
Werbeagentur: Young & Rubicam

Abb. 102 (S. 67) **Matheus Müller**
Farbfotografie mit Satz und Grafik kombiniert, vierfarbig gedruckt. 29 x 23,5 cm
Aus: *Schöner Wohnen* 2/1979
Auftraggeber: M. Müller, Eltville
Gestaltung: Leo Burnett

Abb. 103 (S. 68) **DeTeKu**
Grafik mit Satz kombiniert, einfarbig (schwarz) gedruckt. 13 x 9 cm
Aus: *Die Kunst* 7/1924
Auftraggeber: R. Hiemann, Leipzig

Abb. 104 (S. 68) **Xox**
Grafik mit Satz kombiniert, einfarbig (schwarz) gedruckt. 8 x 11,8 cm
Aus: *Berliner Illustrirte Zeitung* 41/1927
Auftraggeber: Holland, Cleve

Abb. 105 (S. 69) **Agfa**
Grafik mit Satz kombiniert, einfarbig (schwarz) gedruckt. 10 x 15 cm
Aus: *Velhagen & Klasings MH* 8/1924
Auftraggeber: Actien-Gesellschaft Für Anilinfabrikation, Berlin
Gestaltung: E. Semmler

Abb. 106 (S. 70) **Osram**
Grafik mit Satz und Raster kombiniert, einfarbig (schwarz) gedruckt. 9,5 x 17 cm
Aus: *Die Kunst* 2/1918
Auftraggeber: Osram
Gestaltung: Einem Plakatmotiv von Lucian Bernhard von 1907 sehr ähnlich

Abb. 107 (S. 70) **AEG**
Grafik mit Satz kombiniert, einfarbig (schwarz) gedruckt. 10 x 7,5 cm
Aus: *Velhagen & Klasings MH* 10/1926
Auftraggeber: AEG

Abb. 108 (S. 71) **Gevaert**
Grafik mit Satz kombiniert, einfarbig (schwarz) gedruckt. 10 x 7 cm
Aus: *Kosmos* 6/1929
Auftraggeber: Gevaert, Berlin
Gestaltung: SB

Abb. 109 (S. 71) **Blauband**
Grafik mit Satz kombiniert, einfarbig (schwarz) gedruckt. 15 x 9 cm
Aus: *Volbacher Frauenzeitung* 42/1926
Auftraggeber: Blauband

Abb. 110 (S. 72) **Foen**
Grafik mit Satz kombiniert, einfarbig (schwarz) gedruckt. 8 x 6,3 cm
Aus: *Velhagen & Klasings MH* 3/1927
Auftraggeber: Electr. Ges. Sanitas, Berlin
Gestaltung: Tele (?)

Abb. 111 (S. 72) **Uralt Lavendel**
Grafik mit gerastertem Foto und Satz kombiniert, einfarbig (schwarz) gedruckt. 10,5 x 13 cm
Aus: *Velhagen & Klasings MH* 1/1926
Auftraggeber: G. Lohse, Berlin
Gestaltung: Jupp Wiertz

Abb. 112 (S. 112) **Lord**
Grafik mit Satz kombiniert, einfarbig (schwarz) gedruckt. 21 x 14 cm
Aus: *Das Magazin* 50/1928
Auftraggeber: Nestor, Frankfurt a. M.
Gestaltung: Max Bittrof

Abb. 113 (S. 74) **Junkers**
Grafik mit Satz kombiniert, einfarbig (schwarz) gedruckt. 8 x 4,5 cm
Aus: *Velhagen & Klasings MH* 10/1925
Auftraggeber: Junkers & Co., Dessau
Gestaltung: Jochheim

Abb. 114 (S. 74) **Hackebeils Illustrierte**
Grafik mit Satz kombiniert, einfarbig (schwarz) gedruckt. 17 x 12 cm
Aus: *Hackebeils Illustrierte* 24/1928
Auftraggeber: Hackebeils Illustrierte

Abb. 115 (S. 75) **Lucas**
Lithografie, zweifarbig (rot/schwarz) gedruckt. 26 x 18 cm
Aus: *Das Plakat* 6/1921
Auftraggeber: Sam. Lucas, Elberfeld
Gestaltung: Walter Kampmann

Abb. 116 (S. 76) **Rüdenberg**
Grafik mit Satz kombiniert, einfarbig (schwarz) gedruckt. 5 x 6,5 cm
Aus: *Hackebeils Illustrierte* 16/1928
Auftraggeber: Rüdenberg, Hannover

Abb. 117 (S. 76) **Bahlsen**
Grafik mit Satz kombiniert, einfarbig (blau) gedruckt. 12 x 15 cm
Aus: *Die Kunst* 1/1927
Auftraggeber: H. Bahlsen, Hannover
Gestaltung: Martel Schwichtenberger

Abb. 118 (S. 77) **Goldina**
Grafik mit Satz kombiniert, einfarbig (schwarz) gedruckt. 17 x 12 cm
Aus: *Uhu* 2/1924
Auftraggeber: Goldina AG, Bremen

Abb. 119 (S. 77) **Staatl. Porz.-Manufaktur Berlin**
Grafik mit gerastertem Foto und Satz kombiniert, einfarbig (schwarz) gedruckt. 12,5 x 9 cm
Aus: *Die Kunst* 4/1930
Auftraggeber: Staatl. Porzellan-Manufaktur, Berlin

Abb. 120 (S. 78) **Chlorodont**
Gerasterte Fotografien mit Satz kombiniert, einfarbig (schwarz) gedruckt. 34 x 24 cm
Aus: *Berliner Illustrierte Zeitung* 27/1937
Auftraggeber: Chlorodont
Gestaltung: Herbert Bayer
Agentur: Dorland
© VG Bild-Kunst, Bonn 1995

Abb. 121 (S. 79) **Chlorodont**
Grafik mit gerastertem Foto und Satz kombiniert, einfarbig (schwarz) gedruckt. 34 x 24 cm
Aus: *Berliner Illustrierte Zeitung* 31/1940
Auftraggeber: Chlorodont
Gestaltung: Hans Ferdinand Neuner

Abb. 122 (S. 79) **Rasch**
Farbfotografie mit Satz kombiniert, vierfarbig gedruckt. 11 x 7 cm
Aus: *Velhagen & Klasings MH* 10/1936
Auftraggeber: Rasch, Bramsche

Abb. 123 (S. 80) **Schwarzkopf**
Grafik mit Satz kombiniert, einfarbig (schwarz) gedruckt. 10 x 6,5 cm
Aus: *Velhagen & Klasings MH* 11/1925
Auftraggeber: H. Schwarzkopf, Berlin
Gestaltung: H. Becker

Abb. 124 (S. 80) **Schwarzkopf**
Grafik mit Satz kombiniert, einfarbig (schwarz) gedruckt. 10 x 10 cm
Aus: *Monika* 31/1912
Auftraggeber: H. Schwarzkopf, Berlin

Abb. 125 (S. 80) **Schwarzkopf**
Grafik mit Satz kombiniert, einfarbig (schwarz) gedruckt. 2,5 x 8,5 cm
Aus: *Velhagen & Klasings MH* 10/1926
Auftraggeber: H. Schwarzkopf, Berlin

Abb. 126 (S. 81) **Schwarzkopf**
Grafik mit Foto und Satz kombiniert, einfarbig (schwarz) gedruckt. 15 x 24 cm
Aus: *Münchner Illustrierte Presse* 30/1928
Auftraggeber: H. Schwarzkopf, Berlin
Fotografie: Sandau

Abb. 127 (S. 82) **Schwarzkopf**
Farbzeichnung mit Satz und Grafik kombiniert, vierfarbig gedruckt. 13,5 cm x 10,5 cm
Probepackung etwa 1950
Auftraggeber: H. Schwarzkopf, Berlin

Abb. 128 (S. 82) **Schwarzkopf**
Farbzeichnung mit Satz und Grafik kombiniert, vierfarbig gedruckt. 13,5 x 10.5 cm
Probepackung etwa 1950
Auftraggeber: H. Schwarzkopf, Berlin

Abb. 129 (S. 83) **Schwarzkopf**
Gerasterte Fotografien mit Satz und Grafik kombiniert, dreifarbig (grün/rot/braun) gedruckt. 35 x 25 cm
Aus: *Neue Illustrierte* 42/1955
Auftraggeber: H. Schwarzkopf, Berlin

Abb. 130 (S. 83) **Schwarzkopf**
Gerasterte Fotografien mit Satz und Grafik kombiniert, zweifarbig (gelb/schwarz) gedruckt. 35 x 25 cm
Aus: *Constanze* 22/1956
Auftraggeber: H. Schwarzkopf, Berlin

Abb. 131 (S. 84) **Schwarzkopf**
Gerasterte Fotografien mit Satz und Grafik kombiniert, zweifarbig (blau/schwarz) gedruckt. 35 x 19 cm
Aus: *Stern* 47/1967
Auftraggeber: H. Schwarzkopf, Berlin

Abb. 132 (S. 84) **Schwarzkopf**
Gerasterte Fotografien mit Farbzeichnungen, Satz und Grafik kombiniert, vierfarbig gedruckt. 35 x 25 cm
Aus: *Freundin* 6/1960
Auftraggeber: H. Schwarzkopf, Berlin

Abb. 133 (S. 85) **Schwarzkopf**
Gerasterte Fotografien mit Satz und Grafik kombiniert, vierfarbig gedruckt. 35 x 26 cm
Aus: *Constanze* 36/1962
Auftraggeber: H. Schwarzkopf, Berlin

Abb. 134 (S. 86) **Schwarzkopf**
Gerasterte Fotografien mit Satz und Grafik kombiniert, einfarbig (schwarz) gedruckt. 35 x 26 cm
Aus: *Constanze* 18/1963
Auftraggeber: H. Schwarzkopf, Berlin

Abb. 135 (S. 86) **Schwarzkopf**
Gerasterte Fotografien mit Satz und Grafik kombiniert, einfarbig (schwarz) gedruckt. 35 x 26 cm
Aus: *Quick* 11/1964
Auftraggeber: H. Schwarzkopf, Berlin

Abb. 136 (S. 87) **Schwarzkopf**
Gerasterte Fotografien mit Satz und Grafik kombiniert, einfarbig (schwarz) gedruckt. 35 x 26 cm

Aus: *Eltern* 3/1968
Auftraggeber: H. Schwarzkopf, Berlin

Abb. 137 (S. 87) **Schwarzkopf**
Gerasterte Fotografien mit Satz und Grafik kombiniert, vierfarbig gedruckt. 29,5 x 22,5 cm
Aus: *Marie-Claire* 6/1994
Auftraggeber: H. Schwarzkopf, Berlin

Abb. 138 (S. 88) **Werberat der deutschen Wirtschaft**
Zeichnung mit Satz kombiniert, einfarbig (blau) gedruckt. 10 x 7,5 cm
Aus: *Welt und Haus:* 2/1940
Auftraggeber: Werberat
Zeichnung: H. Both
Text: Peter Haas

Abb. 139 (S. 89) **Solidox**
Gerasterte Fotografien mit Satz und Grafik kombiniert, einfarbig (schwarz) gedruckt. 30 x 22 cm
Aus: *Berliner Illustrierte Zeitung* 41/1941
Auftraggeber: Solidox

Abb. 140 (S. 90) **Trilysin**
Gerasterte Zeichnung mit Satz und Grafik kombiniert, einfarbig (schwarz) gedruckt. 31 x 24,5 cm
Aus: *Berliner Illustrierte Zeitung* 14/1941
Auftraggeber: Trilysin

Abb. 141 (S. 90) **Philips**
Tuschezeichnung mit Satz kombiniert, einfarbig (schwarz) gedruckt. 11,5 x 8,5 cm
Aus: *Die Kunst für Alle* 1/1943
Auftraggeber: Philips, Berlin
Gestaltung: Dorland

Abb. 142 (S. 91) **Die Privaten Versicherungsunternehmen**
Tuschezeichnung mit Satz kombiniert, einfarbig (schwarz) gedruckt. 15,5 x 22,5 cm
Aus: *Berliner Illustrierte Zeitung* 5/1937
Auftraggeber: Die Privaten Versicherungsunternehmen

Abb. 143 (S. 92) **Fichtel & Sachs**
Tuschezeichnung mit Satz kombiniert, einfarbig (schwarz) gedruckt. 10 x 7 cm
Aus: *Atlantis* 4/1942
Auftraggeber: Fichtel & Sachs AG, Schweinfurt
Gestaltung: PF

Abb. 144 (S. 93) **Chlorodont**
Gerasterte Zeichnung, einfarbig (schwarz) gedruckt. 30 x 22 cm
Aus: *Illustrierter Beobachter* 1938
Auftraggeber: Chlorodont

Abb. 145 (S. 94) **Haus Neuerburg**
Tuschezeichnung mit Satz kombiniert, einfarbig (schwarz) gedruckt. 14 x 20 cm
Aus: *Sankt Georg* 10/1941
Auftraggeber: Haus Neuerburg
Gestaltung: HaDank

Abb. 146 (S. 95) **ALA**
Satz mit Grafik kombiniert, einfarbig (schwarz) gedruckt. 32 x 24 cm
Aus: *Münchner Illustrierte Presse* 36/1938
Auftraggeber: ALA, Berlin

Abb. 147 (S. 96) **Fiat**
Satz mit gerasterten Fotografien und Grafik kombiniert, einfarbig (schwarz) gedruckt. 32 x 24 cm
Aus: *Illustrierter Beobachter* 19/1938
Auftraggeber: Fiat, Heilbronn

Abb. 148 (S. 97) **Auto Union**
Farbzeichnung mit Satz und Grafik kombiniert, vierfarbig gedruckt. 15 x 11 cm
Aus: *Elegante Welt* 6/1942
Auftraggeber: Auto Union

Abb. 149 (S. 97) **Auto Union**
Farbzeichnung mit Satz und Grafik kombiniert, einfarbig (braun) gedruckt. 7 x 5 cm
Aus: *Die Woche* 49/1942
Auftraggeber: Auto Union

Abb. 150 (S. 98) **Osram**
Tuschezeichnung mit Satz kombiniert, einfarbig (schwarz) gedruckt. 7,5 x 5 cm
Aus: *Illustrierter Beobachter* 18/1944
Auftraggeber: Osram
Gestaltung: 3 k

Abb. 151 (S. 99) **Mercedes-Benz**
Tuschezeichnung mit Satz kombiniert, einfarbig (schwarz) gedruckt. 33 x 23 cm
Aus: *Illustrierter Beobachter* 15/1938
Auftraggeber: Daimler-Benz AG

Abb. 152 (S. 100) **Agfa**
Zeichnung mit Satz und Grafik kombiniert, einfarbig (schwarz) gedruckt. 5,5 x 4 cm
Aus: *Hamburger Illustrierte* 30/1944
Auftraggeber: Agfa
Gestaltung: Riemer

Abb. 153 (S. 100) **Vasenol**
Gerastertes Foto mit Zeichnung und Satz kombiniert, einfarbig (schwarz) gedruckt. 8 x 11 cm
Aus: *Berliner Illustrierte Zeitung* 49/1939
Auftraggeber: Vasenol

Abb. 154 (S. 100) **Voigtländer**
Zeichnung mit Satz und Grafik kombiniert, einfarbig (schwarz) gedruckt. 25 x 12,5 cm
Aus: *Berliner Illustrierte Zeitung* 44/1940
Auftraggeber: Voigtländer

Abb. 155 (S. 101) **Adox**
Zeichnung mit Satz und Grafik kombiniert, einfarbig (schwarz) gedruckt. 8 x 22 cm
Aus: *Münchner Illustrierte Presse* 30/1940
Auftraggeber: Schleussner

Abb. 156 (S. 102) **Wybert**
Zeichnung mit Satz und Grafik kombiniert, einfarbig (schwarz) gedruckt. 7 x 23 cm
Aus: *Berliner Illustrierte Zeitung* 41/1940
Auftraggeber: Wybert
Zeichnung: Emerich Huber

Abb. 157 (S. 103) **Underberg**
Zeichnung mit Satz und Grafik kombiniert, einfarbig (schwarz) gedruckt. 25 x 17 cm
Aus: *Berliner Illustrierte Zeitung* 2/1941
Auftraggeber: Underberg

Abb. 158 (S. 103) **Lebewohl**
Zeichnung mit Satz und Grafik kombiniert, einfarbig (schwarz) gedruckt. 7,5 x 7 cm
Aus: *Münchner Illustrierte Presse* 38/1940
Auftraggeber: Lebewohl

Abb. 159 (S. 104) **Bayer**
Satz und Grafik kombiniert, einfarbig (schwarz) gedruckt. 32 x 23 cm
Aus: *Berliner Illustrierte Zeitung* 46/1939
Auftraggeber: Bayer

Abb. 160 (S. 105) **Migetti**
Zeichnung mit Satz und Grafik kombiniert, einfarbig (schwarz) gedruckt. 13,5 x 6 cm
Aus: *Die Kunst für Alle* 12/1942
Auftrageber: Migetti

Abb. 161 (S. 105) **Deinhard**
Zeichnung mit Satz und Grafik kombiniert, einfarbig (schwarz) gedruckt. 13 x 8 cm
Aus: *Die Kunst für Alle* 11/1942
Auftraggeber: Deinhard
Zeichnung: Fr. Bilek

Abb. 162 (S. 105) **Kraft**
Zeichnung mit Satz und Grafik kombiniert, einfarbig (schwarz) gedruckt. 16 x 6 cm
Aus: *Berliner Illustrierte Zeitung* 47/1940
Auftraggeber: Kraft

Abb. 163 (S. 106) **Werberat der deutschen Wirtschaft**
Zeichnung mit Satz und Grafik kombiniert, einfarbig (schwarz) gedruckt. 7 x 5 cm
Aus: *Berliner Illustrierte Zeitung* 17/1944
Auftraggeber: Werberat

Abb. 164 (S. 106) **Werberat der deutschen Wirtschaft**
Zeichnung mit Satz und Grafik kombiniert, einfarbig (schwarz) gedruckt. 7 x 5 cm
Aus: *Der Türmer* 2/1938
Auftraggeber: Werberat
Gestaltung: Konrad Jochheim

Abb. 165 (S. 107) **Verschiedene**
Zeichnung mit Satz und Grafik kombiniert, einfarbig (schwarz) gedruckt. 26 x 17 cm
Aus: *Die Kunst* 3/1944
Auftraggeber: Verschiedene

Abb. 166 (S. 108) **Verschiedene**
Zeichnung mit Satz und Grafik kombiniert, einfarbig (schwarz) gedruckt. 26 x 17 cm
Aus: *Die Kunst* 1/1943
Auftraggeber: Verschiedene

Abb. 167 (S. 109) **Werberat der deutschen Wirtschaft**
Zeichnung mit Satz und Grafik kombiniert, einfarbig (schwarz) gedruckt. 12 x 9 cm
Aus: *Berliner Illustrierte Zeitung* 17/1944
Auftraggeber: Werberat (?)

Abb. 168 (S. 110) **Verschiedene**
Grafik und Satz kombiniert, einfarbig (schwarz) gedruckt. 12 x 5 cm
Aus: *Illustrirte Zeitung* 27. 10. 1888
Auftraggeber: Verschiedene

Abb. 169 (S. 111) **Voigtländer**
Stich mit Satz und Grafik kombiniert, einfarbig (schwarz) gedruckt. 11 x 14 cm
Aus: *Velhagen & Klasings MH* 2/1907
Auftraggeber: Voigtländer, Braunschweig
Stich: Probst (?)

Abb. 170 (S. 111) **Hüttig**
Stich mit Satz kombiniert, einfarbig (schwarz) gedruckt. 12,5 x 8,5 cm
Aus: *Die Kunst* 11/1909
Auftraggeber: Hüttig A. G., Dresden

Abb. 171 (S. 111) **Perutz**
Zeichnung mit Satz kombiniert, einfarbig (schwarz) gedruckt. 8 x 9,5 cm
Aus: *Zeitschrift des Deutsch-Österreichischen Alpenvereins* 7/1914
Auftraggeber: O. Perutz, München
Zeichnung: Ivo Puhonny

Abb. 172 (S. 112) **Schlesicky-Ströhlein**
Zeichnung mit Satz und Grafik kombiniert, einfarbig (schwarz) gedruckt. 8 x 17 cm
Aus: *Kölnische Zeitung* 6. 5. 1915
Auftraggeber: Schlesicky-Ströhlein, Frankfurt a. M.
Gestaltung: pe

Abb. 173 (S. 112) **Leitz**
Farblithografie von 1925. 28 x 22 cm
Auftraggeber: E. Leitz, Wetzlar
Gestaltung: Ludwig Hohlwein

Abb. 174 (S. 113) **Voigtländer**
Zeichnung mit gerasterten Fotos, Satz und Grafik kombiniert, einfarbig (schwarz) gedruckt. 16,5 x 13,5 cm
Aus: *Berliner Illustrierte Zeitung* 21/1938
Auftraggeber: Voigtländer, Braunschweig

Abb. 175 (S. 113) **Contax**
Zeichnung mit gerasterten Fotos, Satz und Grafik kombiniert, einfarbig (schwarz) gedruckt. 13 x 8 cm
Aus: *Atlantis* 4/1942
Auftraggeber: Zeiss Ikon AG., Dresden

Abb. 176 (S. 114) **Agfa**
Zeichnung mit gerasterten Fotos, Satz und Grafik kombiniert, einfarbig (braun) gedruckt. 26 x 13 cm
Aus: *Stern* 30/1955
Auftraggeber: Agfa, München

Abb. 177 (S. 114) **Linhof**
Farbfotografie mit Satz und Grafik kombiniert, vierfarbig gedruckt. 20 x 15 cm
Aus: *Orion* 21/1953
Auftraggeber: Linhof KG, München

Abb. 178 (S. 115) **Agfa**
Farbfotografie mit Satz und Grafik kombiniert, vierfarbig gedruckt. 28 x 21 cm
Aus: *Eltern* 5/1972
Auftraggeber: Agfa-Gevaert
Werbeleiter: Carl Bremer
Gestaltung: Dorland
Creativ Director: Peter Kiener
Texter: Christian Ploetz
Fotograf: Wolf-D. Schleich
Grafiker: Lawrence Cartwright

Abb. 179 (S. 116) **Minox**
Gerastertes Foto mit Satz kombiniert, einfarbig (schwarz) gedruckt. 30 x 21 cm
Aus: *ADAC Motorwelt* 5/1974
Auftraggeber: Minox, Gießen

Abb. 180 (S. 116) **Canon**
Farbfotografie mit Satz und Grafik kombiniert, zweifarbig (rot/schwarz) gedruckt. 32 x 23 cm
Aus: *Zoom* 4/1979
Auftraggeber: Euro-Photo GmbH, Willich

Abb. 181 (S. 117) **Olympus**
Farbfotografie mit Satz und Grafik kombiniert, vierfarbig

gedruckt. 27 x 20 cm
Aus: *Playboy* 12/1981
Auftraggeber: Olympus, Hamburg
Gestaltung: Wilkens
Foto: John Swannell

Abb. 182 (S. 118) **Faber-Castell**
Zeichnung mit Satz und Grafik kombiniert, einfarbig (schwarz) gedruckt. 9 x 7 cm
Aus: *Velhagen & Klasings MH* 6/1925
Auftraggeber: A. W. Faber

Abb. 183 (S. 118) **Faber-Castell**
Zeichnung mit Satz und Grafik kombiniert, einfarbig (schwarz) gedruckt. 9,5 x 13,5 cm
Aus: *Velhagen & Klasings MH* 8/1912
Auftraggeber: A. W. Faber, Stein

Abb. 184 (S. 119) **Faber-Castell**
Zeichnung mit Satz und Grafik kombiniert, einfarbig (schwarz) gedruckt. 10 x 7 cm
Aus: *Kosmos* 12/1930
Auftraggeber: A. W. Faber

Abb. 185 (S. 119) **Johann Faber**
Zeichnung mit Satz und Grafik kombiniert, einfarbig (schwarz) gedruckt. 11 x 7 cm
Aus: *Velhagen & Klasings MH* 12/1924
Auftraggeber: Johann Faber AG, Nürnberg

Abb. 186 (S. 120) **Faber-Castell**
Zeichnung mit Satz und Grafik kombiniert, einfarbig (schwarz) gedruckt. 12 x 7 cm
Aus: *Velhagen & Klasings MH* 8/1928
Auftraggeber: A. W. Faber

Abb. 187 (S. 120) **Faber-Castell**
Zeichnung mit Satz und Grafik kombiniert, einfarbig (schwarz) gedruckt. 10 x 8 cm
Aus: *Die Kunst* 4/1930
Auftraggeber: A. W. Faber
Gestaltung: A. Harren (?)

Abb. 188 (s. 121) **Faber-Castell**
Zeichnung mit gerastertem Foto, Satz und Grafik kombiniert, einfarbig (blau) gedruckt. 10,5 x 14 cm
Aus: *Velhagen & Klasings MH* 11/1931
Auftraggeber: A. W. Faber
Gestaltung: GRI

Abb. 189 (S. 131) **Eberhard Faber**
Zeichnung mit Satz und Grafik kombiniert, einfarbig (schwarz) gedruckt. 6 x 8,5 cm
Aus: *Die Kunst* 4/1944
Auftraggeber: Eberhard Faber

Abb. 190 (S. 122) **Faber-Castell**
Farbillustration mit Satz und Grafik kombiniert, vierfarbig gedruckt. 28,5 x 20 cm
Aus: *Innendekoration* 4/1955
Auftraggeber: A. W. Faber

Abb. 191 (S. 123) **Faber-Castell**
Farbfotografie mit Satz und Grafik kombiniert, vierfarbig gedruckt. 25 x 17 cm
Aus: *Westermanns MH* 4/1969
Auftraggeber: Faber-Castell

Abb. 192 (S. 123) **Faber-Castell**
Farbfotografie mit Satz und Grafik kombiniert, vierfarbig gedruckt. 33 x 25 cm
Aus: *Epoca* 3/1969
Auftraggeber: Faber-Castell

Abb. 193 (S. 124) **Niederrheinische Wirtschaftsschau**
Vierfarbplakat von 1950. 84 x 53 cm
Gestaltung: W. D. Zimmermann

Abb. 194 (S. 125) **Stollwerck**
Zeichnung mit Satz und Grafik kombiniert, einfarbig (schwarz) gedruckt. 19 x 12 cm
Aus: *Programmheft der Bühnen der Stadt Köln* 1955/56
Auftraggeber: Stollwerck

Abb. 195 (S. 126) **Gossen**
Zeichnung mit gerasterten Fotos, Satz und Grafik kombiniert, einfarbig (schwarz) gedruckt. 19 x 8 cm
Aus: *Orion* 7/1957
Auftraggeber: Gossen

Abb. 196 (S. 127) **Mipolam**
Zeichnung mit Satz und Grafik kombiniert, zweifarbig (rot/schwarz) gedruckt. 20 x 21 cm
Aus: *Innendekoration* 6/1954
Auftraggeber: Mipolam

Abb. 197 (S. 128) **Mülhens/4711**
Zeichnung mit gerasterten Fotos, Satz und Grafik kombiniert, einfarbig (schwarz) gedruckt. 35 x 25 cm
Aus: *Revue* 52/1955
Auftraggeber: Eau de Cologne- & Parfümerie-Fabrik, Köln

Abb. 198 (S. 129) **Delial**
Zeichnung mit gerasterten Fotos, Satz und Grafik kombiniert, einfarbig (braun) gedruckt. 18 x 13 cm
Aus: *Stern* 22/1956
Auftraggeber: Bayer

Abb. 199 (S. 129) **Triumph**
Zeichnung mit gerasterten Fotos, Satz und Grafik kombiniert, einfarbig (braun) gedruckt. 17 x 11 cm
Aus: *Film und Frau SH* 1/1953
Auftraggeber: Triumph

Abb. 200 (S. 129) **Felina**
Farbillustration mit Satz und Grafik kombiniert, vierfarbig gedruckt. 18 x 13 cm
Aus: *Das Beste aus Reader's Digest* 5/1956
Auftraggeber: Felina, Mannheim
Zeichnung: Kurt Hilger (?)

Abb. 201 (S. 130) **Rodi & Wienenberger**
Zeichnung mit gerasterten Fotos, Satz und Grafik kombiniert, einfarbig (schwarz) gedruckt. 18 x 13 cm
Aus: *Das Beste aus Reader's Digest* 8/1957
Auftraggeber: Rodi & Wienenberger

Abb. 202 (S. 130) **Zentra**
Farbillustration mit Satz und Grafik kombiniert, vierfarbig gedruckt. 18 x 13 cm
Aus: *Das Beste aus Reader's Digest* 11/1958
Auftraggeber: Zentra
Gestaltung: Plus

Abb. 203 (S. 131) **North State**
Farbillustration mit Satz und Grafik kombiniert, vierfarbig gedruckt. 18 x 13 cm
Aus: *Das Beste aus Reader's Digest* 9/1952
Auftraggeber: North State

Abb. 204 (S. 132) **Matheus Müller**
Zeichnung mit gerastertem Foto, Satz und Grafik kombiniert, zweifarbig (rot/schwarz) gedruckt. 17 x 12 cm
Aus: *Das Beste aus Reader's Digest* 12/1957
Auftraggeber: M. Müller

Abb. 205 (S. 133) **Krautheim**
Zeichnung mit gerastertem Foto, Satz und Grafik kombiniert, einfarbig (braunschwarz) gedruckt. 8 x 11 cm
Aus: *Constanze* 18/1956
Auftraggeber: Krautheim

Abb. 206 (S. 133) **Heinrich**
Zeichnung mit gerasterten Fotos, Satz und Grafik kombiniert, einfarbig (schwarz) gedruckt. 24 x 8 cm
Aus: *Westermanns MH* 7/1952
Auftraggeber: Heinrich & Co, Selb

Abb. 207 (S. 134) **Heinrich**
Zeichnung mit gerasterten Fotos, Satz und Grafik kombiniert, einfarbig (schwarz) gedruckt. 26 x 9 cm
Aus: *Kunst und Dekoration* 7/1954
Auftraggeber: Heinrich

Abb. 208 (S. 135) **Bellinda**
Farbillustration mit Satz und Grafik kombiniert, vierfarbig gedruckt. 33 x 23 cm
Aus: *Constanze* 8/1955
Auftraggeber: Vatter & Palme
Gestaltung: Kalkreuth

Abb. 209 (S. 136) **Uhu**
Farbillustration mit Satz und Grafik kombiniert, vierfarbig gedruckt. 34 x 25 cm
Aus: *Constanze* MH 1956
Auftraggeber: H. M. Fischer, Bühl

Abb. 210 (S. 137) **Triumph**
Zeichnung mit gerasterten Fotos, Satz und Grafik kombiniert, einfarbig (schwarz) gedruckt. 33 x 12 cm
Aus: *Constanze* MH 1956
Auftraggeber: Triumph

Abb. 211 (S. 138) **Benz**
Grafik und Satz kombiniert, einfarbig (schwarz) gedruckt. 6 x 20 cm
Aus: *Illustrirte Zeitung* 28. 5. 1898
Auftraggeber: Benz & Co., Mannheim
Illustration (Stich ?): Brendamour

Abb. 212 (S. 138) **Daimler**
Grafik und Satz kombiniert, einfarbig (schwarz) gedruckt. 7,2 x 15 cm
Aus: *Illustrirte Zeitung* 7. 10. 1892
Auftraggeber: Daimler-Motoren-Ges., Cannstatt

Abb. 213 (S. 139) **Hansa-Lloyd**
Zeichnung mit gerasterten Fotos, Satz und Grafik kombiniert, einfarbig (blau) gedruckt. 10 x 14 cm
Aus: *Velhagen & Klasings MH* 8/1917
Auftraggeber: Hansa-Lloyd Werke AG, Bremen
Gestaltung: Ritscher (?)

Abb. 214 (S. 140) **Hanomag**
Zeichnung mit gerasterten Fotos, Satz und Grafik kombiniert, einfarbig (schwarz) gedruckt. 11 x 7 cm
Aus: *Velhagen & Klasings MH* 11/1929
Auftraggeber: Hanomag, Hannover

Abb. 215 (S. 140) **Benz**
Zeichnung mit Satz kombiniert, einfarbig (schwarz) gedruckt. 22,5 x 15 cm
Aus: *Velhagen & Klasings MH* 12/1913
Auftraggeber: Benz

Abb. 216 (S. 141) **GDA**
Zeichnung mit Satz und Grafik kombiniert, einfarbig (schwarz) gedruckt. 9 x 23 cm
Aus: *Illustrirte Zeitung* 1921
Auftraggeber: Gemeinschaft Deutscher Automobilfabriken GmbH, Berlin
Gestaltung: F. Neumann-Fred

Abb. 217 (S. 141) **DAK**
Zeichnung mit Satz und Grafik kombiniert, einfarbig (schwarz) gedruckt. 22 x 8 cm
Aus: *Illustrirte Zeitung* 1921
Auftraggeber: Deutscher Automobil-Konzern GmbH, Leipzig

Abb. 218 (S. 142) **Auto Union**
Zeichnung mit Satz und Grafik kombiniert, einfarbig (schwarz) gedruckt. 20 x 12 cm
Aus: *Volk und Welt* 6/1939
Auftraggeber: Auto-Union

Abb. 219 (S. 142) **Mercedes-Benz**
Zeichnung mit Satz und Grafik kombiniert, einfarbig (schwarz) gedruckt. 31 x 21 cm
Aus: *Münchner Illustrierte Presse* 28/1938
Auftraggeber: Daimler-Benz AG, Stuttgart

Abb. 220 (S. 143) **Auto Union**
Zeichnung mit Satz und Grafik kombiniert, einfarbig (schwarz) gedruckt. 27 x 19 cm
Aus: *Allgemeine Autozeitschrift* 2/1937
Auftraggeber: Auto Union

Abb. 221 (S. 143) **Auto Union**
Zeichnung mit Satz und Grafik kombiniert, einfarbig (schwarz) gedruckt. 25 x 8 cm
Aus: *Atlantis* 6/1933
Auftraggeber: Auto Union
Gestaltung: Cucuel/Offelsmeyer

Abb. 222 (S. 144) **Hanomag**
Zeichnung mit Satz kombiniert, einfarbig (schwarz) gedruckt. 20 x 11 cm
Aus: *Volk und Welt* 2/1939
Auftraggeber: Hanomag, Hannover

Abb. 223 (S. 144) **Adler**
Zeichnung mit Satz und Grafik kombiniert, einfarbig (blau) gedruckt. 22 x 11 cm
Aus: *Velhagen & Klasings MH* 4/1939
Auftraggeber: Adlerwerke AG, Frankfurt a. M.

Abb. 224 (S. 144) **Volkswagen**
Gerastertes Foto und Satz kombiniert, einfarbig (schwarz) gedruckt. 31 x 22 cm
Aus: *Auto Motor und Sport* 6/1969
Auftraggeber: Volkswagen AG, Wolfsburg
Gestaltung: Doyle Dane Bernbach GmbH, Düsseldorf
Art Director: Richard Bairstow
Texter: Werner Butter
Fotograf: Peter Moeschlin

Abb. 225 (S. 145) **Mercedes-Benz**
Farbillustration mit Satz und Grafik kombiniert, vierfarbig gedruckt. 30 x 21 cm
Aus: *Sankt Georg* 16/1956
Auftraggeber: Daimler-Benz AG, Stuttgart

Abb. 226 (S. 145) **Mercedes-Benz**
Zeichnung mit Satz und Grafik kombiniert, einfarbig

(schwarz) gedruckt. 9 x 27 cm
Aus: *Abendzeitung München* 7. 7. 1954
Auftraggeber: Daimler-Benz AG, Stuttgart
Zeichnung: Maiwald

Abb. 227 (S. 146) **Audi-NSU**
Farbfotografien mit Satz und Grafik kombiniert, vierfarbig gedruckt.
28 x 31 cm
Aus: *Eltern* 10/1970
Auftraggeber: Audi NSU

Abb. 228 (S. 146) **Audi-NSU**
Farbfotografien mit Satz und Grafik kombiniert, vierfarbig gedruckt. 30 x 21,5 cm
Aus: *Auto Motor und Sport* 13/1970
Auftraggeber: Audi NSU

Abb. 229 (S. 147) **BMW**
Gerastertes Foto und Satz kombiniert, zweifarbig (blau/schwarz) gedruckt. 33 x 25 cm
Aus: *Bunte Illustrierte* 13/1966
Auftraggeber: BMW AG, München

Abb. 230 (S. 148) **Ford**
Farbfotografien mit Satz und Grafik kombiniert, vierfarbig gedruckt. 33 x 25 cm
Aus: *Bunte Illustrierte* 43/1971
Auftraggeber: Ford-Werke AG, Köln

Abb. 231 (S. 149) **Porsche**
Farbfotografie mit Satz kombiniert, vierfarbig gedruckt.
27 x 41 cm
Aus: *Geo* 5/1993
Auftraggeber: Porsche
Gestaltung: Jung von Matt

Abb. 232 (S. 150) **Zimmermann**
Grafik und Satz kombiniert, einfarbig (schwarz) gedruckt.
4 x 10 cm
Aus: *Illustrirte Zeitung* 14. 4. 1894
Auftraggeber: C. Zimmermann, Leipzig

Abb. 233 (S. 150) **Pharmakon**
Gerastertes Foto und Satz kombiniert, einfarbig (schwarz) gedruckt. 16,5 x 12 cm
Aus: *Berliner Illustrierte Zeitung* 34/1936
Auftraggeber: Pharmakon, München

Abb. 234 (S. 150) **Schapiro**
Grafik und Satz kombiniert, einfarbig (schwarz) gedruckt.
4 x 10 cm
Aus: *Illustrirte Zeitung* 18. 11. 1882
Auftraggeber: A. Schapiro, Berlin

Abb. 235 (S. 151) **Siemens**
Zeichnung mit Satz und Grafik kombiniert, einfarbig (schwarz) gedruckt. 12 x 8 cm
Aus: *Atlantis* 6/1934
Auftraggeber: Siemens
Gestaltung: K

Abb. 236 (S. 151) **Braun**
Zeichnung mit Satz und Grafik kombiniert, einfarbig (braunschwarz) gedruckt. 13 x 12 cm
Aus: *Film und Frau* 12/1952
Auftraggeber: Braun AG
Gestaltung: K.

Abb. 237 (S. 152) **Remington**
Farbillustration mit Satz und Grafik kombiniert, vierfarbig gedruckt. 17 x 11,5 cm
Aus: *Das Beste aus Reader's Digest* 9/1955
Auftraggeber: Remington Rand GmbH, Frankfurt a. M.

Abb. 238 (S. 153) **Punktal**
Zeichnung mit Satz und Grafik kombiniert, einfarbig (braunschwarz) gedruckt. 17 x 11,5 cm
Aus: *Neue Illustrierte* 9/1954
Auftraggeber: Punktal, Solingen

Abb. 239 (S. 153) **Remington**
Zeichnung, einfarbig (schwarz) gedruckt. 7 x 10 cm
Aus: *ADAC Motorwelt* 7/1957
Auftraggeber: Remington Rand GmbH, Frankfurt a. M.
Zeichnung: Großkreuz

Abb. 240 (S. 154) **Philips**
Zeichnung mit gerastertem Foto, Satz und Grafik kombiniert, einfarbig (schwarz) gedruckt. 24 x 25 cm
Aus: *Revue* 39/1955
Auftraggeber: Philips

Abb. 241 (S. 155) **Remington**
Gerastertes Foto und Satz kombiniert, einfarbig (schwarz) gedruckt. 34 x 24 cm
Aus: *TV Hören und Sehen* 13/1962
Auftraggeber: Remington Rand GmbH, Frankfurt a. M.

Abb. 242 (S. 155) **Braun**
Gerastertes Foto und Satz kombiniert, einfarbig (schwarz) gedruckt. 30 x 16 cm
Aus: *Petra* 11/1964
Auftraggeber: Braun AG

Abb. 243 (S. 156) **Philips**
Farbfotografien mit Satz und Grafik kombiniert, vierfarbig gedruckt. 27 x 20 cm
Aus: *Penthouse* 10/1983
Auftraggeber: Philips

Abb. 244 (S. 157) **Braun**
Gerastertes Foto, Satz und Grafik kombiniert, einfarbig (schwarz) gedruckt. 37 x 28 cm
Aus: *Lui* 1/1988
Auftraggeber: Braun AG

Abb. 245 (S. 158) **Diercke**
Farbfotografie mit Satz kombiniert, vierfarbig gedruckt.
25 x 17 cm
Aus: *Westermanns MH* 12/1967
Auftraggeber: Diercke

Abb. 246 (S. 158) **Ford**
Hartkopiertes Foto mit Satz kombiniert, als Strich einfarbig (schwarz) gedruckt. 33 x 22 cm
Aus: *Magnum* 6/1959
Auftraggeber: Ford-Werke AG, Köln
Gestaltung: Patelli (?)
Fotografie: Chargesheimer

Abb. 247 (S. 159) **Braun**
Gerastertes Foto, Satz und Grafik kombiniert, einfarbig (braun) gedruckt. 34 x 26 cm
Aus: *Film und Frau/Architektur und Wohnen SH* 6/1964
Auftraggeber: Braun AG
Gestaltung: Braun Gestaltungsabt.

Abb. 248 (S. 159) **Ronson**
Farbfotografie mit Satz und Grafik kombiniert, vierfarbig gedruckt. 34 x 26 cm
Aus: *Schöner Wohnen* 10/1963
Auftraggeber: Ronson

Abb. 249 (S. 160) **Formica**
Farbillustration mit Satz und Grafik kombiniert, vierfarbig gedruckt. 35 x 25 cm
Aus: *Constanze* 2/1959
Auftraggeber: Formica, Bensberg
Zeichnung: Schneider

Abb. 250 (S. 160) **Formica**
Nachkoloriertes Foto mit Satz und Grafik kombiniert, vierfarbig gedruckt. 34 x 24 cm
Aus: *Schöner Wohnen* 9/1960
Auftraggeber: Formica, Wahn

Abb. 251 (S. 161) **Wienerwald**
Farbillustration mit Satz und Grafik kombiniert, vierfarbig gedruckt. 32 x 24 cm
Aus: *Petra* 11/1964
Auftraggeber: Wienerwald
Zeichnung: Firuz

Abb. 252 (S. 161) **Rama**
Farbfotografien mit Satz und Grafik kombiniert, vierfarbig gedruckt. 28 x 21 cm
Aus: *Eltern* 5/1967
Auftraggeber: Rama

Abb. 253 (S. 162) **Cascade**
Farbfotografien mit Satz und Grafik kombiniert, vierfarbig gedruckt. 32 x 23 cm
Aus: *Für Sie* 5/1966
Auftraggeber: Cascade

Abb. 254 (S. 163) **Lufthansa**
Farbfotografie mit Satz und Grafik kombiniert, vierfarbig gedruckt. 35 x 25 cm
Aus: *Film und Frau* 1/1960
Auftraggeber: Lufthansa

Abb. 255 (S. 163) **Lufthansa Cocktail**
Farbillustration mit Satz und Grafik kombiniert, vierfarbig gedruckt. 35 x 19 cm
Aus: *Stern* 51/1962
Auftraggeber: C. Mampe, Berlin

Abb. 256 (S. 164) **HB**
Hartkopiertes Foto mit Satz und Grafik kombiniert, vierfarbig gedruckt. 35 x 25 cm
Aus: *Hör Zu* 20/1965
Auftraggeber: Haus Bergmann
Gestaltung: Werbegramm, Düsseldorf (?)

Abb. 257 (S. 165) **Carlton**
Farbfotografie mit Satz und Grafik kombiniert, vierfarbig gedruckt. 36 x 26 cm
Aus: *Stern* 4/1966
Auftraggeber: Carlton

Abb. 258 (S. 165) **Milde Sorte**
Farbfotografien mit Satz und Grafik kombiniert, vierfarbig gedruckt. 34 x 19 cm
Aus: *Constanze* 40/1964
Auftraggeber: Milde Sorte

Abb. 259 (S. 166) **Ergee**
Farbfotografien mit Satz und Grafik kombiniert, vierfarbig gedruckt. 28 x 21 cm
Aus: *Eltern* 10/1969
Auftraggeber: Ergee

Abb. 260 (S. 166) **Mimosept**
Farbfotografien mit Satz und Grafik kombiniert, vierfarbig gedruckt. 36 x 26 cm
Aus: *Film und Frau* 3/1964
Auftraggeber: Dr. Carl Hahn KG, Düsseldorf
Gestaltung: Doyle Dane Bernbach GmbH, Düsseldorf
Text: Alan Mond (?)
Grafik: Ursula Roos (?)
Fotograf: Jay Maisel, NY (?)

Abb. 261 (S. 167) **Chiquita**
Farbfotografie mit Satz und Grafik kombiniert, vierfarbig gedruckt. 28 x 21 cm
Aus: *Eltern* 2/1967
Auftraggeber: United Fruit Continental N.V., Rotterdam
Gestaltung: Young & Rubicam, Frankfurt a. M.

Abb. 262 (S. 167) **Bajella**
Farbfotografien mit Satz und Grafik kombiniert, vierfarbig gedruckt. 28 x 21 cm
Aus: *Eltern* 3/1968
Auftraggeber: Bajella

Abb. 263 (S. 167) **Chiquita**
Farbfotografie mit Satz und Grafik kombiniert, vierfarbig gedruckt. 28 x 21 cm
Aus: *Eltern* 5/1968
Auftraggeber: United Fruit Continental N.V., Rotterdam
Gestaltung: Young & Rubicam, Frankfurt a. M.

Abb. 264 (S. 168) **Rodier**
Farbfotografie mit Satz und Grafik kombiniert, vierfarbig gedruckt. 34 x 25,5 cm
Aus: *Epoca* 10/1968
Auftraggeber: Rodier, Paris
Gestaltung: Snip

Abb. 265 (S. 169) **Erle**
Gerastertes Foto und Satz kombiniert, einfarbig (schwarz) gedruckt. 32 x 23,5 cm
Aus: *annabelle* 2/1965
Auftraggeber: A. A. Erlhoff, Ellerau
Gestaltung: H

Abb. 266 (S. 169) **Brisk**
Gerastertes Foto und Satz kombiniert, einfarbig (schwarz) gedruckt. 35 x 18 cm
Aus: *Quick* 7/1964
Auftraggeber: Brisk

Abb. 267 (S. 170) **SPD**
Farbfotografie mit Satz und Grafik kombiniert, vierfarbig gedruckt. 28 x 43 cm
Aus: *Eltern* 7/1969
Auftraggeber: SPD, Bonn

Abb. 268 (S. 171) **Colgate**
Farbfotografien mit Satz und Grafik kombiniert, vierfarbig gedruckt. 28 x 43 cm
Aus: *Eltern* 7/1969
Auftraggeber: Colgate

Abb. 269 (S. 172) **Mülhens/4711**
Grafik und Satz kombiniert, einfarbig (schwarz) gedruckt.
16,5 x 5 cm
Aus: *Illustrirte Zeitung* 3. 9. 1897
Auftraggeber: Eau de Cologne- & Parfümerie-Fabrik, Köln

Abb. 270 (S. 172) **Mülhens/4711**
Grafik und Satz kombiniert, einfarbig (schwarz) gedruckt.
6 x 10 cm
Aus: *Illustrirte Zeitung* 4. 11. 1897
Auftraggeber: Eau de Cologne- & Parfümerie-Fabrik, Köln

Abb. 271 (S. 173) **Mülhens/4711**
Grafik und Satz kombiniert, einfarbig (blau) gedruckt. 34 x 24 cm
Aus: *Illustrirte Zeitung* 12/1929
Auftraggeber: Eau de Cologne- & Parfümerie-Fabrik, Köln

Abb. 272 (S. 173) **Mülhens/4711**
Grafik und Satz kombiniert, einfarbig (schwarz) gedruckt. 21 x 16 cm
Aus: *Kölnische Zeitung* 7. 12. 1914
Auftraggeber: Eau de Cologne- & Parfümerie-Fabrik, Köln

Abb. 273 (S. 174) **Mülhens/4711**
Gerastertes Foto und Satz kombiniert, einfarbig (schwarz) gedruckt. 25 x 24 cm
Aus: *Berliner Illustrierte Zeitung* 27/1939
Auftraggeber: Eau de Cologne- & Parfümerie-Fabrik, Köln

Abb. 274 (S. 175) **Mülhens/4711**
Farbillustration mit Satz und Grafik kombiniert, vierfarbig gedruckt. 35 x 25 cm
Aus: *Neue Illustrierte* 22/1956
Auftraggeber: Eau de Cologne- & Parfümerie-Fabrik, Köln

Abb. 275 (S. 176) **Mülhens/4711**
Farbillustration mit Satz und Grafik kombiniert, vierfarbig gedruckt. 25 x 24 cm
Aus: *Film und Frau* 8/1963
Auftraggeber: Eau de Cologne- & Parfümerie-Fabrik, Köln

Abb. 276 (S. 176) **Mülhens/4711**
Farbfotografien mit Satz und Grafik kombiniert, vierfarbig gedruckt. 32 x 23 cm
Aus: *Constanze SH* 1955
Auftraggeber: Eau de Cologne- & Parfümerie-Fabrik, Köln

Abb. 277 (S. 177) **Mülhens/4711**
Farbfotografien mit Satz und Grafik kombiniert, vierfarbig gedruckt. 35 x 25 cm
Aus: *Freundin* 13/1967
Auftraggeber: Eau de Cologne- & Parfümerie-Fabrik, Köln

Abb. 278 (S. 178) **Mülhens/4711**
Farbfotografien mit Satz und Grafik kombiniert, vierfarbig gedruckt. 35 x 25 cm
Aus: *Freundin* 8/1966
Auftraggeber: Eau de Cologne- & Parfümerie-Fabrik, Köln
Fotografie: Rolf Bublitz

Abb. 279 (S. 179) **Mülhens/4711**
Farbfotografien mit Satz und Grafik kombiniert, vierfarbig gedruckt. 31 x 23 cm
Aus: *Brigitte* 5/1978
Auftraggeber: Eau de Cologne- & Parfümerie-Fabrik, Mülhens, Köln

Abb. 280 (S. 179) **Mülhens/4711**
Farbfotografien mit Satz und Grafik kombiniert, vierfarbig gedruckt. 28 x 21 cm
Aus: *Freundin* 26/1994
Auftraggeber: Mülhens, Köln

Abb. 281 (S. 180) **Strub**
Stich (?), einfarbig (schwarz) gedruckt. 12 x 4 cm
Aus: *Velhagen & Klasings MH* 3/1903
Auftraggeber: Blankenhorn & Co., St. Ludwig

Abb. 282 (S. 180) **Kupferberg**
Farblithografie von 1901. 13 x 16 cm
Auftraggeber: Kupferberg, Mainz
Gestaltung: Leopold Metlicovitz

Abb. 283 (S. 181) **Kitzing & Helbig**
Zeichnung mit Satz kombiniert, einfarbig (grün) gedruckt. 17 x 11 cm
Aus: *Leipziger Kalender* 1913
Auftraggeber: Kitzing & Helbig, Leipzig

Abb. 284 (S. 182) **Bénédictine**
Zeichnung, einfarbig (blau) gedruckt. 18 x 10 cm
Aus: *Velhagen & Klasings MH* 6/1908
Auftraggeber: Bénédictine
Gestaltung: Emil Kahn

Abb. 285 (S. 182) **Henkell**
Zeichnung, einfarbig (schwarz) gedruckt. 25 x 14 cm
Aus: *Die Kunst* 10/1908
Auftraggeber: Henkell

Abb. 286 (S. 183) **Henkell**
Zeichnung, einfarbig (schwarz) gedruckt. 20 x 14 cm
Aus: *Scherls Magazin* 5/1928
Auftraggeber: Henkell
Zeichnung: Th. Th. Heine
© VG Bild-Kunst, Bonn 1995

Abb. 287 (S. 183) **Curacao**
Zeichnung mit Satz kombiniert, einfarbig (schwarz) gedruckt. 9 x 7 cm
Aus: *Velhagen & Klasings MH* 8/1924
Auftraggeber: Landauer & Macholl, Heilbronn
Gestaltung: Jupp Wiertz

Abb. 288 (S. 184) **Cinzano**
Zeichnung mit Satz kombiniert, einfarbig (schwarz) gedruckt. 11 x 8 cm
Aus: *Die Kunst* 11/1942
Auftraggeber: Cinzano

Abb. 289 (S. 184) **Cinzano**
Farbillustration mit Satz und Grafik kombiniert, vierfarbig gedruckt. 32 x 11,5 cm
Aus: *Er* 4/1959
Auftraggeber: Cinzano

Abb. 290 (S. 185) **Puschkin**
Farbfotografien mit Satz und Grafik kombiniert, vierfarbig gedruckt. 37 x 26 cm
Aus: *Revue* 37/1964
Auftraggeber: H. C. König
Gestaltung: Team Werbeagentur
Foto: Charles Wilp Studios

Abb. 291 (S. 185) **Bier**
Farbillustration, vierfarbig gedruckt. 37 x 26 cm
Aus: *Neue Illustrierte* 44/1965
Auftraggeber: Bierwerbe GmbH, Bad Godesberg
Agentur: William Wilkens, WA, Köln
Art Director: Reinhold Kistenisch
Grafik: Herbert Leupin

Abb. 292 (S. 186) **Cognac**
Farbfotografie mit Satz kombiniert, vierfarbig gedruckt. 345 x 26 cm
Aus: *Epoca* 3/1969

Abb. 293 (S. 187) **König**
Farbfotografie mit Satz kombiniert, vierfarbig gedruckt. 28 x 20,5 cm
Aus: *Playboy* 11/1986
Auftraggeber: König

Abb. 294 (S. 187) **Licher**
Farbfotografie mit Satz kombiniert, vierfarbig gedruckt. 28 x 20 cm
Aus: *Der Spiegel* 1994
Auftraggeber: Licher
Gestaltung: TBWA

Abb. 295 (S. 188) **Mum**
Gerastertes Foto und Satz kombiniert, einfarbig (schwarz) gedruckt. 28 x 21 cm
Aus: *Eltern* 7/1970
Auftraggeber: Mum

Abb. 296 (S. 189) **Bac**
Farbfotografien mit Satz und Grafik kombiniert, vierfarbig gedruckt. 28 x 21 cm
Aus: *Eltern* 7/1971
Auftraggeber: Olivin, Wiesbaden

Abb. 297 (S. 189) **Vionell**
Farbfotografien mit Satz und Grafik kombiniert, vierfarbig gedruckt. 28 x 21 cm
Aus: *Eltern* 5/1971
Auftraggeber: Olivin, Wiesbaden

Abb. 298 (S. 190) **Verschiedene**
Verschiedene Farbfotografien mit Satz und Grafik kombiniert, vierfarbig gedruckt.
Aus: Verschiedene
Auftraggeber: Verschiedene

Abb. 299 (S. 192) **Sinalco**
Farbfotografien mit Satz und Grafik kombiniert, vierfarbig gedruckt. 34 x 26 cm
Aus: *Twen* 6/1970
Auftraggeber: Sinalco
Gestaltung: GGK

Abb. 300 (S. 193) **Schiesser**
Farbfotografie mit Satz und Grafik kombiniert, vierfarbig gedruckt. 31 x 23 cm
Aus: *Freundin* 6/1978
Auftraggeber: Schiesser

Abb. 301 (S. 194) **Fanta**
Farbfotografie mit Satz und Grafik kombiniert, vierfarbig gedruckt. 34 x 19 cm
Aus: *Stern* 15/1968
Auftraggeber: Fanta
Gestaltung: H. K. McCann Company mbH, Hamburg (?)

Abb. 302 (S. 194) **Wrangler**
Farbillustration mit Satz und Grafik kombiniert, vierfarbig gedruckt. 34 x 26 cm
Aus: *Twen* 6/1970
Auftraggeber: Blue Bell GmbH, Sprendlingen

Abb. 303 (S. 195) **Sinalco**
Farbillustration mit Satz und Grafik kombiniert, vierfarbig gedruckt. 28 x 21 cm
Aus: *Eltern* 8/1971
Auftraggeber: Sinalco AG, Detmold
Werbeleiter: Hermann Gees
Werbeagentur: Troost KG, Düsseldorf
Creativ Director: Peter Erxleben
Art Director: Helmut Rottke
Texter: Rolf Christian Homann

Abb. 304 (S. 195) **Twent**
Farbillustration mit Satz und Grafik kombiniert, vierfarbig gedruckt. 31 x 23 cm
Aus: *Freundin* 7/1979
Auftraggeber: Bayer
Gestaltung: Lüders

Abb. 305 (S. 196) **Photokina**
Vierfarbplakat von 1970. 88 x 63 cm
Auftraggeber: Messegesellschaft Köln
Gestaltung: S. Jünger

Abb. 306 (S. 197) **Lübke**
Farbfotografien mit Satz und Grafik kombiniert, vierfarbig gedruckt. 31 x 23 cm
Aus: *Schöner Wohnen* 3/1972
Auftraggeber: Lübke, Rheda

Abb. 307 (S. 198) **Nino**
Farbfotografie mit Satz und Grafik kombiniert, vierfarbig gedruckt. 35 x 25 cm
Aus: *Freundin* 21/1970
Auftraggeber: Nino

Abb. 308 (S. 198) **Tapeten**
Farbfotografie mit Satz und Grafik kombiniert, vierfarbig gedruckt. 23 x 16 cm
Aus: *Westermanns MH* 12/1970

Abb. 309 (S. 199) **Seidensticker**
Farbfotografien mit Satz kombiniert, vierfarbig gedruckt. 30 x 21,5 cm
Aus: *Auto Motor und Sport* 11/1970
Auftraggeber: Seidensticker

Abb. 310 (S. 200) **Knoll**
Farbfotografie mit Satz und Grafik kombiniert, vierfarbig gedruckt. 32 x 24,5 cm
Aus: *Architektur und Wohnen* 1971/72
Auftraggeber: Knoll International

Abb. 311 (S. 201) **Wega**
Farbfotografie mit Satz und Grafik kombiniert, vierfarbig gedruckt. 31 x 22,5 cm
Aus: *Schöner Wohnen* 2/1972
Auftraggeber: Wega-Radio GmbH, Fellbach
Werbeagentur: Leonhardt & Kern, Stuttgart
Creativ Director: Hans P. Kamm
Texter: Hans Heger
Fotograf: Dietmar Henneka

Abb. 312 (S. 201) **Sony**
Farbfotografie mit Satz und Grafik kombiniert, vierfarbig gedruckt. 28 x 20 cm
Aus: *Playboy* 5/1978
Auftraggeber: Sony, Köln

Abb. 313 (S. 202) **Aral**
Foto mit Satz kombiniert, zweifarbig (blau/schwarz) gedruckt. 24 x 17 cm
Aus: *Kosmos* 11/1970
Auftraggeber: Aral AG, Bochum
Agentur: Doyle Dane Bernbach GmbH, Düsseldorf
Art Director: R. Bairstow
Texter: Werner Butter
Fotograf: Claus von dem Busche

Abb. 314 (S. 202) **Lufthansa**
Grobgerastertes Foto mit Grafik und Satz kombiniert, zweifarbig (rot/schwarz) gedruckt. 34 x 26 cm
Aus: *Twen* 4/1971
Auftraggeber: Lufthansa

Abb. 315 (S. 203) **Radio Luxemburg**
Gerastertes Foto mit Satz kombiniert, einfarbig (schwarz) gedruckt. 27 x 21 cm
Aus: *Eltern* 5/1973
Auftraggeber: Radio Luxemburg

Abb. 316 (S. 204) **Lutzmann**
Zeichnung mit Satz kombiniert, einfarbig (schwarz) gedruckt. 6 x 9 cm
Zeitungsanzeige um 1897
Auftraggeber: F. Lutzmann, Dessau

Abb. 317 (S. 204) **Opel**
Zeichnung, einfarbig (schwarz) gedruckt. 4,5 x 14,5 cm
Aus: *Velhagen & Klasings MH* 4/1921
Auftraggeber: A. Opel, Rüsselsheim
Gestaltung: C. Köchy, Mainz (?)
Zeichnung: J.

Abb. 318 (S. 205) **Opel**
Zeichnung mit Satz kombiniert, einfarbig (blau) gedruckt. 24 x 15 cm
Aus: *Velhagen & Klasings MH* 8/1926
Auftraggeber: A. Opel, Rüsselsheim
Gestaltung: Henze

Abb. 319 (S. 206) **Opel**
Zeichnung mit Satz kombiniert, einfarbig (schwarz) gedruckt. 36 x 24 cm
Aus: *Illustrierter Beobachter* 51/1937
Auftraggeber: Opel AG, Rüsselsheim
Zeichnung: G. Joh. K

Abb. 320 (S. 207) **Opel**
Farbillustration mit Satz kombiniert, vierfarbig gedruckt. 27 x 19 cm
Aus: *Atlantis* 12/1938
Auftraggeber: Opel AG, Rüsselsheim

Abb. 321 (S. 208) **Opel**
Zeichnung mit Satz kombiniert, einfarbig (braun) gedruckt. 37 x 26 cm
Aus: *Stern* 1/1954
Auftraggeber: Opel AG, Rüsselsheim
Agentur: McCann, Frankfurt a. M.

Abb. 322 (S. 208) **Opel**
Farbfotografie mit Satz und Grafik kombiniert, vierfarbig gedruckt. 34 x 24 cm
Aus: *MotorRevue* 27/1958
Auftraggeber: Opel AG, Rüsselsheim
Agentur: McCann, Frankfurt a. M.

Abb. 323 (S. 209) **Opel**
Farbfotografien mit Satz und Grafik kombiniert, vierfarbig gedruckt. 36 x 26 cm
Aus: *Quick* 29/1961
Auftraggeber: Opel AG, Rüsselsheim
Agentur: McCann, Frankfurt a. M.

Abb. 324 (S. 210) **Opel**
Farbfotografien mit Satz und Grafik kombiniert, vierfarbig gedruckt. 34 x 26 cm
Aus: *Schöner Wohnen* 4/1966
Auftraggeber: Opel AG, Rüsselsheim
Agentur: McCann, Frankfurt a. M.

Abb. 325 (S. 211) **Opel**
Farbfotografie mit Satz und Grafik kombiniert, vierfarbig gedruckt. 30 x 21 cm
Aus: *Auto Motor und Sport* 11/1970
Auftraggeber: Opel AG, Rüsselsheim
Agentur: McCann, Frankfurt a. M.

Abb. 326 (S. 211) **Opel**
Farbfotografie mit Satz und Grafik kombiniert, vierfarbig gedruckt. 34 x 25 cm
Aus: *Hör Zu* 40/1969
Auftraggeber: Opel AG, Rüsselsheim
Agentur: McCann, Frankfurt a. M.

Abb. 327 (S. 212) **Opel**
Farbfotografie mit Satz und Grafik kombiniert, vierfarbig gedruckt. 28 x 20 cm
Aus: *Playboy* 11/1970
Auftraggeber: Opel AG, Rüsselsheim
Agentur: McCann, Frankfurt a. M.

Abb. 328 (S. 213) **Opel**
Farbillustration mit Farbfoto, Satz und Grafik kombiniert, vierfarbig gedruckt. 34 x 25 cm
Aus: *Bunte Illustrierte* 14/1972
Auftraggeber: Opel AG, Rüsselsheim
Agentur: McCann, Frankfurt a. M.
Zeichnung: AF VK

Abb. 329 (S. 214) **Fachinger**
Farbfotografien mit Satz und Grafik kombiniert, vierfarbig gedruckt. 29 x 22 cm
Aus: *Schöner Wohnen* 5/1981
Auftraggeber: Staatlicher Mineralbrunnen, Fachingen
Gestaltung: Werbeagentur Dr. Weimer, München

Abb. 330 (S. 214) **Fachinger**
Zeichnung mit Handschrift kombiniert, einfarbig (schwarz) gedruckt. 8 x 14,3 cm
Aus: *Velhagen & Klasings MH* 4/1912
Auftraggeber: Staatlicher Mineralbrunnen, Fachingen(?)

Abb. 331 (S. 215) **Adler**
Gerastertes Foto mit Grafik und Satz kombiniert, einfarbig (schwarz) gedruckt. 26,5 x 18,5 cm
Aus: *Die Kunst* 10/1927
Auftraggeber: Adlerwerke AG, Frankfurt a. M.

Abb. 332 (S. 216) **Seidenstar**
Farbfotografien mit Satz und Grafik kombiniert, vierfarbig gedruckt. 31 x 23 cm
Aus: *Schöner Wohnen* 7/1974
Auftraggeber: Glasurit

Abb. 333 (S. 216) **Bild**
Zeichnung mit Grafik und Satz kombiniert, einfarbig (schwarz) gedruckt. 8 x 23,5 cm
Aus: *Constanze* 8/1954
Auftraggeber: Bild

Abb. 334 (S. 217) **Lux**
Farbfotografien mit Satz und Grafik kombiniert, vierfarbig gedruckt. 28 x 21 cm
Aus: *Eltern* 3/1971
Auftraggeber: Lux
Fotografie: David Bailey

Abb. 335 (S. 218) **Blankin**
Farbfotografien mit Satz und Grafik kombiniert, vierfarbig gedruckt. 31 x 17 cm
Aus: *Brigitte* 7/1976
Auftraggeber: Thompson

Abb. 336 (S. 218) **Rolo**
Farbfotografien mit Satz und Grafik kombiniert, vierfarbig gedruckt. 30 x 23 cm
Aus: *Freundin* 24/1976
Auftraggeber: Mackintosh

Abb. 337 (S. 129) **Otto Kern**
Farbfotografien mit Satz und Grafik kombiniert, zweifarbig gedruckt. 29 x 43 cm
Aus: *Elle* 1/1994
Auftraggeber: Otto Kern

Abb. 338 (S. 220) **Courvoisier**
Farbfotografien mit Satz und Grafik kombiniert, vierfarbig gedruckt. 28 x 22 cm
Aus: *Playboy* 2/1979
Auftraggeber: Courvoisier
Gestaltung: Young & Rubicam, Frankfurt a. M.

Abb. 339 (S. 221) **Pirelli**
Farbfotografie mit Satz und Grafik kombiniert, vierfarbig gedruckt. 23 x 30 cm
Aus: *NewMag* 6/1994
Auftraggeber: Pirelli

Abb. 340 (S. 221) **Veith-Pirelli**
Fotografien mit Grafik und Satz kombiniert, einfarbig (schwarz) gedruckt. 33 x 11 cm
Aus: *Er* 6/1964
Auftraggeber: Veith Pirelli

Abb. 341 (s. 223) **Boss**
Farbfotografie mit Satz und Grafik kombiniert, vierfarbig gedruckt. 28 x 21,5 cm
Aus: *Playboy* 9/1986
Auftraggeber: Hugo Boss AG, Metzingen
Foto: Bob Krieger

Abb. 342 (S. 224) **Sprite**
Farbfotografie mit Satz und Grafik kombiniert, vierfarbig gedruckt. 29,8 x 22,5 cm
Aus: *Freundin* 19/1987
Auftraggeber: Sprite

Abb. 343 (S. 225) **Benetton**
Farbfotografie mit Satz und Grafik kombiniert, vierfarbig gedruckt. 28 x 45 cm
Aus: *Elle* 10/1992
Auftraggeber: Benetton Group, Spa Italy
Gestaltung: Yves Gellie/Odyssey Images
Concept: O. Toscani

Abb. 344 (S. 226) **Swatch**
Farbfotografie mit Satz und Grafik kombiniert, vierfarbig gedruckt. 28 x 21,5 cm
Aus: *Elle* 6/1992
Auftraggeber: Swatch

Abb. 345 (S. 227) **Lavazza**
Farbfotografien mit Satz und Grafik kombiniert, vierfarbig gedruckt. 28 x 21,5 cm
Aus: *Freundin* 20/1992
Auftraggeber: Luigi Lavazza
Gestaltung: Team-Europa

Abb. 346 (S. 228) **Obsession**
Farbfotografie mit Satz und Grafik kombiniert, vierfarbig gedruckt. 29 x 22,5 cm
Aus: *Marie-Claire* 3/1992
Auftraggeber: Calvin Klein

Abb. 347 (S. 229) **Petit Guerlain**
Farbfotografie mit Satz und Grafik kombiniert, vierfarbig gedruckt. 28 x 21,5 cm
Aus: *Freundin* 26/1994
Auftraggeber: Guerlain, Paris
Gestaltung: J. Walter Thompson

Abb. 348 (S. 230) **Leitz**
Farbfotografien mit Satz und Grafik kombiniert, vierfarbig gedruckt. 28 x 21,5 cm
Aus: *Brigitte* 20/1994
Auftraggeber: Leitz
Gestaltung: Die Crew

Abb. 349 (S. 230) **MTV**
Farbfotografie mit Satz und Grafik kombiniert, vierfarbig gedruckt. 28 x 21,5 cm
Aus: *Freundin* 8/1994
Auftraggeber: Music Television

Abb. 350 (S. 231) **Nivea**
Farbfotografie mit Satz und Grafik kombiniert, vierfarbig gedruckt. 28 x 21,5 cm
Aus: *Brigitte* 25/1994
Auftraggeber: Beiersdorf AG